誰是潘柳黛？

周文傑◎著

他序

　　二十世紀四十年代，上海文壇出現了「四大才女」，她們是關露、潘柳黛、張愛玲和蘇青。潘柳黛是二十世紀末的「張愛玲熱」中被推了出來的，但那只是在張愛玲身旁的一個影子而已。自從華東師範大學陳子善教授，首從塵庫中發掘出潘柳黛的自傳體代表作《退職夫人自傳》後，潘柳黛才姍姍進入二十一世紀的中國文壇，但世人仍不識潘柳黛其人其事。那麼要問潘柳黛的全部身影究是個什麼模樣？澳大利亞華僑女作家周文傑的新著《誰是潘柳黛？》則為大家提供了較完美的答案。

　　周文傑原是南京市雨花台中學校長（高級教師）。她退休後曾擔任《江蘇省教育志》編撰，這期間曾寫就教育界的蔣維喬、馬客談等名人傳記；同時在美國和台灣中文報刊上發表遊記十多篇。移民澳大利亞後，十餘年來她又在澳大利亞、美國、中國和台灣的中文報刊上發表遊記和人物傳記、訪談錄等。

　　有幸的是，周文傑在墨爾本結識了晚年的潘柳黛，因為她們同是 BOX HILL 耆英會會友。她倆性格相投，遂成摯友，從而見到了潘柳黛的不少作品，也得到潘柳黛贈送的作品剪報。這使本書作者對這位曾轟動上海、紅及香港、顯赫新加坡和馬來西亞的新女性主義作家有了較多的了解，方知潘柳黛是一位記者、編輯、專欄作家、詩人和劇作家，她還曾擔任過副導演及客串演

員，實在是一位具有多元化優勢和光彩亮點的女性精英。

2001 年 10 月 30 日，潘柳黛不幸病故，作者以沉痛的心情寫就多篇懷念她的文章。發表於澳洲《星島日報》、《澳洲新快報》、《漢聲》雜誌等。後又走訪潘柳黛生前好友，包括潘柳黛晚年加入基督教會的神父和華人社區服務中心等。遂於 2004 年 9 月，在台灣的《傳記文學》雜誌，發表了《文壇才女潘柳黛的冷暖人生》，這一輪廓性的力作，頓獲好評。在張愛玲著作的出版跟風中無疑是一道罕見的霞光，令人耳目一新。難怪該雜誌社社長、編輯顧問成露茜在「編輯室手記」中，讚揚該文：「對偏好『文學』性傳記的讀者也有福了，享譽文壇女作家潘柳黛在周文傑的筆下又活了過來。如果你沒有看過《退職夫人自傳》，你總聽過《忘不了》這首歌吧！它們都是潘女士的傑作。《文壇才女潘柳黛的冷暖人生》敘述了不少她的故事，從四十年代與張愛玲的過節，一直講到二十一世紀上了澳洲老人服務宣傳的刊物的封面，使我們彷彿看到不同時期的她浮現在眼前。」

2005 年 1 月，周文傑的《文壇四才女──關露、潘柳黛、張愛玲、蘇青的曠世淒美的人生》著作出版了。在書中作者情有獨鍾地給潘柳黛於稍多篇幅，再獲好評。是年 3 月 4 日，上海文匯《讀書週報》以《潘柳黛結怨張愛玲》為題，編者按語讚揚此書「特別是對很多人所不了解的潘柳黛，更是花了不少筆墨。」同年，周文傑的這本《文壇四才女》榮獲中国第四屆優秀婦女讀物獎。

但是，作者不顧年過古稀多多，又再度奔波於上海、南京、

武漢、香港等地圖書館及墨爾本大學圖書館，終又從塵封中得到新收穫。高興地是又和潘柳黛兒女取得了聯繫，獲得了他們的支持與幫助。作者遂在掌握了如此詳實、豐富、厚重的資料的基礎上，她飽含對故友的思念之情，運用清新流暢的優美筆調，將潘柳黛的生平及其畢生對文學、新聞及電影事業所作之貢獻，組織呈現在她的《誰是潘柳黛？》之中。尤其是作者對潘柳黛的靚點及其主旋律，即她的成熟的戀愛、婚姻、家庭的價值觀介紹給讀者，它不僅在當時，即便對今日的青年一代仍不失有重要的參考價值。

《誰是潘柳黛？》是一本填補了歷史空白的拓荒之作，也是一本宣揚女性主義魅力的優秀產品。

《誰是潘柳黛？》以獨領風騷的姿態，躋身於當代中國（實為兩岸三地）、澳大利亞和東南亞的文學和新聞及電影之林，並享榮譽。

郭存孝

2009 年 1 月於墨爾本

目錄 CONTENTS

・ 四大才女，影響深遠 ・

　　1952 年，4 月張愛玲獲香港大學復學通知，7 月的一天，她冒著烈日乘著南下火車離開了生活二十多年並使她一舉成名的上海，經過羅湖到達香港，為節約開支，她住在香港半山一家女子宿舍。有一天，一位熟悉四十年代轟動上海灘的關露、潘柳黛、蘇青、張愛玲四位女作家的朋友，來看張愛玲，閒談中這位朋友告訴張愛玲說，潘柳黛也在香港，張愛玲冷冷地回說：「潘柳黛是誰？我不認識。」顯然有些不悅。朋友清楚張愛玲餘氣未消，馬上改換了話題。

　　張愛玲果真不認識潘柳黛嗎？據上海《雜誌》1944 年公佈的《女作家聚談會》，她們是一道受邀的與會者；據作家柳浪 1945 年在《大上海報》以《張愛玲與潘柳黛》撰文證明，她們曾同台演戲，他說：

「《古今》、《天地》等七家雜誌編輯，將與名演員在元宵節演《秋海棠》於『蘭心』。女作家張愛玲、潘柳黛亦參加演出，張飾羅湘綺，未知能否勝任；潘飾一老娼子，則頗為適當。——其實張潘二人，可說也上過舞台，蓋『麗華』前次所演《甜甜蜜蜜》中，最後有二人暫充『臨時情人』之老處女出場，一衣清裝，一則矮胖，固即影射『彼美』也。」

（筆者注：「蘭心」為蘭心戲院。）

　　潘柳黛的名字，對很多人來說，似乎都很陌生，讀者只能在某些作家撰寫張愛玲的著作中見到她的名字，在那些作家筆下潘柳黛似乎又是個不屑一顧的人，直言不諱地說她妒忌張愛玲，甚至於譏諷她不過僅僅寫過一本《退職夫人自傳》而已等等。那麼潘柳黛究竟是一位怎樣的人物呢？

　　那要追溯到上世紀那一段屈辱的歷史。從 1937 年日本帝國主義對中國侵略的那一天起，始終把上海作為最重要的目標，處心積慮地想長期控制和進行掠奪。有目共睹的 1932 年 1 月，日軍在上海發動侵華戰爭，進攻上海後遭到駐上海第十九路軍頑強抗擊，戰況膠著。後中日雙方代表在滬談判，5 月簽停戰協定。但日本的侵略並未停止，1937 年日軍又制定速戰速決滅亡中國的侵略計畫，於 8 月 13 日，日軍在上海以租界為依據，向八字橋一帶中國守軍挑釁，同時日艦炮轟上海市中心區，我國駐軍被迫還擊，日本海戰隊即於匯山碼頭登陸，向閘北、虹口進犯，我國守軍奮起抵抗，淞滬抗戰由此爆發。這就是著名的上海八一三事變。

　　八一三淞滬戰爭是抗戰時期最酷烈的戰爭之一。日軍對上海城鄉進行持續的空中大轟炸，大面積地縱火焚燒工廠、民宅和學校，大肆屠殺手無寸鐵的無辜平民。據統計上海平民在這次戰爭中死亡不下 10 萬人，工廠損失達 70%。數百萬人流離失所，除租界外的地區全淪為日軍占領。「中立區」的英、法兩租界史稱「孤島」。

　　1941 年 12 月日軍偷襲珍珠港，太平洋戰爭爆發，與此同

時，日軍全面占領上海。從此上海處於日軍占領時期的殖民地狀態。整個中國是在恥辱中救亡圖存的，正如魯迅所說當時中國是「悲涼之霧、遍被華林」。在痛苦中掙扎的上海人民，不得不採取各種生存方式來維持生計。在文化領域，也湧現了一批文人，他（她）們靠賣文為生，在那烽火硝煙的日子裡他（她）們既不能公開舉起愛國旗幟，也不甘心按日偽調子唱歌，寫作只能從生活層面切入，通過那些充滿個性的呻吟及散發苦悶心情的作品，來求得一絲精神慰藉。既充分表達了人性的覺醒。也促進了新文學的進程。關露、潘柳黛、蘇青、張愛玲四位女作家就在其中，她們憑著自己獨特的風格，各領風騷。成了上海灘一道靚麗的景點，也被世人譽為上海四十年代的四大才女。

關露，（1907 ～ 1982）原名胡壽楣，出生於山西太原，1928年入南京中央大學哲學系後轉文學系讀書，1931年9月18日，日本帝國主義一夜之間占領了我國東北三省，全國民眾義憤填膺，遂掀起反對日本帝國主義的浪潮，關露赴上海投入抗日革命洪流。後參加中國左翼作家聯盟（簡稱「左聯」）加入中國共產黨。積極參與上海的工人運動，她的《沒有星光的夜》、《哥哥》、《馬達響了》、《機聲》等詩篇，發表在得到魯迅關懷的《新詩歌》詩刊上，在

年輕的關露。

上海關露已顯露才華，她是詩人、作家。她是左聯詩歌創作委員會的成員，也是《新詩歌》會刊的創辦人之一。

1936 年關露出版有《太平洋上的歌聲》詩集，小說《新舊時代》，譯作有蘇聯高爾基的《海燕》、亞力克山大洛夫的《蘇聯最天才的詩人》、伊爾瑪、鄧肯作的《鄧肯在蘇聯》等等。她為電影《十字街頭》所撰寫的主題歌歌詞《春天裡》，由賀綠汀譜曲，「春天裡來百花香，朗里格朗里格朗里格朗，和暖的太陽在天空照，照到了我的破衣裳……貧窮不是從天降，生鐵久煉也成鋼……不用悲不用傷，前途自有風和浪……」成為當年上海人人喜歡唱，個個會唱的電影插曲，歌聲從上海傳到大江南北，歌聲傳到世界凡有華人的地方，至今還在流傳。著名表演藝術家趙丹在他告別人世前的最後次晚會上，還演唱了這首歌，可見這首歌的魅力。

1939 年，關露開始在潘漢年（1925 年中共黨員，曾任中共中央華中局情報處處長）領導下，深入汪偽敵營成了一名出色的中共情報人員，歷經艱險，背著「漢奸」的黑鍋，深入在上海「七十六號」日偽敵特機構與之周旋。後又轉入日本大使館和日本海軍部合辦的《女聲》雜誌任編輯，後任主編。她出色地完成了各項任務，但不幸的是歷史的誤會，在後來無情的政治運動中她累受牽連，兩次牢獄生涯長達十年之久，身心倍受摧殘。1980年因腦溢血半身不遂，1982 年 3 月，方獲得徹底平反。9 月，丁玲曾帶秘書王增如去看望關露，就在這年年底關露服安眠藥悄然離世，享年 75 歲。終身未婚，最後陪伴她的僅是個塑膠娃娃。

蘇青，（1914～1982）原名馮和儀、馮允莊，出生於浙江鄞縣，南京中央大學英語系肄業，是「女性主義」傑出作家之一，1935 年即在上海《論語》、《宇宙風》等雜誌發表作品，經歷過一場半新半舊的婚姻，雖然是家庭包辦，但也屬同學，婚後也有過一段美好的日子，終因兩人性格不合而分手。蘇青為獨立謀生，作品頻頻問世，小說《結婚十年》是她的成名之作，曾多次再版。

年輕的蘇青。

蘇青成名於上海孤島，直至上海全面淪陷，在上海偽市長陳公博的資助下，創辦《天地》月刊雜誌，自任主編、督印人，雜誌辦得紅紅火火，張愛玲投稿，蘇青推崇，從此蘇青與張愛玲結下友情並成為好友。張愛玲曾撰文表示：「把我同冰心、白薇她們來比較，我實在不能引以為榮，只有和蘇青相提並論我是甘心情願的。」《中國女性文學史》作者譚正璧先生曾寫《蘇青和張愛玲》將她倆相提並論。 胡蘭成見《天地》雜誌刊登張愛玲的《金瑣記》，覺得文章不俗，是一篇佳作，故央求蘇青引見，這就是蘇青是張愛玲、胡蘭成紅娘的一說。

蘇青是位爽直豪放且具有男子氣概的女子，不少作品是對社會重男輕女的風氣和較多對婦女走向社會所受到的歧視和苛刻的現象，進行了揭露和抨擊。對婦女渴求得到男女平等，尤其是女性在情愛和性愛中的大膽流露，使她的作品產生了一種與眾不同

的特點和魅力，在當時蘇青有「大膽女作家」之稱，也有人罵她是「性販子」云云。

解放後，蘇青一度在尹桂芳越劇團編劇，她的處女作《屈原》在上海公演受到好評。1955 年受胡風集團影響入獄一年半，出獄後，在上海黃浦區文化館工作直至 1975 年退休，晚景淒涼，貧病交加身患多種疾病，於 1982 年病逝，享年 69 歲。

蘇青去世後的第二年，即 1984 年 12 月上海市公安局做出《關於馮和儀案複查決定》，內稱：「……馮和儀的歷史屬一般歷史問題，解放後且已向政府作了交代，1955 年以反革命案將馮逮捕是錯誤的，現予糾正，並恢復名譽。」蘇青小女兒含著淚水接受了這份公函。五年後，蘇青的骨灰由女兒崇美和外孫帶到大洋彼岸的美國安葬，意味著孩子們將永遠陪伴著她。

張愛玲，（1921～1995）筆名梁京，出生於上海，就讀於香港大學文學院中文系。是一位多才多藝學貫中西的女作家。1943 年在《二十世紀》英文雜誌發表散文《中國人的生活與服裝》並附她自己繪的插圖 12 幅，同年她帶著作品《沉香屑》拜訪《紫羅蘭》雜誌主編周瘦鵑，得到好評。認為她的《沉香屑》風格頗像英國名作家毛姆（Somevset Maugnam）。接著《沉香屑‧第一爐香》、《沉香屑‧第

年輕的張愛玲。

二爐香》均在《紫羅蘭》雜誌發表，同時期又在《古今》、《雜誌》、《天地》等刊物發表作品；她的成名作《金鎖記》曾獲著名評論家傅雷的好評；她的《傾城之戀》改編為話劇，由上海名導演之一的朱端鈞導演，由名演員羅蘭、舒適等演出，共演八十場，場場爆滿，轟動了上海灘。張愛玲頓時成為上海一顆閃爍的文壇新星，從 1943 年 5 月至 1944 年底僅一年半時間，張愛玲發表了長篇小說一部，中篇小說六部，短篇小說八部，散文四十多篇，總計五十多萬字。成為上海最多產的年輕女作家。

　　張愛玲與大漢奸胡蘭成的亂世情緣也是世人關注的焦點。1952 年張愛玲移居香港，繼續她的寫作生涯，她的《秧歌》、《赤地之戀》問世，均是反共作品。同時也寫了不少商業片電影。1955 年移居美國，第二任丈夫甫德南‧賴雅（Ferdinand Royor）雖曾是作家，可惜他的輝煌只停格在年輕時成名之作的兩本書上。1956 年兩人結婚，其時賴雅 65 歲，張愛玲 36 歲，婚後兩個月賴雅即半身不遂，經濟拮据，於 1967 年病逝。張愛玲經友人介紹一度在哈佛大學雷德克里芙女子學院的研究所任駐校作家，翻譯《海上花列傳》。當台灣重新出版了《張愛玲小說集》等書後，兩岸三地先後掀起了張愛玲熱。

　　自賴雅去世後，張愛玲孤單一人，繼續《紅樓夢》的研究達十年，1977 年《紅樓夢魘》、《對照記》問世。但她晚景淒涼，與世隔絕。於 1995 年 9 月 8 日當洛杉磯警察局打開張愛玲房門，發現她早在三、四天前就去世了，經法醫鑑定她屬心血管疾病自然死亡。享年 74 歲。她的作品至今仍在兩岸三地廣為流傳。

1943 年，作家醉雲在《力報》以《女作家》為題寫道：

「方今女作家之文章散見各刊場者甚眾，唯小型報間尚不多見，有之，只潘柳黛一人而已。潘作小品文亦似曳風之柳，曼妙多姿，愚未識潘柳黛時，讀其文能想見其人之清姿梅骨，便潘柳黛三字，亦足以使人煩慕其顏色，但，既見其人，則與以往之心理完全相反，蓋潘柳黛並不美顏如玉，爽脆且具鬚眉氣概，故言，見潘柳黛其人不如讀其文佳，更不如見其潘柳黛名字佳。……張愛玲亦今日女作家，文章差潘柳黛遠甚，唯名字蕩冶，適與潘柳黛相反，論者謂此三字，不但蕩冶，且惡俗似貨腰女，如不知其能寫寫文章者見之，不當其舞女者也幾希。」

1944 年上海《力報》載有文帚作者以《灰鈿》為名其中寫道：

「上海文壇，蘇青、張愛玲與潘柳黛稱三作家中三傑，蘇青以散文勝，張愛玲以小說勝，潘柳黛以多幽默感和熱情橫溢勝。」

張愛玲真不認識潘柳黛？潘柳黛究竟何許人也？筆者在澳洲的墨爾本和她有一段交往。

· 家道敗落，亂世新苗 ·

潘柳黛出身於軍閥混戰時期的北平（今北京）。這是一座具有三千多年歷史，是世界上歷史最悠久的名城之一，曾做了六七百年的都城。早在戰國時期，燕國曾在這裡建立都城，這就是燕京的由來。到西元十世紀形成了遼國的陪都，西元 1153 年金代在這裡建中都，並建豪華宮殿。以後元代重建為大都。後經明、清兩代的不斷地擴建，再經宣德、康熙、乾隆等皇帝的提倡，吸收了許許多多各地的文化精髓，形成了舊北京的特色。存有許多古蹟，故宮、天壇、社稷壇、太廟、明陵及園林、三海（北海、中海、南海）五園（暢春園、圓明園、清漪園後稱頤和園、靜宜園後稱香山）等，形成了這個美麗的城市。

北京是世界都市中，是具有獨一無二南北方向的「中軸線」都市，起點是永定門，向北依次經正陽門（前門）、中華門、天安門、故宮端門、午門、前三殿（太和殿、中和殿、保和殿）、鐘樓。鐘樓是全城報時中心。這條「中軸線」全長 7.5 公里。

整個城市佈局均為東西或南北對稱排列。如天壇在南；地壇在北；日壇在東；月壇在西；太廟在東（今人民文化宮）；稷壇在西（今中山公園）。城垣佈局也一樣對稱，如城東為東直門，西即為西直門，東南為崇文門，西南為宣武門。紫禁城的安排更講究對稱，東門為東華門，內為文華殿，西門為西華門，內為武英殿；城垣四角對稱修建，有遙相呼應的四座角樓。

從明朝起數百年來，豪華的皇家宮殿、神聖的壇廟、莊嚴的衙署、秀麗的園林及繁華的街市、風格獨特的四合院（住宅），均依附著「中軸線」及兩側展開。然而這座美麗的城市卻災難重重，歷經了戊戌政變、軍閥混戰、八國（英、美、德、法、俄、日、意、奧）聯軍的侵華戰爭、義和團運動，直到 1919 在年北京爆發了一場中國人反對帝國主義和封建主義的愛國民主運動，使古老的北京城有了新的起點。

就在這個跨入新世紀的那一年，在東城錢糧胡同有個四合院，廣亮的大門外有帶八字形的影壁，門樓為捲棚筒瓦頂，大門兩側有抱鼓形門礅。住著一個滿族（亦稱旗人）後裔較殷實的潘姓人家。一個小生命誕生了，這天是 1920 年 12 月 2 日，天空正飄著雪花，接生婆照例要說幾句吉利話：「少奶奶，大雪瑞豐年，今天生的胖妞，准是大貴人。」

這個胖妞就是上世紀四十年代在上海成名的潘柳黛。據她回憶，當年，曾祖父曾是清朝官員，屬正白旗，家中曾懸掛曾祖父影像穿著官服，端坐在披有虎皮的大椅子上，在京城是顯赫一時的官場人物。祖父是一位官商，因去世較早，故她的父親逐步成了一個執褲子弟，雖國學基礎尚好，也曾經商有道，但在祖母去世後，染上鴉片和賭博，同時在家庭之外另有相好，偶而還會逛逛妓院。她的母親是一位受過良好家庭教育的大家閨秀，知書達理，頗具文化素養，是一個封建時代溫順典雅的好妻子，她一心相夫教子。婚後也曾度過一段美好溫馨的時光。當她發現丈夫慢慢染上鴉片，又悄悄步入賭場，她曾壓抑著心中的怒火，好言相

勸，期待丈夫回心轉意，在苦口婆心仍無法扭轉局面之後，尤其見丈夫又背叛家庭另有了新歡，從此她母親心灰意冷，精神倍受折磨，性格也發生了扭曲，夫妻經常爭吵。

潘柳黛出生的那天，她父親還在離他們家一條街的相好家的煙榻上躺著。當張媽推門進去說：「少爺，太太今天生了。」他頭也沒抬問道：「是男的還是女的？」張媽回說：「是女的。」她父親一聽張媽說是女的，只哼了一聲，繼續躺在煙榻上慢條斯理地忙著在胸前的小油燈上用煙竿調理他的煙泡，儘管潘柳黛已有一個哥哥和兩個姐姐，在父親心目中還是男孩越多越好，顯然聽了張媽稟告一肚子不高興，當天他也沒回家。幾天後，他給女兒取了個名字叫思瓊，兩年後她母親又生了個妹妹叫瓊英。

小時的潘柳黛聰慧、調皮，由於她的長像酷似父親，自然就多少得到父親一些寵愛。父親雖然時常在相好家鬼混，但畢竟有時還住在家裡，他一般從不過問小孩，唯對潘柳黛不同，有時會把襁褓中的潘柳黛抱在懷裡，喃喃地說：「嘿！三妞還真像我哩！」這是一個父親的自豪。四歲的潘柳黛已機敏過人，能說會道，見到父親回家，首先撲進父親懷裡，然後又忙著給父親拿酒杯，她不懂這不是吃飯的時候，所以總引來家人的大笑，她頓領悟到這笑聲是對她嘲弄，她會撒嬌的哇一聲嚎啕大哭，這時家人個個會來哄她，立刻她又會破涕為笑。這給家人多少添了一些樂趣，她成了一個人見人愛的小胖妞，她有一雙亮晶晶的大眼睛，加上有一張能說會道的八哥小嘴，她之所以見父親回家就拿酒杯，是因為父親有兩次飲酒時抱著她。不時夾點小菜給她嘗嘗。

有一次父親又抱她飲酒用筷子醮點酒在她的小嘴裡，這時她只是被酒刺激得皺皺小眉頭，迅速拿起父親酒杯往地下一擲，似乎對父親來了個報復，父親不但不生氣，卻高興得叫好。得意地說：「瞧！三妞有個性。」若干年後，潘柳黛是酒宴上的女英雄，大杯白乾能一飲而盡，她的酒量讓男士也刮目相看，這大概是她從小受到父親的薰陶分不開了。

潘柳黛和男孩一樣頑皮，那年，她讀小學二年級，夏天家裡搭天棚，發生了一件驚人的事情。

北平四合院消暑，有錢人家都要搭天棚，那個年頭尚沒有電風扇、空調等電器設備，夏季搭天棚是遮烈日避暑，有專門做這種生意的叫「棚鋪」，生意紅火。「棚鋪」的營業範圍有兩大項，一是包搭紅白喜事搭棚，即結婚、辦壽、出喪都要搭棚招待客人，那是一種半透明瓦搭棚；一是搭天棚又稱涼棚用蘆席搭成，天棚要用四種材料：上乘的蘆席、杉槁、小竹竿、粗細麻繩，均由棚鋪負責，一般入夏後包搭棚，入秋後按時包折，搭棚時不付錢，折了棚後再算帳。四合院搭天棚，棚頂比北屋屋簷要高一米多，這樣既遮住烈日又能通風。一般院中天棚棚頂的席子是可捲的，即從下面用滑輪拉繩捲起來，晚上清風徐來又可眺望星空。棚鋪多有固定顧主。搭天棚的工人叫棚匠，他們是經過專門訓練，不僅身強力壯，且心靈手巧。一手抱一根三米多高的杉槁，一手攀高，能爬上十米高也不在話下。

有一年，兒時的潘柳黛居然趁棚匠正忙時不注意，和棚匠一道爬上房頂了，女孩怎能上房？其實她上房後向下一看自己也嚇

哭了，棚匠嚇得一個勁兒向主人道歉。並小心翼翼地把這位三小姐從房上背了下來。那天，她被母親狠狠地揍了一頓。母親總希望她別忘自己是大家閨秀，希望她成為一個淑女。可她總是大大咧咧地喜歡與男孩頑耍。

從前過舊曆年，北方有個習俗就是家家都要包餃子，為什麼要吃餃子？據說過年要吃好一點或請客炒菜，北方不同南方燒煤炭或小爐子來得方便，北方的燒的是一種大鍋，最大的鍋能容二百斤水，小的也能容幾十斤，用這種鍋炒菜當然不方便，於是就創造出吃餃子的辦法來了，把豬肉或牛肉、羊肉、雞肉剁碎，把白菜或韭菜剁碎和在一道，再用麵包裹起來做成半圓形稱之餃子。然後，什麼時候吃，就什麼時候煮，既方便又好吃，潘柳黛不僅喜愛吃餃子，她還能在全家吃餃子時，講餃子的諺語民謠，什麼「餃子兩頭尖，吃了便成仙」，她的順口溜常把家人逗樂，可是母親不喜歡，常指責她不穩重，因為這些順口溜當年多出自民間，所謂下三流之口，女孩是不能說這些俏皮話的。

潘柳黛剛入中學，面臨著家庭經濟發生急劇變化，父親的生意已逐步在賭博中轉入他人之手，為還債和抽鴉片煙，他父親又瞞著母親典出一套東門跑馬地的豪宅，家中生活來源只能靠祖傳的三套房子房租的收入來維持。母親又氣又恨，和父親狠狠地吵了一場。母親為節約開支，只好把兩個多年的傭人辭了，家務事全由她和兩個姐姐來分擔，這時哥哥進入高中，大姐已就讀師範，二姐剛初中畢業考進了助產學校，兩個姐姐不僅不要交學雜費，而且學校還供應伙食，大大減輕了家庭的負擔，這似乎給母

親帶來一絲慰藉。

　　潘柳黛父親的相好見他油水已差不多了，也就稍稍搬走了，後來是一個鄰居告訴她父親，這個相好是跟一個闊老頭去了湖北。這樣，她父親不得已頹喪地回到了家中，他也不懺悔，似乎自己是大男人要怎麼做就怎麼做，而且脾氣越來越大，母親當然不能原諒他，於是家中吵架便成了家常便飯。記得聽潘柳黛曾風趣地說過，她長相酷似父親，母親由於對其父親的憎恨，有時也難免會把莫名的怒火發洩到她的身上。有一次她父親和母親為一件小事吵架之後，母親竟用雞毛撣帚打她，潘柳黛是一個強脾氣，覺得自己沒有錯誤，既不抗爭也不求饒，她不哭也不叫，動也不動地任由母親抽打。直到張媽為她求情，她母親才住手。所以，幾十年後潘柳黛還會詼諧地感嘆戲說：「我是一個沒有充分得到過母愛的小妞。」

　　在初中的潘柳黛學習並不用功，但憑著她那臨時抱佛腳的本領，每次平時測驗或月考、大考（筆者注：那年代學生除平時的小測驗外，每月考一次稱月考或小考，期末考試為大考）她的分數又總能擠進十名的行列。母親對她也好了許多。由於她喜愛閱讀小說、詩歌、雜文，所以國文尤其作文成績在班級中更為突出，這樣潘柳黛也逐步獲得母親的歡心。

　　父親從不過問兒女的事，對潘柳黛卻有些例外，1934年他一度赴上海做生意時，曾帶著潘柳黛前往，這使潘柳黛在上海一所女子中學讀書約一年的時光，潘柳黛對這個冒險家樂園，既新鮮又好奇，後來父親生意失敗了，回到北京不久，潘柳黛已面臨

初中畢業，迫於家境日益衰退，她父親把祖上遺留下來的最後兩處房產悄悄地抵押出去之後，很長一段時間沒有回家。

• 就讀師範，雛鳳初鳴 •

潘柳黛面臨著衰敗的家庭，哥哥已進了大學學醫要有大筆開支，看著母親的一臉無奈，雖然同時她報考了三所學校，而且都已被錄取了，為減輕母親的焦慮，她還是毅然主動地選擇了河北省立高級女子師範學校。那是 1936 年，並不是她熱愛教育事業，那純是因為師範不僅免收學費、雜費，還能免費提供伙食和免費住宿在學校，同時她也渴望住校能自由生活，擺脫母親的管教。母親毫不猶豫同意她的選擇，一是減輕了困境中的家庭負擔；一是因為做教師比較清高，對女孩來說更為合適。

潘柳黛在師範的三年仍不夠用功，但成績不差，國文成績尤為突出，剛入學不久，她見《新北京報》中秋徵文，她漫不經心地寫了一篇小小說《中秋》，大約五、六百字去應徵，結果中選了，這是潘柳黛的文學生涯中的處女作。當時領了五角錢稿費，這年她才十六歲，她把領來的五角錢買了一大包糖果請同學們吃了。她高興，同學們為她高興，老師也為她高興。之後的兩三年內她也寫過幾篇文章，但自己不滿意，不敢拿出去發表。老師勸她多讀點書，就這樣約有一年多的時間，星期假日她很少回家，因為家給她溫暖實在不多，她待在圖書館、待在宿舍貪婪地閱讀《紅樓夢》、《西遊記》、《水滸傳》、《三國演義》、《儒林外史》、《醒世恆言》等，及近代名著《家》、《春》、《秋》、《雷雨》等，她更喜愛丁伶的《莎菲日記》等作品，唐詩宋詞尤其

朱淑貞、李清照詩詞格外偏愛，對外國名著《鄧肯傳》、《戰爭與和平》、《怎麼辦》、《安娜‧卡列尼娜》、《莎士比亞戲劇集》等，也具有濃厚的興趣。潘柳黛不僅喜歡文藝作品，涉及數理的書籍她也喜歡流覽。她的複述能力很強，她喜歡把書裡故事繪聲繪色地講給同學們聽。勤讀書，讀好書，這使她開拓了視野，激發了創作欲望。

不僅如此，潘柳黛的表演天才在這所師範學校，也得到了充分的展露，全校週末常常舉辦同樂會也叫遊藝晚會，有一次她和幾個同學排練了一個《賣報歌》的踢踏舞。這是用腳前掌有節奏地快速地擦地提起再擦地的動作而組成的舞蹈，有一定的難度，尤其多人齊舞靠的整齊，不僅上肢動作整齊，腳踏跳的聲音必須一致，才能聽得出皮鞋底和舞台地板「嗒嗒、嗒、嗒嗒嗒」的節奏聲，再配合隊形變化和上肢動作。她導演的踢踏舞獲得了一致好評，不僅舞姿優美，她的服裝設計也令人驚嘆，那個年代學校很窮，表演的服裝根本沒有經費去製作，她就用校服代替。當年的校服，女生上穿大襟陰丹士林（筆者注：當年最流行的一種藍色布）短袖衫，袖子得過肘，下穿一條黑裙子，裙子也得過膝。她用女生黑綢裙子進行改造，把裙子腰部縫兩條帶子前後連上，使裙腰落在胸部，這使原來黑裙就變成了件連背心的短裙了，內穿件白色襯衣，衣袖上貼些金紙剪成的花邊，再用紅色半硬紙貼上金紙剪的花邊製成個腰帶，在黑色背心連衣裙上也貼上一些金色紙花和紅色紙花，在舞台燈光下，金光閃閃顯得分外優美、華麗。當同學們讚不絕口地誇獎潘柳黛的設計時，潘柳黛卻說：

「窮湊合唄。」還真是窮湊合，只花了買了金紙紅紙的幾角錢，這一下潘柳黛又一次出足了風頭。

別看潘柳黛個頭不高身材略胖，她是學生中屬於多才多藝的一個，每次演出台上總能見到她的身影，不是唱歌跳舞，就是朗誦，或參加話劇演出。壁報上時不時刊登她的散文、詩作。再由於她為人直率又謙和，加上她有一張能說會道的小嘴，時常來一點小幽默，逗得同學們哈哈大笑，她善於敘事，常把一件普通的事說得趣味盎然，她說話和做人都屬於爽朗型的樂觀派，和同學在一起隨時都能聽到她銀鈴般的笑聲。同級（即同班）的同學也都喜歡她，比她高一班的同學也喜歡她。這樣，潘柳黛在這所女子師範學校的學生中，除體育成績平平外，成了校園內公認的、令人羨慕的風頭十足的高材生了。

就在這時1937年7月7駐豐台日本帝國軍隊詭稱演習中「失蹤」一名士兵，要求進宛平城搜查遭到拒絕後，即向城西盧溝橋發起攻擊，中國駐軍第二十九軍奮起抗擊。日本政府決定增兵，調關東軍及駐朝鮮日軍各一部進攻北平（今北京），同時調日本國內陸海軍一部進攻天津。至30日平津陷落。這就是歷史上著名的七七事變又稱盧溝橋事變。從此，中國開始了八年抗戰的艱辛歷程。

潘柳黛於第二年的1938年在河北省立高級女子師範學校畢業了，有幾所小學要徵聘她任教。省立高級女子師範是一所較有名氣的學校，畢業生總是有些學校來校預約聘請，尤其是才華出眾的學生，各小學爭相預聘。這時她考上了河北女子師範學院教

育系，但一年後她為分擔家庭重擔，在未完成學業的前提下，她離開學校獨立謀生了。最初在北平一所私立小學任教，後轉入河北寶坻縣立小學任教（寶坻是一小縣城，早已劃為天津市管轄）時間都很短。不久，她經過一位老師介紹，轉入順德簡易師範任教，有 45 元的薪酬。那比小學薪酬高了許多。

順德簡易師範學校是清一色的男教師，連校長在內僅有 15 個教職工，因為那個年代婦女大多被困在家庭裡，能走向社會參加工作的女性寥寥無幾，步入社會的女性則成了令人仰慕的新潮，成了時尚的佼佼者。潘柳黛從跨進校門，即引來眾多的目光，學生的年齡大都在她之上，有的學生甚至二十四、五歲了，不少學生已經當了父親，這時的潘柳黛只是身材中等、個頭矮矮的十九歲的小女生而已。開始學生根本不把她放在眼裡，對她也很不禮貌，甚至有個學生在她身後做了個和她比身高的鬼臉，逗得同學哈哈大笑。潘柳黛是個聰明人，從眾人的笑聲中，她意識到定有學生在她背後有了惡作劇的小動作，她裝著沒有看見，一是避免了自己的尷尬，二是讓學生好下台階。她是做學生過來的人，頗懂得學生的心理，學生最佩服的是教學過得硬的先生，她擔任的是國文課，所以，那天她努力備課至深夜，把教案設計得很周周到到，還在宿舍裡演示了一遍。

第一堂國文課講述的是朱自清的《背影》，她那清脆甜美的京片子，悅耳、動聽，一遍課文朗讀，立即把學生帶進了朱自清與父親離別的意境，細緻的課文分析，也激起學生對父親的一往深情。這一堂課她得了學生的認可，讚美。下課後她被學生團

團團住了。這時她稍有點緊張的心情終於舒緩下來。教學獲得學生的好評，也獲得了校長的讚許和同仁們的友善目光，這也大大鼓舞了她任教的信心，這時她似乎愛上了教育事業，深深體會到「教書是一門藝術」而不是教書匠。

潘柳黛很想在這所學校好好地做個一番。但事與願違，不久，她受到太多人的注意，常常能接到向她求愛的信，有的來自校內，有的來自校外，既有未婚青年也有已婚男士，倒不是她長得特別漂亮，但那個年代，她屬新時尚的一派，加上她有一雙會說話的眼睛，吸引著眾多的男士，她深感一種莫名的壓力襲來，毅然決定離開這所學校，離開她所喜愛的學生。

在方先生（筆者注：當年老師統稱先生）的指點下，決定南下——南京。那是 1940 年的深秋，潘柳黛穿著陰丹士林旗袍外罩一件白色毛衣外套，提著一隻藤編箱，她雖然憧憬著美好的未來，但當她離開這塊生她、養她的北平的時候，卻有些依依不捨，鼻子有點兒酸了，眼前似也一片模糊，原來淚水溢了出來。她見街道路邊落滿了乾枯凋零的梧桐落葉，一股莫名的悽楚湧上心頭。

· 漂泊南京，初嘗淒苦 ·

　　二十世紀四十年代，火車分快車、慢車兩種，而快車又分特快、普快。除外，火車還分頭等車廂，二等車廂，三等車廂。北京火車站亂哄哄的，只見日本憲兵舉著刺刀進進出出。潘柳黛在妹妹的陪同下提著行裝擠進了三等車廂，坐了下來，妹妹下車後，不一會兒火車啟動了，火車奔馳在向南方行駛的軌道上，潘柳黛眺望窗外移動著的樹木、田野，想著令她悠然神往的南京。她清楚這不是一座一般的歷史文化名城，在中國，它是四大故都之一，是有兩千五百年歷史的古金陵，在這塊土地上曾有大大小小十個朝代建立過自己的都城。歷史上建都在這裡的王朝，無不是看中南京的地理優勢，她想起諸葛亮曾讚嘆地說過：「鐘山龍蟠，石頭虎踞，真乃帝王之宅也」。

　　南京又是以山、水、城、林融為一體的城市風貌而載譽中外。她記得孫中山先生在《建國方略》中稱讚南京：「其位置乃在一美善之地區。其地有高山，有深水，有平原，此三種天工，鐘毓一處，在世界中之大都市，誠難覓此佳境也。」又寫道：「南京將來之發達，未可限量也。」

　　潘柳黛合上眼睛隨著思路聯想著南京的滄桑，那三國鼎立，群雄、逐鹿，那烽煙滾滾；六朝興衰，王朝的迭代，真是你唱罷後我登場；不過孫權在原楚國金陵邑故址上，利用西麓天然石壁做基礎修築了石頭城，成了東吳水軍江防要塞和城防據點，把原

本幾座分散的小縣城建成了這座都城，並逐步發展成長江中下游的政治、經濟、文化中心，這又不能不說是孫權的功勞了。後來是明太祖朱元璋精心的設計，修築城牆，營建皇宮，他用了二十一年的時間，修建了南京城。使南京成了全國著名的都城，也成了世界著名的最大的一座磚石城，有了「高堅甲天下」之稱。可到了晚清，帝國主義的入侵，第一個不平等條約卻加上南京恥辱的名字。太平天國曾在這裡引起世界上的震盪；辛亥革命潮流也在這裡奔騰迂迴。她想起 1911 年 10 月 10 日武昌起義取得了勝利，接著革命浪潮波及全國，各省宣佈獨立。各省代表由漢口移師南京，就建立新政府及總統人選等問題舉行公決，孫中山先生眾望所歸，高票當選，於 1912 年 1 月 1 日在南京正式就任臨時大總統，宣告中華民國成立，可僅僅九十一天，孫中山為顧全大局不得不卸任總統職位，中國歷史又走進袁世凱稱帝、軍閥混戰的死胡同。直到 1927 年北伐戰爭取得勝利，南京成為統一後的中華民國首都，時隔十年，卻被日軍占領……

這時火車一聲長長的鳴笛，把她從歷史回顧中驚醒，火車鳴笛是告訴乘客火車到了南京的浦口輪渡碼頭，在這兒乘客要滯留上幾個小時，因為輪渡要從長江北岸把火車一節一節分批帶著乘客開上輪渡，再由輪渡把一節節火車分若干次送往長江南岸。潘柳黛感到分外新鮮，她是第一次來到這個陌生的城市，第一次欣賞雄偉的長江，波濤翻滾，第一次見到火車坐輪渡的壯觀。當輪渡啟動後，她看到窗外白茫茫浪花，不由得緊張起來，似乎大江要吞噬她了，她見車上乘客和她一樣害怕。又覺得好笑，好一陣

子她才平靜下來。車到達下關車站，她目睹南京下關車站的紊亂與北方並不兩樣，她百感交集，有一點她是喜歡的，那就是雖是深秋了，卻似乎沒有北方那麼刺骨的寒風。她跳上馬車進了城，在鼓樓她找到一家小旅館住下了。

她明知道南京有明孝陵、中山陵、靈穀寺、玄武湖、莫愁湖、雞鳴寺、棲霞寺、夫子廟等名勝古蹟，她也很想一一參觀遊覽，但她此時此刻卻沒有心情，因為她最迫切是要去找方先生，因為方先生答應為她找工作的。方先生是她的河北師範學院的國文教授，是一位頗得學生尊敬、愛戴的老師，他一年前受南京金陵女子大學聘請來到南京任教。

第二天，她趕到方先生指定的地點去找他，誰知方先生留下字條，因為他在北平的夫人生病住進醫院，所以他回北平去了。這一下讓這涉世不深的潘柳黛傻眼了，不知如何是好，從方先生住處走出來，她呆呆地站在路邊，抬頭看到凋零的枯樹，覺得自己就像枯樹上的一片落葉在空中飄動，從未有過的空虛、迷茫和無助一股腦湧上心頭，對自己獨自闖蕩增添了一份愁腸。

但她是一個不服輸的人，頃刻，她從失望中覺醒，從報販子手上，她買了兩份報紙，返回旅館看看招聘啟事中能否找到一席之地。

終於在南京晚報上她見到了一個家庭教師的招聘廣告，她感到一絲慰藉，她認為這是目前最適合自己的一項工作了。第二天她按報紙上的地點丹鳳街唱經樓走去，這是一所小公寓，主人是農業銀行的襄理，兩個孩子是小學四、五年級的學生，潘柳黛很

順利地被錄用了。待遇優厚三石梗米一個月（筆者注：一石為一百斤，因物價波動以米計算工資）每天教課兩個小時，教語文、數學兩門課。從此，每天上午她在旅館房間裡備課下午四時去上課，晚上和主人共進晚餐，不久她發現主人似乎不介意她的教學，而是喜歡同她聊天，憑著女性的敏感，覺得還是離開為好，她決定告別這個職位。然而工作並不是那麼好找，她經歷了一段失業的折磨。在她後來的一篇散文《前年》中敘述了這一段淒苦的日子。她寫道：

「前年。那是我剛到南京的時候，住在城北的一家旅社裡。

旅社的生活，總不能像家一樣安定；雖然我是個飄泊慣了的人，能夠忍受流浪人所應該忍受的淒涼與虐待。

其時的物價自然比現在要低若干倍——否則我也早餓死了。我每日計算著我最低生活的開支：早上花一、二毛（角）錢吃一頓大餅油條；中午與晚上叫一碗廉價的陽春麵；就這樣慘澹經營等待我新的命運的判決。

這之間，我是不大與朋友往還的，因為我太窮了，太窮的人，就像天上的烏鴉一樣，看見烏鴉總不易使人高興，那麼我又何苦討人厭呢？

離家將及兩個月，從一個朋友手裡，見到了家裡給我的幾封信。家裡的骨肉，在惦念我離開家後的生活狀況。他們說：『南方養不活你，那麼就回來吧！你總不該用無言對待你的家人，我們每天都夢到你……』同時還附來五十塊錢，讓我當作回去的路費。我第一次哭了，淚水灑到地上，我用腳塗拭了它。

但我沒有寫回信，也沒有回去。我將五十塊錢，交了三十元給旅館的掌櫃，作為下月的住費，五塊錢送茶房，算作本月的小帳。剩下的十五塊錢，我預備支持一個月的生活用度——這自然是瞎說，我的意思是在十五元沒花完之前，無論如何，我便必須找到一個職業的。

每天我在注意著報紙的分類廣告；每天我在塗寫一些不成文的小稿；但這些都失敗了。分類廣告裡的徵求，常常是含有副作用的，報紙上的文稿，即便登載了，也要到月底才能領到稿費。於是，我想到南京有名的燕子磯了。

我拿起我僅有的財產十一元四角，跑到夫子廟的『龍門居』。我並沒有都花了它，我只是要了我平常最喜歡吃的炸醬麵，另外兩碟酒菜，四兩高粱燒。我懷著潦倒的流浪人的心情，那麼憂鬱的，坐在靠沿牆南的一個小桌上獨酌。『借酒澆愁愁更愁！』幾杯下肚，使我想到幾千里外北方的家；想到堂上的父母；想到我自己的遭際；我咬緊了嘴唇，不讓眼淚流下來。

我的心胸裡充滿了怒火，我燃起了強烈的生存的要求，於是我就又那麼懦弱的，卻也那麼勇敢的繼續活下去了。

生活給我的只是殘酷的虐待，我既不堪忍受，我便該表示我的反對的力量，力量雖然微弱，然而我相信它是熱烈的，澎湃的，新鮮的……」

潘柳黛的這篇散文樸實無華，真切動人。

又過了一段日子，潘柳黛知道方先生從北平回到南京，她決

定前往求助。方先生熱情地接待了她，當潘柳黛向他訴說了近況，只希望能有個工作解決生計時，方先生告訴潘柳黛他有個朋友正在南京辦報紙，要潘柳黛寫兩篇散文給他，再等候他的消息。這段求職經歷，潘柳黛終身難忘，她不止一次和朋友們聊天時談起這段艱辛的往事。

（筆者注：當年付小帳如同今日的付小費；燕子磯為南京北郊著名景點，形似飛燕凌空而得名，磯是三面環水，一面連陸地的臨長江山丘，海拔三十八米。山崖壁立，險峻異常，是遊覽勝地，也常有人在此輕生。）

‧ 「京報」就職，記者生涯 ‧

荳蔻年華的潘柳黛。

約二十天過去了，她有些沮喪失望，但又覺得不能去催方先生，這點分寸她是掌握的。一天傍晚，終於接到了方先生的電話，要她去南京《京報》社報到的消息，真是喜從天降，她頓感到全身熱血沸騰了，興奮地跳了起來。她感謝方先生的指引，感謝報社的接納，更對自己寫作才華充滿自信。她抑制不住地自語：「好了，再也不要為生計發愁了。」正如她在《前年》那篇散文最後寫道：「我由老烏鴉變成了喜鵲。」

原來南京《京報》是一家小報，社址在南京朱雀路（今為太平南路）邀貴井 14 號，筆者 2007 年曾走訪這座老巷，想看看當年潘柳黛起步新聞事業起點的報社舊址，很感遺憾，除巷口大樓外牆上尚掛著藍底白字的「邀貴井」三個大字下有中文拼音外，已找不到 14 號的門牌。據當地八十多高齡老人指著一座四層大樓對筆者說，這就是 14 號，汪偽時期是一所報館，但名字記不得了，早已被拆光，後來這兒是服裝廠大樓，現正是紅十字醫院擴建範疇。

《京報》是 1940 年 8 月剛剛問世，這是南京一批文人創辦

的，該報力求避開政治話題，以貼近民眾生活為主，堅持趣味化、平民化的辦報方針，儘量讓報紙成為現代通俗文學、市井文學的基地，給予群眾一點精神食糧。所以《京報》一問世就獲好評，得到南京群眾的喜愛，銷路極好，零售三分，訂一個月九角，訂三個月二元四角，訂閱半年為四元五角，訂閱全年則優惠為八元。當時該報正擬擴大版面，需要增加工作人員。發行人見到潘柳黛的兩篇散文，覺得文字清新流暢，見地獨特，又是好朋友的推薦，二話沒說，立即在表上簽了「錄用」二字。就這樣潘柳黛於 1940 年 11 月，獲得了《京報》見習記者的職位。這不僅是她南下後謀得的第一份社會職業，更有意義是她從此開始了新聞記者的生涯，並且逐步獲得文學人生的座席。

潘柳黛跨進報社第一位頂頭上司便是採訪主任金雄白（1904～1985），他筆名朱子家，上海人，曾任上海《時報》記者，代理總編輯。國民革命軍總司令部政訓處秘書，創辦過「大白新聞社」。開設過律師事務所。後任南京《中報》副社長。

《京報》於 11 月份擴版，增添了〈新都會〉欄目，潘柳黛即成了「新都會」欄目的主要撰稿人之一。她努力工作，走遍了南京的大街小巷，深入實地，接觸群眾，貼近生話，如在南京採訪了長壽老人、演員、三百年前馬祥興菜館及菜市場，用訪談錄、隨筆、雜記、詩歌等多種體裁，描繪了在底下層群體的生活原貌，無論是新聞報導還是採訪，字裡行間流淌著她體察民情，鞭韃當時黑暗社會的聲音。從社會貧富懸殊的感慨中，投給弱勢群體的一份真情，這時潘柳黛才是一個十九歲的少女。

《京報》社辦公地點靠近夫子廟，步行 20 分鐘即可到達，這兒自古以來是民居密集的地段，兩岸商店、酒樓，鱗次櫛比，而戲院、舞廳、妓院也都集中在這一帶，以致形成了「六朝金粉地，秦淮笙歌處」的喧鬧之地。潘柳黛經常出入在這一帶採訪，有時步行，有時乘上馬車或人力車。

　　夫子廟是座建於宋景佑元年（西元 1034 年），位於秦淮河畔的供奉和祭祀古代著名的大思想家、教育家孔子的廟宇，而這所廟宇曾多次毀於兵火，同治八年（西元 1869 年）重建，可抗日戰爭中又被日軍焚毀。左側不遠處是江南貢院，潘柳黛第一次見到貢院。

　　她想起朱自清的父親曾經當過江南闈差（筆者注：古代考場的工作人員）他曾說過，考生入場時都有送場的，人很多，門口鬧嚷嚷。天不亮就點名，搜夾帶（筆者注：作弊工具），大家都歸號。似乎直到晚上，頭場考題才出來，寫在燈牌上，由號軍扛著燈牌在各號裡走動。所謂「號」，就是一條狹長的胡同，兩旁排列著號舍即小房子，寫著天字型大小，地字型大小等等的。每一號舍之大，恰好容一個人坐著；從前人說像個轎子，考試的幾天裡吃飯、睡覺、做文章都在這轎子式的小房子裡。坐的、伏的各有一塊硬板，貢院應該是一個地道的文化場所。

　　可惜，當時已破敗不堪了，她眼前的夫子廟亂轟轟的，她深深嘆了一口氣，她想起這兒曾是李香君、董小宛、陳圓圓等香豔佳人的居所。她們的軼聞逸事早已成為文人筆下廣為流傳的文章。她清楚記得這些文章在師範學校時看過的。還有得月台，當

年那些唱平劇，唱昆曲的姑娘有的變成了明星，有的變成了官太太。

如今夫子廟、秦淮河是一個南京花天酒地的場所了，她一邊走一邊觀察一邊想，感慨多多，於是一篇《「桃花江」在南京：長毛絨大衣柴草披肩，形成了不協調的畫面》為題的散文醞釀成熟。兩天後發表在《京報》上，其中她寫道：

「下午七點鐘以後，這兒開始了活躍。秦淮河簡直變成了桃花江。街上充滿了花枝招展的姑娘，有歌女有舞星，有湊熱鬧的太太小姐。車子穿梭一樣的來往，不同的車子裡帶著不同的命運，然而掙扎在桃色生活線上的女孩子們，卻照樣也有著以步當車的無可奈何的情形。

霓虹燈，閃爍著刺眼的妖光，舞場裡透出了誘人的爵士樂，攝影室陳列著蛇一樣女性的照片，食品店寫著誇張的引人入勝的廣告。

一切都流露出濃厚的紙醉金迷的色彩，年輕的男人，在這兒跑野了心，他們忘記現時代是怎樣一個局面，他們也忘記了自身在戰難受過怎樣的苦痛，他們只是狠命的享樂，他們狂歡和揮霍，把這裡造成了無底的銷金窟，罪惡的淵泉。這裡有十足貴族的男和女，但這裡也有最苦難的同胞。乞丐像過江之鯽。他們追在自己認定的目標之後，夢幻的數說著他哀求的話，但是賜給的往往是些不耐煩的鄙夷的白眼。擔負小販，扯直了嗓子吆喚，下工後的勞力，赤足的車夫便作了他的座上佳賓，長毛絨大衣和柴草織成的披肩，成了很好的對照，夫子廟根本就是這麼一個不協

調的畫面。」

　　潘柳黛的這篇優美散文，是她了進入新聞界後，以自己風骨情操率真的直言不諱地把在日本蹂躪下南京的畸形社會，通過夫子廟的畫面展示給讀者，發人深思。潘柳黛又一篇：《徘徊在廟前的報童們，偶而的頑皮掩不住真摯的天真——「看兩份報吧！」好似在求乞，我們應當怎樣來教育他們》有正副大標題的一文，她是這樣寫的：

　　「生活高壓著每一個貧苦的人家，為了生存的要求，便不得不屈服在鞭撻下謀求自己的出路，也許所希望的也許是那麼渺小，那麼不值有錢人的一笑。清晨冒著淒厲的寒風，在派報處裏來全市所出版的新聞報，交出昨天預備好的僅有本錢，換來自己生命的源泉，拖著空虛的肚子，邁上征途，去尋找他慈悲的主顧，以求博得一些蠅頭小利，於是點心店、小吃館，夠得上中級水準的茶社，便成了銷售的集中點。穿著襤褸的衣服，露著一個面有菜色的臉，但偶然的頑皮仍舊遮掩不住他們內心真摯性的天真，就這樣一群十一、二歲的孩子，每日徘徊在紙醉金迷的夫子廟。

　　有父親也有母親，但收入抵不過支出，在大米漲到一百開外一石的今日，吃飯問題需要他們幫助解決，因之，使他們失掉了一切學習技能的時間，有點兒聽天由命似的在這兒廝混，尤其可悲的，值得人同情的他們正是學齡童呢！無論是什麼時候，茶館、飯店裡總聽到『先生！買兩份報看吧！』歪著腦袋徵求意

見，『我不要看哪！』『先生毛把錢你不在乎的看兩份吧！』輕輕的放在桌上，『我已經老早看過了，你怎麼啦！』『我肚子餓得難過哪，先生你就可憐可憐我們吧！』說話帶有幾分哭音，客人皺起眉頭『討厭死了。』生意兜攬失敗，於是苦著小臉，懶洋洋的再去碰另一個不可猜測的運氣。

另外，則是一批龍鍾的老人，也攙雜在這群孩子中間，蒼老的聲音中充滿了淒涼的腔調，一半賣報，一半求乞，就是過著這樣愁苦的日子。」

潘柳黛還以她女性主義的天性給予了舞女的深深同情。一篇《舞女生活—— 一篇總帳》為題，採用了三個小標題「人老珠黃誰能逃出公例」、「在生活的裡面有著多少難言之隱」、「歸宿說來可憐，喜新厭舊是男人通病」，勾劃了當年舞女的艱辛。她從當年歐風東漸興起的交際舞，談及一個新職業的誕生——舞女：

「她們多是負著家庭的生活擔子，憑一個年輕女人，要供應著幾個人的『咀裏』，所以『墮落』自然就是難免的事實了。」

再談及舞女生活時她寫道：

「各舞廳大同小異，『食』、『宿』都歸舞廳供給，大屋子沒有陳設，一色鋪滿了鐵床……」

其時這位涉世未深的僅十九歲的潘柳黛，已在品嘗了人生百味，她以一個新聞記者的同情心和責任感，以及敏銳的目光，把

她內心的憤世嫉俗，運用清逸冷雋的語言，將南京淪陷區裡百姓的苦難展示在報紙上，引起廣大讀者的共鳴。

潘柳黛在《京報》報導有《一顆黯淡的明星夏佩珍來京獻藝》、《一個年輕的女人薄命花顧蘭君》、《九十年來鮑頌生之趣味》、《創設三百年前的南京第一家老菜館馬祥興》、《菜市雜寫》等，雜文有《夫妻之間不是權利義務問題》等，散文有《你走後》、《簡》、《電車》、《老太太的哲學》、《北方書場玩意多》等。以及小小說《年輕的妻》、《小趙》，詩《心之聲》等，還有《雜碎》語絲，至今仍有現實意義。如寫道：

「風流自賞的男人，多半是有錢與有閑階級。」

「女人墮落十分之九是為了『錢』。男人的墮落十分之九為『女人』。」

「顧全丈夫的面子，是最懂得馭夫的女人。」

「沒有『家』的人，希望有『家』，有『家』的人嫌『家』持累。」

「窮人就怕下雪，闊人就愛賞雪。」

潘柳黛從女性特有的視角，用簡練的文字，把社會陋規惡習表達出來，意在維護傳統的家庭價值觀。

・開闢信箱，指點迷津・

　　潘柳黛入《京報》不久，該報又增添了《京報信箱》、《現代家庭》兩個欄目，潘柳黛不僅是記者，同時被委任為這兩個欄目的主筆。說來好笑，當時潘柳黛只是個未婚女孩，卻為那些因戀愛煩惱、婚姻不幸、家庭破裂而困惑、苦悶的，向報社敞開心扉要求幫助的人，解答得頭頭是道。她以誠懇的態度、女性的溫柔，既給予同情、理解，但也直言不諱地指出問題，提出批評，又給讀者指點迷津，她成了求助者的知音。如一位想入贅（筆者：招女婿之意）又怕為親友所笑的讀者寫道：

　　「編者先生：頃該貴報信箱，代為決疑，指示迷津，確為青年一救星，造福社會，當非淺解，敝人年方二十有五，供職在京機關中，去年正月由舍親介紹婚姻，坤宅家道頗豐，為一獨生之女，須欲招贅為婿，先由雙方交友入手。相交已一年，情感甚篤，意氣相投，時時同遊玩，及函紮往返，至今年初，坤宅合意聯姻，先行訂婚手續，徵求於我家，敝人家長毫無問題，悉由我做主，惟敝人自思，男兒貴能自立，招贅更為有志青年所不取，又為親友同儕所恥笑。何患不能成家立業，但婚後需至坤方生活，未能供奉父母，敝人兄弟雖多，但我也必須盡一子之責，捨下家道雖貧，自己努力何患不能立業成家，但又思該女性情溫和賢慧，待己之細緻入微，感情深切，面貌體態均較好，又使敝人不能自拔，轉轉思維，彷徨於毫無辦法。先生賢者，獨具慧眼，

定能賜示準確之途一則，感荷不盡，一切有瀆清神，附筆致謝。

　　　　　專此即頌　　撰祺敝　　　周家雄頓首」

　　潘柳黛以《為了愛，不妨入贅；為了錢，笑罵由他》為題答覆如下：

　　「周家雄先生：是一向傳統的觀念，只有女人才能嫁到男家，男人是永遠應該傳宗接代的，其實說老實話，入贅與嫁人在現時代裡還不是一樣婚姻問題的解決？『男兒貴能自立』這話是對的，但我們須明白入贅並不一定要依靠岳家，是因為你喜歡他家女兒，才跟他家結親，因為她是獨生的姑娘，所以才不方便讓你帶出來，那麼這事實很簡單，只要你願意，又顧及些什麼不必要的非議呢？

　　至於說到奉養父母，那更容易解決了，你依舊可以盡兒子的責任，因為你並不是賣給女家了，假若依我的意思，我以為你不妨到女家去住，但在物質方面，你卻不要接受他們任何援助，你仍舊像其他人娶太太一樣，但為了你愛她，那麼你可以答應等你生了兒子之後，送一個給他們，如此於『情』於『理』我認為都能站住腳了，你以為如何？　　　　　　　　　　柳黛」

　　又如她答覆讀者袁坤培的題為《年輕人，不能太荒唐》摘錄如下：

　　「袁坤培先生：年輕的人，往往太容易荒唐，自己是有婦之夫使君，而偏偏還要招蜂引蝶，這錯誤的確應該自己擔任。關於

這件事，最好的辦法，只有『不再繼續』……即便她們學校校規再嚴苛點，也不會就開除她，況且主動在你，她是無辜的……但是無論按情按理，你卻應該立刻再寄一封信給這位先生，說明你的懺悔，而請求他的寬恕和諒解，聖人說：『過則無憚改』，只要能夠改過，仍不失為好人，安分一點吧！……　　　柳黛」

再一封答讀者楊西河的信寫道：

「楊西河先生：假若你自己還承認你是個孩子的話，那我就應該說，你真是沒出息。先是環境所迫，你才開始離家學藝，而十六歲的孩子，就懂得與女人的勾搭，要知一個年輕女人在戲院裡向一個陌生男人一笑，任何經驗告訴我們，都不會是良家婦女，而你居然『為之神魂顛倒』並且還想娶她，這觀念真是荒謬到極點，你生理衝動，完全是你太興奮的緣故。……，趁著年輕，正是努力創作自己事業的時候，古人說：『書中自有顏如玉』只要你將來有了發展，什麼樣的女人娶不到呢？現在你應該忘了這件事，（少看言情小說）切實修養自己，父母面前還是少碰這個釘子吧！　　　柳黛」

潘柳黛對求助者的解答，講究了為人之道和正當的婚戀。她的解答既吸引了讀者，也博得同行讚許，因為這時她還是個未婚少女。

幾年後，上海《海報》刊登人可的《潘柳黛之真面目》一文，讚潘柳黛：「初隸白下京報社，主編《婦女週刊》及青年男

女信箱二版，對男女間愛戀之事，解答獨具見解，一時遂有紅記

者之稱。」

（筆者注：白下為南京歷史上的稱謂。）

· 短渡日本，上海成名 ·

潘柳黛在《京報》工作期間，結識了許多朋友，其中一位朋友要介紹她去日本大阪每日新聞社的《華文每日》綜合性的半月刊去擔任中文文藝助理編輯，她有點矛盾了，因為南京《京報》館已經把她從見習記者改聘她為正式記者，也加了薪水，她的大名已頻頻出現在報紙上，怎好意思一下子離去呢！但朋友的好意似乎又無法推卻，況且那是外國，薪水又高一個台階，面對著巨大的誘惑力，潘柳黛拿不定主意了，於是她去找那位為她介紹工作的方先生，想聽聽他的意見，她很想方老師建議她不去，誰知方先生相反勸她不妨試一試，這時的她也受到好奇心的驅使，就這樣她匆匆踏上東渡扶桑之途。動身前夕她給北平的父母寫了一封信，不是商量，僅是通知而已。

那是 1941 年 12 月的冬天，天上不時飄著雪花，潘柳黛與同行者劉小姐，在上海乘大丸號輪船去了日本。茫茫大海，一望無際，她是第一次飄洋過海，有點新鮮也有點膽怯，大浪翻騰，海船的顛波使她嘔吐不止。她開始後悔不該遠行，她盼望早點到達，但她深知那是無濟於事的。才上船還不到一小時，她只有在翻腸倒肚的煎熬中尋找樂趣，她按照好心人的指點「越吐越要吃」，她開始貪婪地品嘗著船上供應的各色日本小吃。幾十年後有一次她和朋友聊天，她說起那次東渡洋相百出的故事，她告訴朋友：「因為小吃全是免費供應，所以我就吃了吐，吐了吃，同

艙的人看我表演，把他們笑得前仆後仰。」接著她又俏皮地補上一句「想起日本小吃，至今還會流口水哩。」

大阪每日新聞社的《華文每日》半月刊，潘柳黛出任文藝助理編輯，她負責的是中文文藝稿件。在那兒她努力學了一點日語，以應付日常生活之用。在日本雖然收入多了一點，但開支卻很大，她對這陌生的環境產生了恐懼。報社離她住的地方很遠很遠，她是住在大阪與神戶之間的阪神，宿舍簡陋，有電車往來，卻很不方便，因為電車間隙時間較長，來回常常要花去近四個小時。雖然她曾被那盛開的櫻花喜愛得如癡如醉，然而水土不服，經常生病，這似乎又將她拋進漂泊異域的孤獨境地，她想到祖國的淪喪，想到父母生活的困境，她同主管談了她要回家。

正巧這時《華文每日》要在上海辦刊，他們要她回上海。那是 1942 年的秋天，潘柳黛經過海浪的再次顛波，沒完沒了的嘔吐，她在疲備不堪中。終於到達了上海港口，這個在她少年時期就給她留下深刻印象的城市。

上海，這個聞名的繁忙的國際大都會——世界第五大城市之一。又是中國最大的港口和通商口岸，有著「東方巴黎」之稱，它是許多人都嚮往的地方。潘柳黛也不例外，儘管從 1843 年到 1943 年這一百年來，上海一直是個被帝國主義瓜分的通商口岸，城南即當年城牆圍起來城區的華人區和閘北區被英美的公共租界和鄰接的法租界切割了，邊界有石碑。在這些「治外法權」地帶，公園裡曾掛著「華人與狗不得入內」的恥辱牌，直到1928 年，才被廢除。

　　當輪船正在聽從指揮慢悠悠地駛進港口時，潘柳黛則站在海輪欄杆旁眺望著這一個世紀來西方入侵後留下的印記，這個曾不止一次在畫刊上，在文字中見到的外灘。這個「十里洋場」的中樞，這個面朝黃埔江的一條堤。這個不僅是港口，也是當年英國殖民勢力的視窗，是美國勢力的視窗，如今又是日本勢力的視窗了。她望著外灘既矗立著英式的，十九世紀後期開始在英國流行的、新古典風格的、也被稱為新希臘風格的建築，那是 1852 年英領館大樓（1873 年重建）、海關大樓（1927 年建）、匯豐銀行（1923 年建），匯豐公司的宏偉大廈是當年世界上的第二銀行大樓，她也見到了美國這個代替英帝的新興國家所建的帶有紐約色彩的二十四層高的國際飯店，有二十二層高的四行儲蓄會……

　　在外灘那些標誌著西方霸權的幾十幢高樓，全展示在她的眼前。她清楚還有教堂、咖啡館、電影院、舞廳、跑馬場……

　　她走下海輪，頓被漫步在外灘的穿著時髦的行人所吸引，她清楚上海的發展，除外國入侵的影響外，當然這也包含著中國的一些有識之士，所推動的變革而造就的這個國際大都會。其實，她從少年時代隨著父親第一次來到這裡，就喜歡上了這個城市──上海。

　　在上海她繼續為《華文每日》任文藝副刊編輯，並執筆〈今日影壇〉的特寫。《華文每日》問世不多天就停刊了。潘柳黛也就失業了。這時她回南京在妹妹家小住，想在南京找個合適的工作，因為南京她畢竟比較熟悉，也有些朋友，然而現實讓她失望。在南京她沒有找到合適的工作。她幸得秦墨哂先生之介紹轉

業滬上，之後，她相繼進入上海《羅賓漢報》、《平報》和《文友》雜誌，不久轉入上海《海報》任記者、編輯，直至抗日戰爭勝利。

在這期間潘柳黛除任報社記者、編輯工作外，先後在北京、上海、南京等地報刊雜誌如《新北京》、《中國文藝》、《平報》、《文史》、《文友》、《語林》、《春秋》、《雜誌》、《人間味》、《大眾》、《力報》、《海報》、《作家》等發表作品。主要有散文、詩歌、隨筆、雜文、短篇小說等，如散文《夢》、《石榴花》、《離戀之歌》、《昨日之戀》、《黑瞳》、《春從我家起》、《我家》、《我結婚了》、《雨》、《酒》、《熱帶蛇》、《前年》、《小姨》、《天堂裡的紫色畫卷》、《風化區漫步》、《夏夜風》、《夢見母親》、《未、是、草》、《無弦琴》、《海風》、《秋興集》、《風言風語》、《醉酒》、《窮》、《吳苑風光》、《坐車子的煩惱》、《錯認了蘇州的秋海棠》等；中、短篇小說《魅戀》、《戀》；詩歌有《站在街頭》、《在我心上》、《流雲》、《低訴》、《無題》等；雜文有《論胡蘭成論張愛玲》等，還有名人訪談錄，如訪問京劇四大名旦之一的荀慧生及電影演員顧蘭君、白玉薇等。她的短篇小說《魅戀》在上海《力報》連載四十五天。她在上海已被譽為頗有名氣的女記者、女作家了。

年輕的上海女記者、作家潘柳黛。

　　這時期的潘柳黛目睹日軍和偽政權統治下，上海人民不僅是在恐怖、暗殺、逮捕、混亂中度日，還有米價直線飆升，饑餓恐慌籠罩全市，搶米風潮是一波接一波。偽政權雖有維持市面所配售的平價米，那只是杯水車薪根本無濟於事。上海不僅糧食不足，其他蔬菜、肉類也一樣供應不上，煤炭、電力及一切原料奇缺，經濟陷於癱瘓狀態。因此，這一段時間裡她的作品多以隱蔽、深沉的手法，從身邊瑣事著手，切入社會的陰暗面，把筆觸總是投向弱勢人群，給予他（她）們的同情和愛，頗受歡迎。如散文《夢見母親》寫道：

　　「夢見母親。母親的頭髮像侄女頭上繫的白緞的髮結。我說：『母親！您老了，三年沒見，為什麼老得這樣快呢！』母親不說話，只用衰老的手拉過我的手來，撫摸著我鬢邊的頭髮，半響才問我。

　　『你好不好？』我抽上來一口氣，想一想，又咽下去了。我說『我很快樂，外面的人都肯用好心待我，這社會並不像人們所說的那樣奸詐醜惡，我掙了足夠我一人生活的錢，因此我的日子過得很舒服』。『不過，為什麼在你臉上不再見到笑顏了？你本來是個好笑的孩子！』我說：『不，我還是這樣的！』我趕快對母親作了一個昔日的笑靨，但母親搖搖頭，我看見母親的眼裡閃出淚光了。

　　母親說：『孩子！靠著我的肩膀，讓我仔細看一看你。』於是我就像羔羊一樣綿然的依在母親懷裡。

　　『摘下你黑色的眼鏡來，忘了媽媽是不喜歡你們戴眼鏡的

嗎？』然而我立刻拒絕了，並且我立刻逃出了母親的懷抱，我說：『不能！不能！我要這黑色的眼鏡，黑色的眼鏡可以將世界弄得永遠沒有黑夜與白天，黑色的眼鏡可以將人們的表情打個折扣。母親！您要原諒我的，我沒敢忘記您是不喜歡自己的孩子戴黑眼鏡的話！』我彷彿怕母親追上來，拚著命的逃跑，跑得精疲力竭，跑得滿頭大汗，但當我停住了腳步時，我突然看見光天化日之下，我的周圍站滿了青面獠牙的魔鬼，摸了一摸，才知道我的眼鏡不知在何時失落了。於是我嚎啕大哭起來，哭著喊我的母親。

　　母親已不知上那兒去，卻被枕上的淚痕將我驚呼醒，想了想剛才的夢，我止不住又哭了。」

　　言簡意賅，潘柳黛用不能摘下黑色眼鏡來表達當時社會的黑暗，在幽默中飽含著悲憤，這在那種不能講真話，又不願講假話的殖民地的歲月，她是用《夢見母親》來隱現社會問題。

　　又如《未是草》，她這樣寫道：

　　「我悒鬱的眉尖撐了起來，我的心像一塊才絞過的濕漉漉的手巾。什麼事情使我如此黯然無生氣呢？

　　昨夜我又睡得很晚，不是看戲去了，也不是寫稿子，只是睡在寬大綿軟的彈簧床上，望著天花板默默的想，想得很多，想得很亂，但卻不知道到底想的什麼事情。

　　於是我開始恨我自己生活的沒有嗜好，我也恨我自己的太過於聰明（？）而且末了什麼都沒得恨，什麼都恨到了；我更恨自

己為什麼沒有一點宗教信仰不信鬼神。

日來胃口奇壞，飯吃得很少，早晨照鏡看，臉色黃得怕人，璐璐對我說：『幾天沒見，你好像有點兒瘦了，是病了麼？』我搖搖頭，我說：『不，是我的心緒太壞！』

鄰人家新近死了一個老太太，棺木花了好幾千塊錢，而且聽說還並不是好的，所以那一天我喃喃的跟妹妹說：『火葬吧！還是火葬吧！赤身而來，也讓我們赤身而去。』說完我才發現妹妹吃驚的睜大著眼看看我。

我低下頭，挹鬱的將眉尖撑了起來，心像一塊才絞過的濕漉漉的手巾，我彷彿聽誰在問我『什麼事情使你如此黯然無生氣呢？』」

南京《人間味》、《文友》雜誌封面。

是的，是什麼事情讓潘柳黛如此黯然無生氣呢？說到底，不就是在遭受日本鐵蹄蹂躪下的那片土地上，物價飛漲使那麼多人掙扎在饑餓線上，有那麼多的人處於水深火熱之中，而產生的苦悶和無奈嘛！

潘柳黛另一篇《無弦琴》，她寫道：

「每日履行著平凡的生活的程序。別人說：『我在混日子』，

但我則以為『我在等日子』。我只是像一個求職者在等待主考先生的甄別一樣，也像一個囚犯在等待審判官的判決一樣。對於自己未來的命運，懷著好像全然是不可捉摸的心境。

　　一種不可名狀的憂鬱蠶蝕著我，往往使我生趣全無：我時常恨著自己的情感太脆弱，而且我更在恨著我有時過於浪費了它。浪費了情感，總是一件值得悲哀的事，因之我有時就止不住悲哀。

　　非常沒有理由的，許多朋友在羨慕我，許多朋友在研究我，在他（她）們的心目中，總認為我每天都在過著快樂而幸福的日子。我想我的確應該要感謝他（她）們對我的善意的關切的（？）

上海《大眾》雜誌刊載潘柳黛的小說「昨日之戀」一頁。

只要我一有功夫，我便常常扶著樓窗，眺望著往來於街頭的車馬行人，那樣悵惘的眺望著，就好像熱烈的在期待著什麼發現一樣。

古人說『死有輕於鴻毛，有重於泰山』。但我認為死是自己的事，是應該由我們自己支配的，如果連這一點自由也沒有時，那麼就尤其沒有活下去的必要。

昨晚，我用兩個鐘頭的時間，從威海衛路走到四馬路，路上並且還測了個字。一向我本來是並不迷信的，但不知道為什麼，我忽然彷彿相信起命運來了。

在測字先生驚異的目光之下，拈拈出了兩個字，一個是『坎』，一個是『兌』，其實不必讓他解釋，我想，一望而知，這是『坎坷的兌現』。

與我的性格一點都不相似的，就是我日來落寞的筆調，有時我不禁生起一個預感：說不定有一天我的性格便真的會變成像十月的梧桐那樣蕭索吧！」

潘柳黛在《風言風語》專欄的語絲中寫道：

「顏氏女與叔梁紇野合，乃生孔子，『正宗』乎？『爵士』乎？」

「一犬吠影，百犬吠聲，乃知夜行人固不得以為『姜太公隨侍左右』，百無禁忌。」

「感時傷懷，傷風，傷腳，傷目，一疾未愈一疾又起，再套一句楚霸王的話：『天亡我也，非病之罪也。』」

「乃日來牢騷無量，知我者謂我心憂，不知我者謂我何求？」

「悠悠蒼天，我欲無言。」

「夜坐小院中，仰『視』繁星，俯『敘』衷曲，明月在天，風輕雲淡，乃令人不無出世之想。」

「舞榭酒樓的樂隊，所演奏的不外『爵士』，而歌手卻有稱『正宗』者，套一句『瘋狂世界』中的歌詞，『太奇怪呀！太奇怪』！」

潘柳黛以犀利的筆觸抒發感懷，在幽默和詼諧中含著一種說不出的憂鬱，含著一層苦澀和沉重，把當時知識份子鬱悶的心情散落在字裡行間從而引起共鳴，很受讀者青睞。正如當年作家十園在《憶文友柳黛》一文中寫道：

「柳黛女士，許久不見了！但在各種出版物上，時時可看到新穎的作品。我看見柳黛署名的作品，幾乎都讀過的。這也不能說是疏遠了！柳黛以北國女兒，而富有南朝的氣派，她的最長處，是用輕鬆的筆調，抒寫沉鬱的情感，無論識與不識的，

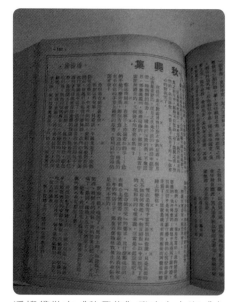

潘柳黛散文《秋興集》發表在上海《大眾》雜誌上。

讀到她的作品，都起了一種同情心。在南京的文友中，常常聽見談起她的。因為她在南京有相當時間，她的爽朗而灑脫的作風，多留著優異而深刻的印象。有人說她到上海後，似乎起了劇烈的變化。我說，變者形跡和表面，不變的是內在的心靈。不佞和她是沒有比較接近的機會，記得共同參加過二次大宴會，一次是中報羅社長邀集雞鳴寺景陽樓的雅敘，一次是中國作家聯誼會在沙利文的聚餐，同席的都是執筆桿兒的文友，柳黛是以女作家的姿態出現於交際場中，她的詞采，她的歌唱，以及她所寫的稿件，都得到好評。說者謂柳黛寫文章的大膽，等於她飲酒的豪爽。這種風度，在男子們中間，也不容易多多遴選出來。有一天，紀果庵君說：『柳黛是一個少女，社會上對於她的一切，是容易引起驚異而讚嘆的呀！』我希望她以後的作品，減去些淒黯苦悶的色彩，多向活潑光明而積極的人生觀上進展。」

潘柳黛為什麼會有淒黯苦悶的心態？除了她本身獨闖天下帶來的艱辛外，她面對的又是一個黑暗的社會，作為邁進作家行列年輕人，她只有用心聲來發洩了。另外，潘柳黛曾熟讀南宋朝女詞人李清照和朱淑貞的多憂怨、常感傷的詞也不無關係。

• 直言抒懷，聲援弱者 •

1943 年的上海物價上漲，有人在報上披露，「去年購買普通皮鞋一雙，計值 240 元，今年換雙鞋底，計值 320 元，又去年製長袍一襲，計 500 元，今織補破洞幾個計值 150 元。這種漲風，真令人可怕。」加上交通不便，民怨沸騰，潘柳黛在她的《海風》語絲中也揭露深刻，她寫道：

「上海的私米，賣到 1300 元一石，阿彌陀佛！」

「在北京火車站，每天排著幾千人的行列整裝待發，如果你想今天到某一個地方，那麼昨天就要去排隊了。」

「擁有一條舊棉絮的臥在街頭的餓殍，同行稱之曰：『有產階級』」

「在四馬路遇見這樣一件事：十幾個小癟三搶年糕，被掄的人站在中間笑，態度坦然自若，就好像施捨一樣，『習慣成自然』古人的話有道理。」

潘柳黛在《風言風雨》專欄中又寫道：

「『有事弟子服其勞，有銅鈿先生賺。校長用學費囤貨，做股票，蓋古有明訓也。』

「從節電關係，無從冷氣設備，影院劇場，炙手可『熱』，聰明的劇院經理正不妨廣告宣傳，購票一張，贈團扇一把，購票二張，送爽身粉一盒，免得痱子炸了，如坐針氈云。」

「方今，白報紙是『如何如何』的貴，所以不願浪費筆墨，打此無謂官司者，乃不為也，非不能也」。

潘柳黛的廖廖幾句，幫你洞察著當年物價飛漲，民不聊生的情景。

潘柳黛的新聞採訪風格：大膽潑辣，直言不諱，別具一格，總是為弱勢群體而呼喊，她在《救災恤難、漫畫家當仁不讓》一文中寫道：

「在我辦公的玻璃板下面，壓著一封信，信是畫家董天野氏寫來的，大意說為救濟華北災民，特訂於本月27、28兩日，在浙江路寧波路上海畫廊舉行『速寫人像義賣』，請光臨指教等話。華北災情傳來，衝動了整個上海，尤其是上海的文化界。前有小型報同人的義演，黃也白氏的賣扇，如今董天野氏也當仁不讓，以他的『撒手鐧』、『五分鐘的速寫人像』來義賣賑災了。

同是在文化圈裡討一口飯吃的人，照理我與董氏是應該有著許多見面的

1943年6月28日，上海《平報》副刊，載有潘柳黛隨筆之一，「救災恤難」，反映了她對上海人的感激之情。

機會的，像曹涵美、江棟良、黃也白等一樣的熟識，但說不上為什麼，非常遺憾的是我竟無緣識荊。

前次，勞齋的畫人雅集，我雖十分榮幸的被邀請參加了，但因另外還有一點事情的緣故，所以匆匆先走。然而在次日或是更次日我忘記了，卻在《海報》上見到了董天野氏為朱鳳蔚先生作的速寫像，那樣圓潤的筆法，就是我這個僅與朱先生有過一面之緣的人，也居然能夠一見就知道畫的是朱先生。實在是不能不吃驚於董氏速寫本領的登峰造極了。

當時我曾經想，在各報章雜誌上所見的董氏的繪畫，大都是漫畫，或時事素描，但董氏懷有這樣幾乎可以稱為絕技的速寫像的本事，卻並不常見，想來他自己對於這件『本事』大概也相當重視吧！

但今次董氏為了華北災民而舉行義賣了，懷著『饑猶己饑，溺猶己溺』的慈悲心腸，為那些只嚼草根啃樹皮的同胞們，求助於上海的諸大善氏，我自己是個華北人，我站在華北人的立場上，對於董氏的義舉，實在不知道應該用怎麼樣的方法來代表家鄉父老向其致我感激之忱。」

此文通過對董天野的讚揚，反映了潘柳黛關懷桑梓故里之情、對華北受難同胞的一片赤誠的愛心。再如在《文化人的鏡子》一文中，潘柳黛又寫道：

「看到四月十一日《海報》午尺先生的『江棟良立志不作漫畫』，黃也白先生的『柬棟良兄』兩篇文字後，引起我極大衝動

與共鳴。

　　讀到『……這樣的消極表現，無異直接給高喊著『為文化而努力』的販子們當頭一桶冷水，但這不是『煞風景』這是給他們打一針清涼劑，在『發財第一』，『馬屁第一』的這個年頭，文化人本來給人家當走狗一樣看待，命你叫兩聲！就只得叫兩聲……』我讀了再讀，幾乎感動得要哭了。」

　　其文中有一段寫道：

　　「……據我所聽說的，是有人請他畫一張畫，答應筆潤從豐，可以送他幾千元，這個數目，雖不足供闊老們『孔雀廳』的一飯之資，但在我輩窮文人眼裡看來，也便不算不『優』了。但事實沒有這麼便當，畫畫好了，交卷以後，對方突然給打了一個『一折』，江先生的身體不好，情感自然也容易衝動，受到這個刺激，他竟氣得哭起來了，於是，他將潤資立刻璧奉，畫稿要回，三把兩把撕得粉碎，而且立志今後不再畫畫。

　　這對於今日貧弱的文壇，是個損失，自然不必諱言，但黃也白先生說的對：『……這樣的消極表現，無異直接給高喊著『為文化而努力』的販子們當頭一桶冷水，這不是『煞風景』這是給他們打一針清涼劑……『僅只一針清涼劑，還是不夠的，我們應該更深的刺激他們一下。文化人之所以文化人，文化人之所以給人家當『走狗』，就是因文化人的心不黑，他們不會像投機的囤貨商一樣，將文章囤積起來，以『惟恐天下不亂』的心情，坐著市上缺貨，像黑糧食白糧食的鬧精神糧食的恐慌。要知現在所以

喊缺乏精神糧食的人，多半是自己不動筆的人，因為這樣的高調一唱，一則以表現自己見識的不同凡響，一則也為貶低文章的價值，可以借著文章水準太低，而少出幾塊錢稿費？不止如此，由於物價過高，文化人生活困難的原故。」

三個月後，潘柳黛又寫了一篇《生活壓迫下的哀號，江棟良賣畫》一文，其中有一段寫道：

「……江棟良是有著七口人擔負的『家庭柱石』，以今日小康階級的生活需要來說，七口人家，要用多少錢才能將生活維持下去，這當然不問不可知的。

寅支卯糧，已經成了今日薪水階級的一般通病，而日來各社團為挽救畸形繁華之下的奢侈與浪費相繼提倡節約運動，新聞聯合會且規定每月九日不飲酒、不宴客、不參加種種娛樂等。事情果然是件好事情，應該用一個萬分熱情來擁戴的。但可惜對象錯誤了，單一眼看上了這群搖筆桿的苦朋友，花雕要賣二、三十元一瓶，新雅酒家一盆翅子要賣 700 多塊錢，掙上少數薪水的報社編輯、記者和校對又怎麼有餘力去飲酒、宴客和參加種種娛樂呢？

『罪己』的精神雖比責人的精神來得偉大萬倍。但想到新都飯店的萬元酒食，再想到我們自己的每日生活，實在覺得有許多時候，自己太對不起自己了。

當然江先生不只是想想對不起自己的一個，而且是其中之尤者，因為他有著七口人的擔負，並且他還有著一個時常鬧病不太

健康的身體。

　　我又在為江先生發愁了。我勸他『節流』雖不能自主，那麼設法『開源』吧！他說：是的，朋友們最近都勸他以國畫問世，但是……但是什麼呢？說到這裡已經夠了。文人肩不能擔擔，手不能提籃，憑自己的技能去設法將飯吃得飽點，總是世界上最合理的事情。

　　……生活給我們的壓迫還不夠瞧嗎？將自己十幾年研習得來的心血的結晶，標價出賣，主顧將其拿走時，心緒上的一則以喜，一則以悲的情感，又怎麼能夠為只能酷愛風雅的人士所理解呢？」

《語林》載潘柳黛的長詩《站在街頭》。

潘柳黛的文章緣何對窮畫家江棟良的命運產生如此強烈的共鳴？究其原因乃是他們都是同病相憐的窮文人，請看潘柳黛在該文中的一段自白：

「我們都是百無一用賣腦汁糊口的人，一不能黑著心作殺人不見血的囤積商，二不能狠著心作無法無天的強盜，夜以繼日、日以繼夜，筆不停揮的結果，不過喝一碗薄粥而已。」

不難看出當年知識份子的那份艱辛。

・ 走進藝壇，訪荀慧生 ・

　　潘柳黛在上海廣結人緣，社交面日益拓寬，開始跨進影劇界。她曾採訪過中國京劇四大名旦之一的荀慧生。

　　荀慧生（1900～1968）名詞，號留香，早年藝名白牡丹，河北東光人。1927年，北京《順天時報》舉辦首屆京劇旦角名伶演員評選活動，梅蘭芳以一齣《太真外傳》、尚小雲以一齣《摩登伽仕》、程硯秋以一齣《紅拂傳》、荀慧生以一齣《丹青引》，一同當選，被譽為「中國四大名旦」，或稱「京劇四大名旦」。

　　時年27歲的荀慧生，其所以能成為「四大名旦」之一，成為藝術大師，實屬難能可貴，因為他既非梨園世家，又無權貴支撐，而是出生在一個貧苦農民的家庭，被賣到戲班學唱河北梆子，十一歲改唱京劇。全靠自己摸索刻苦奮鬥成長。他演花旦、刀馬旦，功底深厚，吸收梆子唱腔、唱法和表演藝術，對京劇傳統技法有所發展，形成自己的風格，稱為「荀派」，他一生共演出300多出劇碼。以演《金玉奴》、《紅樓二尤》、《釵頭鳳》、《荀灌娘》、《還珠吟》等著名。

　　建國後曾任北京市戲曲研究所所長、河北梆子劇團團長，著作有《荀慧生舞台藝術》、《荀慧生演劇散論》，並將常演劇碼編為《荀慧生演出劇本選編》。1968年因肺炎病故，享年六十八歲。安葬於北京八寶山革命公墓。

2007 年元月 24 日由中央電視台八套黃金時間，播出的《荀慧生》28 集連續劇，由著名導演夏鋼導演，由荀慧生長孫荀皓任執行導演。該劇展示在觀眾面前的是一位歷盡坎坷，仍鍥而不捨的荀慧生；一位被金錢、權勢、美女包圍，而獨樹一幟的荀慧生；一位不畏強暴，具有民族氣節的荀慧生；一位為京劇藝術精益求精、勇於改革、創新而奮鬥一生的荀慧生。

　　上世紀四十年代正是荀慧生對局勢動盪不安，鬱悶而煩燥之時，潘柳黛以《平報》記者的身分，走近了荀慧生，對他進行了採訪。事後她以醒目的標題寫成《一朵褪了色的牡丹！訪：「半老佳人」荀慧生》訪談錄，其中她寫道：

　　「到達敏體尼蔭路荀慧生的寓所，已經是下午六時半了。投過名片，在樓下立了五分鐘，僕役才將我請到樓上，其實未來之前，我就準備好了的，準備著即使荀慧生果然有什麼『架子』時，看在四大名旦的面上，我也務必要以新聞記者的特殊耐性來忍受。

　　走上二樓，穿過一個極小的洗澡間，立刻就看見荀慧生了，踱著悠閒步子迎上來的荀慧生的姿態，實在是非常瀟灑的。

　　『昨天接著了您的電話，所以現在正在等您，別客氣，請隨便坐吧！』一邊做著請我坐下的手勢，一邊這麼說。

　　談起來非常慚愧，由於自己生活的沒有什麼癖好，一向就不大喜歡看電影和看戲，比如看無聊的片子吧！我常常會不知不覺睡著了，因為我認為與其被關在暗無天日的電影院裡，看那些不知所云的表情，實在反而不如約兩三個朋友吃吃咖啡，聊聊天的

好。至於看戲呢？後排嫌看不見，前排又嫌鑼鼓聲噪人，況且時間坐得太長了，也有點吃不消。為了娛樂，而惹來這許多麻煩，自然要弄得我甚麼興致都沒有了。

不過，電影雖不大看，戲雖不大看，所謂『紅角兒』的大名，總是知道幾個的，例如遭嫁消息鬧得滿城風雨的陳雲裳呀，話劇裡自己反對 AB 制而卻實行著 AB 制紅遍上海飾演『秋海棠』的石揮呀！那麼又何況出過洋鍍過金的，（梅、程都到過國外）舉世聞名的『四大名旦』呢。我的性格一向就不太喜歡遷就人，因此儘管我有著許多和藝人謀面的機會，但我卻常常毫不珍惜的將它們放棄了。因為我總覺得人與人之間的相識，是不足以增加榮辱的。

廢話說得太多了，還是言歸正傳。………

『那麼荀老闆對於粉墨生涯的興趣，究竟如何呢？』

『談到興趣』，他微微地笑起來了，『學戲的孩子，以我如今日的年齡來說，當初大都是一貧如洗的清寒子弟，家父母，想不出用什麼方法使孩子能夠不挨餓不受寒，那麼最簡單的一條路子，就典給師父學戲了，而且要是命運好，將來一旦成名，還可以有一點希望。』他仍然踱著悠閒的步子，我坐在單人沙發裡靜靜地聽。

茶房給我端了一杯茶來，那邊桌上的盤盞都擺好了。

『荀老闆還沒有吃飯？那麼請不要客氣罷，我們可以隨便的談，不要因為跟我談話，把飯耽擱了。』

先是不肯，之後告過罪，他們就坐在那邊吃飯了。

我啜了一口茶。

『荀老闆是戲劇界的前輩了，而且又是四大名旦之一，你對於男性唱女角，或者女性唱男角的意見怎樣？』

他似乎在想了一會兒，『像我，當初自然完全是師父的意思，不過我想如果要是有著極好的天賦的話，這大概也沒有什麼關係吧！不過，我聽說在外國彷彿並沒有這樣的制度。』但是我告訴他，我說就拿日本來說，他們演古代戲的優伶，也有男伶扮女角的，像有名的花柳金太郎等就是。

『然而，他們的地位，大概不會像中國伶人這樣低吧！』他有一點悵惘似的說：『戲子總是被人看不起的，雖然小至一個稱呼——我應該先跟你道個失禮，你一定不會多心的——小至一個稱呼也有著很大的分別，比方有三、五個人在一塊，介紹別人時都是張先生李先生，而介紹到我們總是王老闆趙老闆，先生兩個字，如今已應用得很普通了，但我們就連這兩個字也得不到，一般人都在說『提高戲子身分』，初聽起來，似乎是好意，但仔細想一想，叫我們唱戲的難過極了。因為由於『提高戲子身分』這幾個字看來，可見得在沒提高之前，戲子身分一定是低的。』

對於侃侃而談的荀慧生，我一方面驚服著他的口才和見解，一方面也引起我極大的同情，因為同是浪跡江湖賣藝糊口的人，但誰見過有人對石揮叫『石老闆』，有人對陳雲裳叫『陳老闆』呢？『老闆』雖然絕不是壞話，但總不如叫一聲『先生、小姐』得高貴中聽吧。因此我好像不得不以同情的語氣來說兩句，同時也不得不將下面的道理，略加解釋給他聽：『也用不著這樣想，

所以叫老闆而不叫先生的原故，還要歸罪於過去唱戲的本身，因為據說有許多人實在是不樂意別人叫他老闆以外的稱呼，以為不叫他『老闆』就是不承認他是個『角兒』。至於談到『提高戲子身分』的話，自然也還是因為中了封建時代餘毒，認為唱戲的都是下賤職業，同時過去有一般戲子所給人的印象，也的確太惡劣了，所以雙方面都有著誤會，雙方面都應該擔負責任的。』像開辯論會一樣，將室內的空氣弄得有一點沉悶起來了。

稍微停了一會，還是我打開了僵局。

『那麼荀先生有多少學生呢？』

『學生並不多，徐東霞、童芷苓、毛世來、張麗君、吳素秋，其實吳素秋還是我的乾女兒哩！』

『這些高足中間，荀先生最得意誰？』

『她（他）們都很聰明，都很好。』

『真的，』我突然想起來了『對於如今京朝派坤角到上海似乎必貼紡綿花這齣戲才能走紅，荀先生有什麼高見發表？』

『這個──』他笑著將眉頭皺起來了，我知道『這個』問題難住了他。但他卻是聰明的，『這個很難說，戲院老闆希望賺錢，而角兒自然也願滿堂，非貼這齣戲，不能賣十成，那麼這齣戲的流行，自然難怪的了。──我可以放肆的說一句，談到唱與能唱，還相差不知幾許呢？』

看看手錶整七點了，我另外還有一個約會，謝他供給我許多資料，並且送我兩張照片，在現在一片『捧過房女兒』聲中，能夠抽出筆來寫一寫這位遲暮『美人』──單指舞台上而說──也

不無換換口味的意思吧。

　　歸途上，太陽還未壓山，不過『夕陽無限好，只是近黃昏。』由這句詩，使我想起了每到上海來淘金一次，必帶回多少箱多少箱衣料手飾回去的『紡派』的小毛丫頭們，再想想這位『半老佳人』還在舞台上掙扎，不禁感慨繫之了。『人老珠黃』歷史真是殘酷的！」

　　潘柳黛與荀慧生的一席面對面的坦誠的交談，告訴人們荀慧生不僅是一位藝術大師，而且還有令人敬重的人品。正如文學家蕭軍曾說過：「荀慧生他的人品、藝品都是一流的，表面上看他很隨和，其實他的個性很強，絕不同流合污，隨波逐流，這叫『綿裡藏針』。」

・ 活躍影界，贊顧蘭君 ・

潘柳黛由於是新聞記者，與上海文藝界人士多有接觸，有一次她和畫家江棟良談心感到「收穫很大」，並且談到曹涵美、談到黃也白、談到遠在邊川的葉淺予、黃堯等動態。潘柳黛原本對電影、戲劇並不十分熱衷，同樣是職業對她的驅使，她走進了上海的電影世界。

她先後在多種場合，結織了電影公司經理張善琨，編導馬徐維邦、鄭小秋、王引、舒適、岳楓、屠光啟、方沛霖、劉瓊、陶秦等，演員龔秋霞、顧蘭君、周曼華、白光、王丹鳳、李麗華、顧也魯、陳燕燕、黃河、殷秀岑、韓蘭根等。她經常去上海大光明電影院、上海卡爾登電影院去看中外電影，去天蟾劇場看演戲，她對電影這門綜合藝術開始了研究，常常從藝術的高度，以獨特的視角與風格來評述電影明星的演技，她對電影明星顧蘭君讚賞尤佳，早在南京《京報》任記者時就寫過一篇《一個年輕的女人——薄命花顧蘭君》。

顧蘭君原名顧小蟬，1917 年出生在上海，有個姐姐叫顧梅君，姐妹倆早在中學讀書時，就喜唱京戲，並是頗有名氣的票友。後進明

在上海時期年輕的潘柳黛。

星公司為演員。姊妹倆同台表演都很出眾，尤其姐姐顧梅君當時在上海已小有名氣，後與明星公司導演徐欣夫結婚。有人認為顧蘭君成名是靠導演姐夫提攜，一度把顧蘭君稱「小姨明星」。其實顧蘭君曾在夏衍編劇，張石川導演的《前程》等十餘部影片中跑過龍套，由鄭正秋導演，蝴蝶主演雙胞姐妹的影片《姊妹花》中，顧蘭君僅16歲出演個配角小丫鬟，即顯露她的演藝才華，頗受好評。之後，她又在夏衍編劇、沈西苓導演的左翼影片《上海二十四小時》中與趙丹合作，這是顧蘭君第一部較有影響的作品，又在《路柳牆花》、《落花時節》出演較重要的角色，在《金剛鑽》、《生龍活虎》中擔任主角，後來得了個「金魚美人」的雅號。

1938年，新華影業公司經理張善琨推出《貂蟬》古裝片。顧蘭君主演貂蟬，金山演呂布，顧而已演董卓，魏鶴齡演司徒王允。極獲好評。張善琨並將《貂蟬》擠進「大光明」（是西片頭輪影院），既為國產片揚眉吐氣又獲了最佳票房，顧蘭君成為上海影壇一姐。後該片運往美國，曾在紐約最高貴的大都會歌劇院首映，當時紐約市長賴格第和各國外交使節均出席了首映式。放映後一派好評。放映收入兩萬美金全部捐給中國大學作為教育基金。

1940年，顧蘭君與李瑛結婚，後分手，再與廖雲士結婚，隨夫經商。

1950年，顧蘭君以惠昌公司名義請秦瘦鷗編寫《婚姻大事》歌頌新中國《新婚姻法》的劇本，由徐昌霖執導，顧蘭君擔任女

主角，這是顧蘭君告別影幕之作。晚年的顧蘭君熱心社會活動，是上海市靜安區政協文藝委員會主任、藝術學校校長。1989年10月靜安區舉辦藝術節時，突患腦溢血與世長辭，享年七十二歲。

　　上世紀四十年代，上海影壇群星爭豔，潘柳黛對這位曾是上海著名的「小姨明星」倍加讚賞，曾撰《雜談顧蘭君的演技》一文，其中寫道：

　　「和璐璐上大光明去看顧蘭君的《儂本癡情》，算是又看了一部不打瞌睡的電影。

　　『方今電影明星，論演技，阮玲玉死後，顧蘭君一人而已……』好像這是前些日子本欄有過對顧蘭君記事的一段。的確，在今日的影壇上，以女明星來說，我特別屬意於顧蘭君。其實就是以全體明星而說，我也是最賞識她，最崇拜她的。她聰明、她熱情，她有時也許傲慢，但這傲慢是憑她的能力與聰明而產生的，因此這傲慢也就是值得願宥的。我常說如果將顧蘭君也比作一朵帶刺的玫瑰，這比方未免太庸俗了，她是一叢傲霜的秋菊。她是一杯才煮好的南阿非利加的熱咖啡。說她是詩，嫌詩太沖淡了，說她是散文，嫌散文的表現力還不夠緊湊，她是一篇纏綿委婉的動人的小說。

　　年前，我為《華文每日》執筆〈今日影壇〉的特寫，預定計劃是每半月刊載一人，我第一個就找到了她，當時有人奇怪，問我為什麼不先找陳雲裳或李麗華，但是我說我是個新聞記者，我應該說公正話，論演技實在是顧蘭君駕乎眾人之上的，只可惜她

的條件沒有她們好，如果她有陳雲裳的漂亮，如果她有李麗華的年輕，如果她再有她們『待「嫁」而沽』的誘惑力量，那我敢擔保她可以瘋狂了每一個愛好電影的人。

以好萊塢的電影明星來說：『神秘女郎』葛萊泰嘉寶長得並不美，而小范朋克的『歡喜冤家』瓊克蘿馥，也終久嫌嘴太大了點，但她們卻擁有千千萬萬的觀眾，這一方面固然也因為西洋人欣賞藝術的心理比我們來得『貨真價實』，另一方面自然也實在是她們演技出神入化的原故。」

潘柳黛又說：

「中國的某種藝術欣賞者，往往是抱著『吃豆腐』的心理，因此舉一個例證說，皮簧中的野狐禪『棉花旦』之流，也正是利用觀眾吃豆腐心理，才能『紡』進大批意外之財，而寫評的人，居然也不管這齣戲的藝術價值如何，竟白紙黑字，大書其什麼『妖媚絕倫』，什麼『風騷肉感』，末後再來一句『害我失眠三夜』，我真不知他們除了『不敬惜白紙』外，還有什麼不可解的心思沒有？

好了，讓我也『敬惜白紙』吧！再寫下去得罪人更多了，就此打住。」

從潘柳黛的這篇評論，不難看出潘柳黛對人對事的坦率，對那些庸俗的不良現象大膽地給予抨擊，是不留情的。

・ 頌白玉薇，情深誼厚 ・

　　梅蘭芳是中國京劇泰斗，他所創造的「梅派」影響深遠。抗
日期間他蓄鬚停藝，表現了崇高的民族氣節，令世人敬仰。上海
名伶白玉薇是他的大弟子。而白玉薇和潘柳黛有著一段令人羨慕
的情誼。

　　白玉薇原名雪彥，她父親曾是北平頗有名氣的商人，由於另
有所愛，玉薇出生六個月即寄名於長期居住中國的美國人阿林
敦（Arlington Lewis Charles）為女，阿林敦來華時不滿二十歲，
進中國水師，曾參加 1884 年中法馬尾戰役，戰事結束後進中國

潘柳黛（左）與上海著名坤伶、作家白玉薇合影。

海關。旋入郵政局任郵務司。1920 年退休後居住北京，從事寫作。著作有《中國戲劇史》、《青龍過眼：一個在中國政府機構服務的外國人五十年的經歷》、《尋找古北京》等。由於阿林敦熱愛中國，能操流利華語，能讀中國經書，還收了一些中國過房女兒。白玉薇是其中的一個。白玉薇從小受到良好教育，嫻熟的英語、擅彈鋼琴，後入北平戲曲學校學藝六年，又拜梅蘭芳為師，從而奠定了她戲劇表演的根基。她才華橫溢，除京劇外，她能寫清新、流暢的散文，因此上海人對白玉薇喜愛之極。

潘柳黛怎麼和白玉薇結為好朋友的呢？從她的《我與白玉薇》一文中便清楚了。她寫道：

「我忘了我是個從事於新聞事業的人，她也忘了她是個舞台上的優伶，在這樣的心情之下，由於性格上的某一點吻合，我們很快的做成好朋友了——這只是不到兩個月的事情。

在二月二十八日的上午，何章先給我打來一個電話，他問我今天有沒有興致到兆豐公園去玩，如果去，就請我到他家吃午飯。我抬頭看了看鐘，已經十一點半了，初次到人家府上去，就要叨擾吃飯，總是不大好的事，況且我還要去約瓊妹（筆者注：潘柳黛之胞妹潘瓊英），因此吃飯的事我謝絕了，逛公園的事，我答應他兩點鐘來，誰先到誰等，就在溪畔的橋頭。

吃過午飯十二點半了，去找瓊妹，瓊妹住得很遠，坐電車也要好些時候，到她那兒以後，又被居亭主人 X 太太拉住了，自然我是不便不通人情的，為了應酬 X 太太，我直到兩點一刻才出發，在路上我抱怨瓊妹：『假如你能認識路，用不著我來接你

了，浪費這麼許多時間，去晚了，要被人家罵不守時刻的。』在
當時我以為至多不過何章伉儷罷了，我是想不到有白玉薇的，因
為何先生在電話裡並沒有跟我提起。

跑進極司非爾公園，我的步子很急促，瓊妹在後面跟著走，
正當我一心一意的往橋頭跑時，突然山坡上有人『潘小姐！潘小
姐！』大聲叫著我的名字，我停住腳步，一看正是何章先生，在
他旁邊還有一位小姐，這小姐不是何太太，然而看起來是面熟
的。

『我來給你們介紹吧！』何先生說。但沒等何先生介紹，我
突然想起來了，我掄著說：『這是白玉薇小姐對不？』

所以我猜是白玉薇的原故，一則因為在報上早見識過她多少
張玉照，一則也是因為前次何先生到上海來跟我提起過兩回。

白玉薇誠如報紙所說，打扮得很樸素。一件羊毛的方格子的
夾袍，一個短的黑絨線馬甲，長統的絨褲，裹在短腰襪子裡，隱
約可以從開叉裡見到。

一向我對於藝人們沒有崇拜的心理，這自然是因為我自己沒
有藝術修養的原故？尤其由崇拜而達於『迷信』，什麼要電影明
星的簽名照呀！什麼跟唱戲的合攝一張照片呀！什麼在戲院門口
等著話劇演員卸妝以後，以睹廬山真面呀！這在我都覺得是無聊
而可笑的幼稚舉動。──自然還是那句老話，也許因為我自己是
個沒有藝術修養的人。

當我執筆寫這篇稿子的時候，我為坦白表明我的情感，那麼
我就應該提到，在第一次跟白玉微見面，我只不過仍是隨便敷衍

她而已，因為在我自己對她沒有真正的認識之前，我是不願輕易忘掉她是個『唱戲的』。無論朋友們怎樣的推薦。

何先生是老攝影家了，自然今天的精彩節目，又是照相。我雖然不大喜歡跟生人一起攝影，但大家都興高采烈的，我也就不得不將就一些了。

何太太來過一次，又回去了，回去送她的小寶貝，作了母親的人，為兒女犧牲自己的享受，就好像是應盡的義務一樣。

我們坐在大石橋上談天，我的話談得很隨便，我的談話的態度也很放肆，因為瓊是我的妹妹，何先生是我南京時的老朋友。只有白小姐是才認識的，但我想對於她，我用不著太客氣了。時間很快過去，差不多四點鐘時，白玉薇辭走了，她說她要去看一個朋友。我們則仍繼續玩下去，直到何太太又來了以後。

這次分手，我的印象很淡薄，因為我的成見太深，我總忘不了捧戲子是無聊的。同時雖然白玉薇對人很周到，很熱誠，但我想，說不上這也許是社會環境使然，為了唱戲而學來的江湖氣？第三天，何先生來看我了，開口他便笑著問我：『對於白玉薇的印象怎麼樣？』

『——還好』我心裡說，真是忠臣。『那麼就常跟她一塊兒玩玩吧！況且你們還是同鄉呢！』

『好的！』

『可以到天蟾舞台去找她，我想她一定樂意跟你作朋友的。』

『嗯！——等我明天給她打個電話約她出來吃茶。』我沒有任何生活上的嗜好，除掉有時約朋友吃吃茶。因為吃茶的時候可

以談天，所以吃茶也是為了談天方便的原故。

　　這樣，在第二天的午後，我就打了一個電話給她，然而正巧她不在，因此只簡單的告訴他們說：『她回來時，請告訴她一聲，就說有位潘小姐打過電話來了。』也就算了。

　　然而就在三點多鐘時，她打電話回來了，並且跟我說假若我今天有空，她可以到報社來看我的，我想了一想，到我這兒來有許多不方便，所以還是我到天蟾去看他吧！到她那兒，至少我去也便當點。我去看她的時候，她正在台上練『把子』，藍布大褂上沾滿了塵土。

　　跑到戲院的宿舍，這在我還是第一次。見到她的母親，也見到她的姨母，隨便坐了一會兒，我就約她出來了，出來到新雅茶室。路上我們沒有坐車子，一邊走，一邊我就問她：對於唱戲，你感覺到怎麼樣？』『沒意思極了──我非常灰心。』『為什麼呢？唱戲不好嗎？你現在也是個名角兒了。』『名角又有什麼意思？我後悔我走錯了路。』『話不是這麼說，人各有志，況且你現在收入很好了，將來結婚的時候，也可以有一筆體面的嫁妝。』我半真半假的，『不，根本我剩不下錢，一般的說起來，吃戲飯的人都將錢看得太重了，舉手投足，非錢不行，真的，在這個圈子裡好像是沒有情感的存在！』『說得太消極了，──其實那個環境裡又不是一樣呢？』

　　在新雅東廳，我們找了一個座位坐下。『想再唱幾年呢？』『我實在不想再唱了。』她皺著眉，『那麼想結婚？』『結婚？那兒有那麼便當呢？尤其像我們一個唱戲的，我看得起人家，人

家不見得看得起我。人家喜
歡我了，我又不見得喜歡人
家。特別是我的脾氣，又不
願意嫁給同行，或者買賣
人，而我所存在的環境，又
不容易使我有機會認識另外
的人。同時，我的職業，
也沒法使人忘了我是個賣藝
的戲子。——真的，對於結
婚中的問題，你有什麼見
解呢？』我笑了，輕輕搖搖
頭，沒有回答，但這樣的

在上海時期的潘柳黛。

笑，在我平常是不大多見的，因為一向我都是喜歡嘻嘻哈哈。

實在，戀愛麻煩著每一個生活在青春時代的男女，玫瑰雖
好，可惜刺太多了？正在這時，林微音先生來了，我給他們介
紹，在介紹的時候，我替白玉薇加了注解，我告訴林先生：『白
玉薇不是一個平凡的女伶。』

從新換一個話題，又隨便閒談了一會兒，白玉薇跟我說，她
因為另外有點事，想要先回去，我將她送到樓梯口，當我們握手
的時候，我告訴她：『讓我們跳出自己的生活圈外吧！你以後是
可以叫我柳黛的。』」

潘柳黛與白玉薇的情誼，在當時上海《東方日報》一篇以護

龍為名的《報人印象錄——潘柳黛神龍見首》一文中亦有證實，
該文寫道：

「女士身材矮短，喜著高跟鞋，步來履聲橐橐，饒有英雌之
概，操北平語，清脆悅耳，所寫文章，鹹深情一往，若有萬方儀
態者，無怪乎閑作特寫，亦極淋漓暢達之致矣。

白玉薇氍毹托藉，女士訪之，一見若似曾相識，白身世抱難
言之痛，女士時加慰藉，不惜以老姊自居，彼此遂成知已。」

· 玉薇北歸，柳黛黯然 ·

　　白玉薇因上海演出結束，要回北平了，潘柳黛有點傷感，她在《黯然篇》欄目中以一篇《懷念北歸的白玉薇》隨筆，既敘述了她們深厚的情誼，又刻劃了她黯然的思鄉的心態，一種漂泊異地的淒涼。其中她寫道：

　　「『黯然銷魂者，惟別而已矣！』在白玉薇走後，使我再次踏進天蟾舞台的大門，我心裡實在是不勝其寂寞與悵惘的。走著當初我與她並肩徘徊過的走廊，坐在當初我與她並坐過的座位，以至深深的懷念起她的音容笑貌，台上的戲劇，對我便全然引不起一點興致來了。

　　我與白玉薇結識，只不過是前五個多月的事情。之後在平報發表過一篇《我和白玉薇》的隨記。曾充分的表白了我對她的理解與傾慕，這以後我們曾互相遊宴，到『新雅』吃過茶，到『蘿蕾』飲過咖啡；到一個已經想不起名字來的小食品店裡由於她的竭力推薦，呷過一客赤豆湯。而且非常可笑的，是我們之間的清淡，好像竟不願再有第三者來打擾的趨勢了。也許就因為我們還都很年輕，那樣坦白的談話，是不便為外人所知道的吧？

　　我還記得有一次晚上，『天蟾』散戲後，玉薇約我一塊出去。本來我的意思是預備到皇后咖啡館的，但因為皇后已經打烊了；同時玉薇又告訴我，她在晚間是不能喝咖啡的，所以我們就又跑到那家小食店去吃了赤豆湯。吃完以後看看手腕表上的時

針，已經將及一點了；但是過於親密與坦白的談話，使我們都非常興奮。兩個人都不想離開，也都不想回家睡覺。於是，誰也沒有徵求對方的同意，我們就從容的偎依著蕩起馬路來了。

從虞洽卿路一直往北走，步子非常悠閒，心境也非常興奮。兩個人像作夢一樣的，默默的走。『玉薇』半天了，我打破了沉寂。『嗯？』『你說生活給我們的是什麼呢？』『是無法超脫的苦惱，是形容不出的厭倦……』說完她嘆息著，我也嘆息著。於是我們的手便握得更緊一點。

從北往東轉彎我們出現在大馬路的人行道上了。路上的行人像晨星一樣稀少，玉薇突然問我：

『你想家不想？』『……不想。』我忍著眼淚說，『那為什麼你寫的東西，常常帶著那樣濃烈的憂鬱色彩呢？』『……憂鬱也就是美喲！』『那麼你的人生觀的理念是……』『玉薇……我想我們不說這樣的話了。』我用請求的語氣，攔住了她所給我的課題。適才恬淡的心境，被這時的情境渲染得十分傷感了。經過二馬路，三馬路，四馬路，深夜，風化區裡的可憐蟲在蠕動著，我們的脆弱的情感，被一種說不出來的東西蠶蝕。終於走到天『蟾』了，天下無不散的筵席，我目送她邁進鐵門，自己坐著街車回去。之後，因為兩人都忙於衣食，便有一個相當時期沒有見面。

前一些日子大概是兩個月以前吧！我到她的住所找過她一次；但她沒有在。又打過兩三次電話給她，她也沒在，而且她又沒有回音給我。雖然我知道她當是由忙碌而疏忽了。這一層，但

我之對於她，卻幾乎由抱怨而發生反感了。當時我想——唱戲的人總是唱戲的，即使她忙，難道連打一個電話給我的功夫都沒有麼——這時有的朋友再跟我提起白玉薇或跟我打聽白玉薇的消息時，我便湧起一種好像創痂被揭的感覺。因為我珍惜著我浪費了的情感，似乎對於過去深夜馬路上徘徊著的友誼，全然像夢一樣使人感到不可捉摸了。我與她保持了相當時間的疏遠。突然在某一天，我接到一個電話，那聲音非常廝熟。她並且讓我猜她是誰。但用不著猜，我當然知道的，那是闊別多日的白玉薇的聲音。在電話裡，她告訴我『天蟾』合同已滿，她要回去了，問我什麼時候方便，預備到我的報社來看我。但我不能給她一個確定的時間，除非我說請你立刻就來，所以告訴她，還是等一二日之後我來看你吧！

隔了兩天，我到『天蟾』來了，是為看李玉茹的《辛安驛》。正在我往樓階上跑時，迎面碰見白玉薇了。那天，她戴了一副眼鏡，完全是女學生的裝束，她告訴我她將回去了，又告訴我明日將應梅花館主之邀，與茲少泉灌《小放牛》的唱片。最後還是說希望在未走之前，與我能夠盤桓一次。於是我和她說等星期日吧！星期日我可以休息，那麼讓我約三兩個熟朋友一塊兒玩一玩。

但是，我實在是非常任性的，因為被某種情感所支配，星期日那天我竟一天沒有出門，而且對我所要約遊的兩個朋友，根本就連提起也沒提起。這不是我對朋友的不忠實，也不是我故意報復玉薇。如果一定要我承認是我的錯誤，那麼這正是我情緒上的

感冒。

然而，就在星期日午後四點鐘左右，我在辦公室翻閱報紙的時侯，從平報館玉薇給我打來了電話，她責問我為什麼失約，害她自己到這兒來找我。自然我除道歉之外，是沒有話說的。還是湯修梅與黃也白先生幫忙解了圍，決定明天下午大家一起玩一玩。我將電話掛斷了，我心裡是極其空洞的。

明天，我的事情很忙，出席了某個集會之後，又去參觀董天野氏的人像速寫義賣。趕到平報館，已經五點十分了。

在那裡，白玉薇向我親熱的表示了與我相聚的愉快。我為這溫馨的友誼感動著，我忍受著情緒上所起的寒熱。

是昨天決定的事：我們一起到『錦江』去給她餞行。湯修梅、周小平、黃也白、陳叔可，除我和白玉薇外，還有一位隱居著的『小女伶』秦玉梅；是玉薇戲校同學，我們請她做陪客的。

那晚上，我實在並沒有喝什麼酒；但是我卻醉了！醉了之後的情感，更形脆弱；思戀著北方的家，對著這位將回故鄉的朋友，我為我被放逐的命運而默默的流起眼淚來了。

多麼經不起刺激的懦弱的小動物呀！我心裡這麼想。

帶著酒的醉意，帶著情緒的醉意，在某一家照相館，我們合攝了一張照片……玉薇當初要求過我的，她說在她回北方之前，希望跟我合攝一張小照。之後，又在某家舞廳坐了一會兒。怕我的怠倦，將要影響了別人的興致，因之幾次三番我想要悄悄溜回去。

玉薇點奏了一隻曲子，這曲子我是不熟習的；但我知道是一

個相當憂鬱的別離之歌。

　　我突然煩燥起來了。大家走出舞廳，又送玉薇到『天蟾』的門口；夜未央，街上的燈火還很繁華，知道她將於兩天以後乘飛機回去了，我握住她的手什麼話都說不出來。

　　『黯然銷魂者，惟別而已矣！』何況別離的又是故鄉的來人？

　　玉薇來了，又走了，我卻還停滯在這兒。如果我的身世真像浮萍一樣，那麼是不是有一陣什麼風，可以將我吹回去呢？」

　　潘柳黛的這長篇隨筆在《海報》連載三天，此文不僅寫出了她倆的情誼，更凸顯了因故鄉人離去而產生的思鄉情結，她思念故土北平，想念遠在那兒的父母。尤其是隨筆最後的結尾，說出了漂泊在異鄉的遊子的心聲。

　　潘柳黛又在《秋葉篇》專欄的短文《家書》中，流淌著濃濃的鄉愁。她寫道：

　　「昨日，接到了哥哥的信。杜甫說：『烽火連三月，家書抵萬金』，故鄉雖不直接陷在水深火熱裡，然而四載飄零，我對於遙遠的故鄉卻是感到如何生疏了啊！

　　我近況不佳，心緒又太零亂，已經將有半年沒給家裡的人們執筆作書。我懶怠讓他們知道我的近況，我不願使他們時刻繫念著我。如果真的父母也達觀一點時，我早就要求他們說：『忘了我吧！只當我早就死了。』然而父親固執的脾氣，母親對我的溺愛，不是我沒有說的勇氣，即使我說了，也是徒然，反而加重他

們對我的心思；則『父母之年，不可不知』，老境堪憐的堂上雙親，我又何忍使他們為我負擔多少透不過氣的沉重？」

當年報紙亦有文談及：「白玉薇北行以後，二人魚雁尚通，且刊之於報章，讀者亦未嘗以其瑣屑而少之，最近白有南來訊，女士乃作『教我如何不等她』之文張之，纏綿悱惻，讀者無不動容。瘦鵑和之，益深弦外之音，若干年後，竊意必有述而頌之者。」

（筆者注：瘦鵑即周瘦鵑。）

· 座談影片，置評如箭 ·

　　日軍十分注意控制淪陷區上海的電影市場，用電影宣傳它的「大東亞政策」和所謂的「和平親善」，目的在於麻痺、毒害、奴化中國人民。早在 1939 年日本就派了一個叫金子的人到上海要他來控制的電影業，於是就託人找到上海電影界頭面人物張善琨出來合作，成立了偽中華聯合制片股份有限公司（簡稱「中聯」），推張善琨為董事兼總經理，但是主導權卻控制在副董事長日本人的手中。

　　「中聯」是日軍占領時代上海唯一的製片公司，擁有 1300 多名員工，包括走紅影星周璇、李麗華、陳雲裳等，著名導演卜萬蒼、朱石麟等。「中聯」之所以能吸收那麼多人，主要為了解決生活問題。負責中聯的日本人為攏絡人心，深知只有拍攝沒有政治色彩，不刺激中國人的民族感情的影片，在淪陷區的觀眾才願意接受，而那些滯留在淪陷區的名演員、導演也才願意「合作」。再從市場角度看，當時面臨物資緊張、物價飛漲的局面，電影雖是文化也是商品，必然要考慮票房，所以堅持拍攝娛樂片。這在客觀上有助於實現張善琨和其他從影人員的原意，即在和日軍合作上，只是為了保存住上海的電影業，而拒絕為占領軍的政治宣傳機器服務。但既在日軍統治下，也是身不由己，必然也要聽從一些主子的指使，如果張善琨等人在拍片中過份強調對抗日軍的宣傳主題，則勢必遭遇殺身之禍。

　　從 1942 年 5 月至 1943 年 4 月，偽「中聯」五十部影片中三分之二為戀愛家庭糾葛的題材內容，但也拍了幾部為日軍效勞的影片，如《萬世流芳》及和日本合拍的《萬紫千紅》等。時任上海《文友》雜誌記者、編輯的潘柳黛，應《平報》「新天地」文藝副刊之邀參加了 1943 年 5 月 8 日在上海金門大飯店舉行的對《萬世流芳》電影的座談會。

　　關於《萬世流芳》電影，是張善琨屈於日軍壓力下的作品，這是把林則徐禁煙故事作為《萬世流芳》主題。以林則徐如何禁煙，如何與愛國的中國軍民痛擊英國侵略者的故事為主線。同時，根據野史，當然也為了政治上的需要，盡可能地淡化反侵略

1943 年 5 月，上海《平報》為舉辦《萬世流芳》電影座談會刊出的新聞報導，時出席者有記者、作家：柳雨生、秦瘦鷗、黃也白、潘柳黛等。

的主題，扭曲林則徐的光輝形象。影片有較大篇幅是林則徐的初戀情人張靜嫻如何協助林則徐宣傳禁煙，如何組織「平英團」抗擊侵略者和兒女情長的情節等為內容。

日本人原以為攝製《萬世流芳》可以借清算英國侵略中國的罪惡，作反英美帝國主義的宣傳，以配合日本正在太平洋上和英美作生死存亡之戰。

為加強對《萬世流芳》的宣傳，《平報》舉辦了座淡會，應邀出席的各方知名人士，有：離石、江洪、楊複冬、穆一龍、郭小楓、汪俊、麥耶、羅漢、鄧鶯橋、張文熙、潘柳黛、堯洛川、金輝、周小平、秦瘦鷗、柳雨生、黃也白等。

座談中多敷衍讚美之句，但時任《文友》雜誌記者編輯的潘柳黛則坦誠地批評這部影片，說：

「我覺得戲對於角色的交代，好像不夠清楚。譬如林則徐到了廣東，接著張靜嫻來了，張的胞兄，表兄也來了，還有葉利阿妥及瑪利安娜，也都到了廣東。這樣的巧合，可算『神來之筆』？陳雲裳的面部表情太過火，看起來不大舒服，李香蘭的化妝，缺少活力，因為我知道她本人並不如此。她那過分戲劇性的化妝，會失去了真的美，對於她的歌喉，不勝傾倒。袁美雲、姜明都很成功，主要的他們是不像演戲的演戲。」

上海《文友》雜誌封面。

雖然潘柳黛的批評只是毛皮並未涉及主題，實質是迂迴的一種對《萬世流芳》的異見，這在當時是一件很不容易的事。

7月30日《平報》又一次在金門大飯店，舉辦了《萬紫千紅》電影座談會。除上述的名人外，還有時任新中國報記者的徐遲及導演方沛霖、編劇陶秦、演員嚴俊等人參加。在眾多人發言的一片讚揚聲之後，潘柳黛一本正經地開口了，她說：

「談到影評，我是純粹門外漢，但正因為是門外漢的原故，所以反而更可以接近一般觀者的意見吧？因為不會長篇大套的說話，所以只隨便提出幾點，算作討教也好，算作批評也未嘗不可以。許多好聽的捧場的話，都有人說過了，那麼就讓我說幾句煞

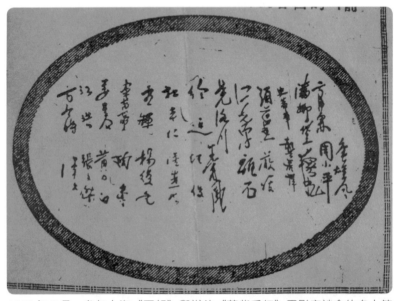

1943年7月，參加上海《平報》舉辦的《萬紫千紅》電影座談會的名人簽名，其中有堯洛川、徐遲、潘柳黛等。

潘柳黛筆下的上海、香港紅星李麗華。

風景的吧！剛才有人提起說嚴俊飾的李永喬上小餐館推門時的滑了一跤，非常精彩，這一點我認為值得懷疑，因為假若只用一次，是可幫助的，而每次進門，每次滑一跤，就不知是不是硬穿插進去的低級趣味了。最少我想也許是鞋子上有一枚特別釘子，這釘子便使他滑跤，否則別人怎麼不呢？再有王丹鳳的國語太壞——我應該聲明，『京片子』並不是國語，但那樣連咬字都咬不真的國語，卻實在較之於嚴俊和李麗華，不止要相差五年，而且實在有再訓練再出發的必要。方沛霖先生說王丹鳳是寧波人，好像應該原諒的，其實這話根本不通，因為陳雲裳是廣東人，顧蘭君是揚州人，她們卻都能說很好的國語，而且我們既苛責於李綺年的『廣東國語』不行，那麼又怎能因為王丹鳳是『寧波國語』而加以諒解呢？嚴俊飾的李永喬的個性太模糊，因為看完這部片子以後，使人不能決定嚴俊的『定型』，是紈褲子弟？是有為青年？因為以前半部來說，完全是個有錢的浮滑少年，後半部則頗知大義。再有，在演員的支配上，姜明與周起互相調換一下，也許更好，周起在辦生日時那一句『今天可不是六月六呀』，一百萬分要不得。為貧民請願，李麗華的當眾講演，我以為不如改作『複製』來得輕俏動人。好了，說到這裡。」

　　潘柳黛從來就不怕得罪人，她的發言也常引起眾人的注意。作家護龍寫道：「余初見女士於金門飯店中，同席未交一言，女士每發一言，四座輒傾聽，余甚詫之，以為伊何人斯，乃若是之能驚座也，鄰座其君言於余曰：此潘小姐，報界之紅人也。」

・作家聚談，說古道今・

1944年3日16日下午2時，上海「新中國報社」邀請了汪麗玲、吳嬰之、張愛玲、潘柳黛、譚正璧（《中國女性文學史》作者）、藍業珍、關露、蘇青（當時以筆劃多寡為序）在《新中國報社》內舉行了女作家聚談會。報社主編魯風（即劉慕清、中共地下黨員、左聯作家）及記者吳江楓主持會議。

魯風首先說明開會意圖，他說：「近來文藝作品在出版界最為蓬勃，尤可注意的是女作家非常多，作品水準也很高，這在中國女性文學的創作來說，實在是可喜的現象。我們覺得如果邀請幾位女作家作一次聚談，對於文藝創作問題，聽取女作家們的意見，這是非常有意義的事。」主持人先後為聚談會出了八個題目，女作家們一面嗑瓜子，一面侃侃而談，會場十分活躍。

當記者問潘柳黛是怎樣寫起文章來的時，她尚有些靦腆地說：「提到自己寫文章，那可以說是完全出於興趣的。開始的時候，根本想不到有一天居然會靠賣文為生。一想到我第一篇作品的發表，我就覺得可笑，因為我的第一個作品，不是發表在什麼

《雜誌》載女作家上聚談會。

定期刊物上，而是一個小型報紙的徵文，好像是《新北京報》，我寫了一篇短短五、六百字的小小說，應『中秋』徵文，中選以後領到五角錢稿費，這是八、九年以前的事了，我只有十六、七歲，但第一篇作品與我第二篇作品發表的中間卻隔了二、三年。第一篇作品以後雖然也寫了幾篇東西，但都寫得很壞，連自己也不能滿意，所以就不敢拿出去發表了。」

聚談會談及第二個議題：你喜歡哪些女作家的作品時，潘柳黛說：「我非常喜歡李清照和朱淑貞的作品，雖然她們各人有各人的風格，但李清照作品的清麗、朱淑貞的纏綿，就是直到現在也令人嚮往不已。她們都有著超人的想像，尤其在那樣的封建時代裡，女人根本沒有地位，而她們卻都能掙扎在文學的領域裡占有一席之地，而這一席的占有，也完全是以文學本身的價值換來的。實在，像她們那樣成功的作品，就是在當時男性作家群裡，也該是不可多得的吧！談到現代的女作家，在我小的時候，很喜歡讀冰心的作品，大概是因為她的作品的內容跟我的生活接近的緣故，甚至於使我常常盼望著我家的金魚缸裡也開一朵並蒂蓮，之後我入了中學，冰心的作品對我就沒有力量了。我開始對黃廬隱和丁玲的作品發生極大的興趣，因為冰心的作品內容，往往是我體驗到的，而廬隱和丁玲作品的內容卻是我要追求的。」

在記者問及喜歡讀那一位外國女作家時，潘柳黛說：「我因為對外國文沒有什麼修養，所以不能直接閱讀外國書籍，但讀了賽珍珠的《大地》和鄧肯的自傳，對於她們著作的魄力，是非常佩服。」

關於議論寫作取材範圍時，潘柳黛說：「我自己承認我對於寫作態度相當忠實，凡我屬意的題材，我大概都敢下筆去寫。」在談到怎樣寫時，她頗詼諧地說：「我是很沒出息的，大概以所見所聞取材，有時也不免製造一點，至於純粹幻想的，那是三、四年前的取材方法了。」

當記者問她們讀書和消遣時，潘柳黛是這樣說的：「我大概什麼書都喜歡讀的，對於舊文學的詩詞歌賦，我有著很深的愛好，有一個時期，我還拚命讀史書，不過讀書沒有長性，是我最大的缺點，而且又會忘記，一本較厚的書，後面還沒讀完，前邊就已經忘記了。談到消遣，我好像什麼都喜歡，也什麼都不喜歡的樣子。」

記者最後又問女作家們對流行的文藝作品觀感如何時，潘柳黛毫不掩飾地說：「目前流行的文藝作品，實在也只是『流行的』而已，就好像目前時興的女人服飾一樣，有了它，看得眼花撩亂，沒有它，又覺得不無寂寞之感。」當記者吳江楓問：「潘柳黛女士的小說自己認為最滿意的是哪一篇？」時，潘柳黛謙虛地說：「我對於自己的作品，沒有什麼能夠十分滿意的。但我在兩年以前寫過一個《夢》，長不過六、七千字，然以結構和技巧來說，總還算是比較滿意的。」主持人魯風問她：「寫的東西很多吧！」她頗不好意思地說：「因為人的疏懶，又常常患著彷彿週期性的『情緒感冒症』所以作品產量不多。」

1945 年 4 月，《新中國報》社又在上海華懋飯店（又名沙遜大廈，位於外灘中山東一路 20 號，今列為全國重點文物保護單

位）舉辦了上海女作家與朝鮮舞蹈家崔承喜的會晤，到場的那天，關露穿著淡黃色旗袍，王淵穿著鮮豔的蘋果綠旗袍，潘柳黛穿著孔雀藍旗袍，張愛玲身著桃紅色的軟緞旗袍，外罩古青銅色背心，緞子繡花鞋。會晤主要內容由崔承喜談舞蹈，會晤時間不長。

1944 年四月號刊載「女作家聚談」的《雜誌》封面。

‧ 重評文友，感慨良多 ‧

半個世紀後潘柳黛在和幾個老朋友聊天時，朋友向她問起女作家聚談會的事，潘柳黛仍然記憶猶新地說：「是有一次，其實那時女作家不少，除我們四人外還有汪麗玲、施濟美、丁芝等，她們與我都是很熟習的朋友。」

原來，上世紀五十年代，潘柳黛在香港時，應香港《上海日報》之邀，寫了一篇《記上海女作家》，她滿懷深情地回憶起十四年前上海的文友。潘柳黛寫道：

「當時施濟美和程育真還在大學裡讀書，所寫的文章，不是小貓小狗，就是描寫小花小草，寫男女戀愛，絕不寫到『結婚』。寫遇到什麼不幸和打擊，一定立刻求救於聖母馬利亞。文章內容很少涉及社會眾生相，所以一般讀者，稱她們為『學院派女作家』。

在這一派以外呢？丁芝是電影導演屠光啟的太太，歐陽莎菲的前任。她因為和屠光啟離婚，有一家報紙請她撰寫了一篇『從結婚到離婚』，因之引起了她的寫作興趣，於是便使她也搖過一個時期的筆桿。但是終因為她的興趣太廣泛，太複雜，見異思遷，所以她除了寫一點文章以外，還演過話劇，拍過電影。……

至於張宛青呢？她是報人張萬里的妹妹，美術家孫瑲的退職夫人。她在學校教過書，在電影公司做過宣傳。和孫瑲離婚以後，由於文壇上女作家風起雲湧，所以張宛青也改行賣文，出過

一本《刺激女郎》，寫得倒是非常刺激，但可惜銷路還是並不太好，張宛青的寫作速度很高，只是近於粗製濫造，所以不久就『失微』了。而一直保持盛名，歷久不衰的，那倒還是當時被人像選『四大名旦』一樣，調侃稱為『四大女作家』的蘇青、張愛玲、潘柳黛和關露。

關露是個詩人，其時在上海和一個日本老處女佐藤俊子合編一本叫做《女聲》的刊物。抗戰末期，還沒等到勝利，就忽然消失了。據說是投奔延安受訓去了。大陸解放以後，有人曾在報紙上見過她的芳名，好像是她在北京已經做了紅朝的文化官兒。但在當時她作品的產量不算豐富，然而風格卻相當清麗可誦的。只是關露三十未嫁，老處女的心境已經形成，她常常旁若無人的自我陶醉，使蘇青等認為她是一個怪物。

記得有一年春天『新中國報』招待上海文化人到蘇州去遊春。那時老百姓生活困難，許多人利用火車，在做著博取蠅頭微利的單幫生意。這一行文化人從上海到蘇州，再從蘇州到上海，雖然車票事前買好了，並沒有什麼麻煩，但走進車站以後，由於旅客眾多，你推我讓，上下車時，還是十分困難的。他們從上海到蘇州時，關露刻意修飾得楚楚動人，花枝招展到還罷了。只可笑在蘇州過了一夜，回來時這位關小姐不知在誰家的花園裡，寫實了一句『有花堪折直須折』折下一束桃花，一定要『人面桃花相映紅』的把這幾枝桃花捧上火車，捧到上海去，而結果鬧出了許多笑話。

按說桃花本來不是什麼笨重物件，並不費多大氣力的，捧回

上海，又有什麼為難？無奈這東西太嬌貴了，一點都碰不起的。所以當關小姐剛一走進火車站，一看那些背著大包、抱著小包的跑單幫的客人，她就立刻大呼小叫的急了，『哎呀！別碰我，別碰我，別把我的花兒碰壞了呀！張先生，你快來，李先生，你幫幫我，幫我擋著點人，別讓他（她）把我的花兒碰壞了呀！』關露這樣一叫不要緊，張先生李先生還沒有被她叫過來，那些做單幫的旅客不知她發生了什麼事，倒反而跑過來，把她包圍了。關露雖是北方人，但身材並不高大，一副瘦怯怯的模樣兒，一副又尖又窄的嗓子，使她怎樣也殺不出重圍去。而遊春團的文化人都已經了登上了火車，卻又遍找不到關露那兒去了？有人猜她落在後邊還沒有上車。了有人猜她也許瀉肚，到廁所去了。甚至更有人猜她，根本忘記了他們是乘這次車回上海，而還流連在古老的滄浪亭。正在大家猜測紛紜，莫衷一是的時候，忽然有兩個日本憲兵來找他們了，原來關小組被包圍得叫天天不響，叫地地不應的情況之下，忽然像迷途的羔羊一樣，一時手足無措，哭了起來。看熱鬧的人見她一哭，更越聚人越多，不肯散開。惹得路局上的警憲不知是怎麼一回事，也走了過來。細問之下，才知道她是文化團的一位女作家，和團體失掉聯絡，被人包圍了。那兩個憲兵立刻去幫她把那遊客團的負責人找來，總算才為她突破重圍，救了駕。但這時已不只關露哭得彷彿『梨花一枝春帶雨』臉上粉殘脂褪，就是手裡捧著的那枝桃花，也被那些人擠來擠去，早弄得『紅粉飄零』面目全非了。

　　但是就連那幾枝禿禿的花乾，關露也還眷戀備至，一心一德

的把它捧回了上海。……」

後來「關露半路離開了這『四人小組』，所謂『四大女作家』只剩下三個了。」

（筆者注：抗日勝利前夕關露離開上海前往蘇北根據地。）

潘柳黛在這篇文章裡用了較多的筆墨談了三個人之一的蘇青，她寫道：

「蘇青原籍是浙江寧波人，家裡世代書香，父親是庚款的英國留學生，丰儀甚都，稱得起一聲『美男子』只可惜很早就死了。她隨母親在外婆家長大，所以在她的文章裡，往往見到她在描寫許多婆婆媽媽的瑣事，便是受了專跟老太太生活在一塊兒的影響。

她的丈夫是律師李欽厚，身材修偉，是她的小同鄉。蘇青從鄉里中學畢業以後，考進了南京中央大學的外文系，但是還沒有等到畢業，就因為她結婚後懷孕，自動退學了。

我和蘇青認識，是在她《結婚十年》已經發表，以『退職夫人』身分，帶著三個女兒一個兒子，靠寫作為生的時候了。她那年大概是只30歲，自己在靜安寺斜橋弄裡頂下一間公寓房子。當時好像只有一兒兩女和她住在一起，……

蘇青離婚以後，由於她的寫作，使她享受到盛名，所以一時追求她的男人很多。這裡邊有富商，有巨賈，有文人，有政客。當她風頭最勁時，周佛海為她出資創辦《天地月刊》，使她領到了大量的配給紙，而和銀行去做押款生意。陳公博除了為她頂下

了十三層樓的一層公寓房子，並且還每月給她一筆固定的生活津貼。直到勝利以後，陳公博逃亡日本，那筆津貼才算停止。而十三層樓的公寓房子，後來被蘇青頂出了，她因為害怕有關當局找她的麻煩，所以脫貨求現，只頂了一千塊美金。這在蘇青說起來，她是吃虧的，但是不幸就連這一千塊美金，後來也沒有了，因為不久她失竊了一個手皮包，那手皮包裡藏著現鈔、手錶、戒指、小金塊和十三層樓公寓房子的頂費。林林總總，算起來大概值 1500 元美金以上。

這對於蘇青的確是個嚴重的打擊，她平日刻苦耐勞，視錢如命，不圖忽然一下子這些錢財就都離她而去了。『我要多少日子才能再省出這筆數目來？我要少制多少新衣服，少吃多少東西，才能再存下這個數目？』蘇青含淚欲啼，痛不欲生的向她的好友們發著牢騷。

儘管蘇青的文章寫得洗練，豁達，但談到胸襟和魄力，究竟還嫌不夠寬大。舉一個例子說，我在上海時因為在一家報館裡做事，和許多百貨公司，時裝公司的老闆都有一點認識，所以買起東西來，常常承他們優待，替我打個折扣，價錢總以賣給別人時便宜一點。不知怎麼這事被蘇青知道了，有一天她特意來找我，說是要讓我陪她去買一件皮大衣。『你要買什麼皮的？』我問她。『黃狼的好不好？耐穿一點。』『這樣闊氣？好的黃狼價錢很貴呢？』我說。『不要緊，我不一定要買太好的，反正是男朋友送給我的。』她笑著說，倒是非常坦白的，一點也不隱諱我。

可是當我把她的話信以為真，真的陪她從造寸走到貫一，再

走到西伯利亞皮貨店，也就是說從南京路走到靜安寺路，把那些沿途的時裝公司的黃狼皮大衣都問了價錢，比較過以後，她卻忽然和我說：『ＸＸ我已經決定不買黃狼皮的了。』『為什麼呢？』我問她。『太貴，我想買一件海勃絨的算了。』『那何必呢？反正是男朋友送給你？』我奇怪地說。『我算過了，一件大衣，每年最多只能穿三個月，可是卻要擱爛了九個月的拆息。我為什麼不跟他要一筆黃狼皮大衣的錢，買一件海勃絨，還不是一樣穿嗎？』

大衣穿在她身上，算盤在她肚裡，我當然不便反對，當時因為天已經晚了，我們只好分手各自回家，但是後來我知道，她那黃狼皮的大衣錢已經收到了。可是就連那件海勃絨的大衣，也因為她捨不得花錢去買，恐怕到今天，還不掛在那一家時裝公司的櫥窗裡呢！

蘇青長得不算好看，但也不算難看，臉龐兒有一點像拍電影的王熙春，不過不及王熙春那樣秀氣。我認識她的時候，她還不抽煙、不吃酒、不睹錢。可是後來大概因為『交友不慎』，她的麻將雖然一直還是打不好，但十三張的羅宋牌九會睹了，同時香煙也抽上了。無論到那兒去，一坐下來，她便趕快從皮包裡掏出她那支長長的煙咀，翹起她那只會寫文章的蘭花手，大抽其自備的廉價香煙。一次，兩次，別人以為她講究派頭。後來日子多了，大家才知道，原來她所從喜歡用煙咀，志不在派頭，卻在希望能夠把香煙多抽兩口。

蘇青在上海的社會這樣活躍，但鄉土氣仍極濃重。說起話

來一口『柴拉柴垃』的寧波土音，笑的時候，還喜歡『掩口而笑』。某男作家在一次舞會裡和蘇青共過舞，事後有人問他：

『蘇青舞跳得如何？』他刻薄的說：『跳舞如跳繩，此人猶有童心。』但蘇青心地不壞，事母極孝。對李欽厚也極溫良賢淑。他們離婚以後，嘗複合過一個時期……大家心裡既已經有了芥蒂，最後還是分道揚鑣，各奔東西了……」

抗日戰爭勝利後，原來上海《女聲》雜誌復刊了，原主編王伊蔚邀請蘇青和潘柳黛做特約記者，她倆又成為同事了。

蘇青當年在上海比較富有，因為她擁有自己的《天地》雜誌社和印刷廠，曾有作家鳳子在《女作家發工鈿》一文道：

「……『女作家』中，蘇青居積最高，張宛青次之，潘柳黛恐怕最『推扳』，但潘一天到晚嚷著要『發工鈿』，其實完全是『魁派作風』，好者無人會向她『拿工鈿』」。

（筆者注：發工鈿則為發工錢；推扳，上海俚語「比較差」之意。）

今天讀來，當年小報上的小文，不經意地讓我們了解到當年作家的經濟收入。不能不說是個難得的資料了。潘柳黛剛到香港時住在北角新都招待所，她和蘇青還有過聯繫，因為蘇青曾託潘柳黛為她在香港追索她在《上海日報》的一筆稿費，潘柳黛還曾要蘇青到香港，可惜無回音。她對蘇青的遭遇極為同情，直到蘇青去世她倆也未能再見面。

・ 出言辛辣，失和愛玲 ・

潘柳黛在《記張愛玲》一文中說：

「在當時，蘇青、張愛玲和我本來都是很熟的朋友，時相往來的。……

張愛玲喜歡奇裝異服，旗袍外邊罩件短襖，就是她發明的奇裝異服之一。有一次，我和蘇青打個電話和她約好，到她赫德路的公寓去看她，見她穿著一件檸檬黃袒胸裸臂的晚禮服，渾身香氣襲人，手鐲項鏈，滿頭珠翠，使人一望而知她是在盛妝打扮中。我和蘇青不禁為之一怔，問她是不是要上街？她說：『不是上街，是等朋友到家裡來吃茶。』當時蘇青與我的衣飾都很隨便，相形之下，覺得很窘，怕她有什麼重要客人要來，以為我們在場，也許不太方便，便交換了一下眼色，非常識相地說：『既然你有朋友要來，我們就走了，改日再來也是一樣。』誰知張愛玲卻慢條斯理地說：『我的朋友已經來了，就是你們兩人呀！』這時我們才知道原來她的盛妝正是款待我們的，弄得我們兩人感到更窘，好像一點禮貌也不懂的野人一樣。

還有一次，張愛玲問我：『你找得到你祖母的衣裳找不到？』我說：『幹嗎？』張愛玲說：『你可以穿她的衣裳呀！』我說：『我穿她的衣裳，不是像穿壽衣一樣嗎？』她說：『那有什麼關係，別致。』張愛玲穿著奇裝異服到蘇青家去，使整條斜橋弄（蘇青官式香閨）轟動了，她走在前面，後面就追滿了看熱

鬧的小孩子。一面追，一面叫。

　　她為出版《傳奇》，到印刷所去校稿樣，穿著奇裝異服，使整個印刷所的工人停了工。她穿西裝，會把自己打扮成一個十八世紀少婦；她穿旗袍，會把自己打扮得像我們的祖母或太祖母，臉是年輕人的臉，服裝是老古董的服裝，就是這一記她把自己安排成一個傳奇人物。有人問過她為什麼如此？她說：『我既不是美人，又沒有什麼特點，不用這些來招搖，怎麼引得起別人的注意？』」

　　潘柳黛她認為：

　　「張愛玲是有點怪的，她不像丁芝那麼念舊，也不像張宛青那麼通俗，更不像蘇青的人情味那麼濃厚，說她像關露，但卻比關露更矜持，更孤芳自賞。關露還肯手捧鮮花，將花比人，希望能夠表現相得益彰。張愛玲的自標高格，不要說鮮花，就是清風明月，她覺得好像也不足以陪襯她似的。」

　　潘柳黛與張愛玲的失和，起因是在胡蘭成狂熱追求張愛玲時的一篇《論張愛玲》的文章上。原來張愛玲在蘇青創辦的《天地》雜誌上發表了一篇叫《封鎖》的小說，這時各報刊對張愛玲的作品好評如潮，正如老作家柯靈所說：「有些不乾不淨的報章雜誌，興趣不在文學而在於替自己撐場面。」自此，張愛玲在上海嶄露頭角，胡蘭成當時閱讀張愛玲的《封鎖》一文後，頓覺此文不俗，於是央求《天地》雜誌發行人、主編，原來就是朋友的

蘇青引見。他自信自己是善於在紅粉佳人中周旋的人物，果然在他們見面後，胡蘭成即博得張愛玲的仰慕之情。

胡蘭成原是汪精衛偽政權宣傳次長，專寫賣國求榮的政治評論，他更懂得政治上的造勢，這時需要有點文藝來粉飾太平，揮筆寫了一篇《論張愛玲》。說張愛玲的文章是「橫看成嶺側成峰」，除外，更大肆讚美張愛玲的貴族世家，說她身染「貴族血液」等等。

據後來潘柳黛告訴朋友們，那時張愛玲剛出名，他們一批文人認為張愛玲思路敏捷，文筆流暢，選題新穎，才華出眾，很有前途。但對張愛玲渲染自己的貴族家庭，文壇眾人都不以為然，但均未作評論，認為她尚年輕。這時見胡蘭成如此吹捧，潘柳黛曾告訴朋友她：「那時年輕也心血來潮以戲謔的口吻發表了一篇《論胡蘭成論張愛玲》，以幽她一默的姿態，把胡蘭成和張愛玲大大調侃了一番。」

潘柳黛自我調侃：

「斷章取義，問胡蘭成對張愛玲的讚美『橫看成嶺側成峰』是什麼時候『橫看』？什麼時候『側看』？這還不算，最後把張愛玲的『貴族血液』調侃得更厲害了。我記得當時我舉了一個例子說，胡蘭成說張愛玲有貴族血液——因為她的祖父討的老婆是李鴻章的外孫女，她是李鴻章的重外孫女——其實這點關係就好像太平洋裡淹死一隻雞，上海人吃黃浦江的自來水，便自說自話是『喝雞湯』的距離一樣。八桿子打不著的一點親戚關係。如果以之證明身世，根本沒有什麼道理，但如果以之當生意眼，便不

妨標榜一番。而且以上海人腦筋之靈，行見不久的將來『貴族』二字，必可不脛而走，連餐館裡都不免會有『貴族豆腐』、『貴族排骨麵』之類出現。」

潘柳黛當時也沒有料到這篇文章一發表，引起轟動。正巧潘柳黛的文友陳蝶衣主持大中華咖啡館改組賣上海點心，他果然以潘柳黛女士筆下的「貴族排骨麵」上市為海報，還以「『正是論人者亦論其人』為我文之結尾。」

陳蝶衣原名陳元棟，是當年上海資深報人，由於當年在報館年齡最小，大夥喊他小弟弟，上海弟弟諧音蝶衣，故而他寫文章取蝶衣為別名。他曾是上海《萬象》雜誌最早的主編，後又主編《春秋》雜誌。1933 年即在上海創辦《明星日報》，並和馮夢龍、毛子佩發起「電影皇后」的選舉，使當時紅星蝴蝶當選了中國歷史上第一屆「電影皇后」。

資深報人、歌詞大家陳蝶衣是潘柳黛老朋友之一。

陳蝶衣以寫歌詞聞名，他一生寫有三千多首歌詞。他的《鳳凰于飛》、《情人的眼淚》、《我有一段情》、《南屏晚鐘》、《春風它吻上了我的臉》等歌曲，經常為新老歌手所翻唱。在香港編劇達 50 多部並一度和潘柳黛在邵氏公司同為編劇，又和潘柳黛同是香港筆會會友，是潘柳黛常有往來的好朋友之

一。

陳蝶衣編劇的《小鳳仙》、《秋瑾》電影均獲過大獎，他在香港先後完成五十多個劇本。2007 年 6 月，他還參加了東方衛視慶祝香港回歸十周年的「群星耀東方」晚會，2007 年 10 月 14 日在香港化蝶而去，享年 99 歲。中國著名指揮家陳燮陽是他的長子。

那年，潘柳黛和陳蝶衣在上海對胡蘭成的商業炒作進行了一次公開挑戰和抨擊，是一次不謀而合。固然有不少人拍手叫好，但也招來不少麻煩。首先胡蘭成、張愛玲從此不再搭理他們了。

後來張愛玲到香港住在香山半山一家女子宿舍，熟悉當年上海四大才女的人去看張愛玲，告訴她說潘柳黛也在香港，張愛玲沒好氣地說：「潘柳黛是誰？我不認識。」顯然餘氣未消。之後，不久，這話又傳到潘柳黛耳裡，潘柳黛也不示弱，正巧香港《上海日報》向潘柳黛約稿，請她寫篇《上海幾位女作家》，潘柳黛就在這篇文中的一節《記張愛玲》，濃墨重彩將在上海她和張愛玲的矛盾重新抖了出來。

潘柳黛寫《上海幾位女作家》〈記張愛玲〉的文章影本。

後來，對《記張愛玲》這篇文章貶褒不一。有人說潘柳黛妒忌張愛玲，有人則誇獎潘柳黛正直敢言，因為張愛玲並非完人。張愛玲對潘柳黛的調侃未予回應。之後，張愛玲去了美國，隨著時間的推移，她們的恩怨也自然消失。

步入古稀之年的潘柳黛，在與筆者聊天時談及她的往事時曾說：「在上海時我寫文章，也得罪了一些人，甚至在一段時間內，經常有人打電話來威脅我要我小心，甚至謾罵，你們猜怎麼罵？」筆者啞言，接著她說，對方問我你是潘柳黛女士嗎？我回說是呀，他又問：『你是不是潘金蓮的潘呀？』你們猜我怎麼回敬他，我說：『不錯，我是潘金蓮的潘，我也知道你姓王，你是王八蛋的王對嗎？』，然後我用力把電話一掛。從此倒也安穩了一些日子。」

事隔半個多世紀，在她回顧這段往事的時候，仍然對自己的機智、膽略感到驕傲。

· 紀實報導，展示亂象 ·

　　1944 年時任《文友》雜誌記者、編輯的潘柳黛，負責隨筆欄目，欄目文章短小精幹，頗獲好評。有一次主編未徵得她的同意，在該欄目插了一篇文章，這一下惹怒了潘柳黛，於是引起了一場風波。

　　4 月某日上海《東方日報》刊有《潘柳黛一怒辭文友》一文，其中寫道：

　　「潘柳黛不愧風趣人物，會寫、會講，就是脂肪太多一點，體格已經超過環肥而成了擁腫狀態了。這且不去管它，潘女士現任《文友》特派記者，《文友》經費也好，由鄭吾山主編，潘擔任一部分，便是卷首的隨筆欄，這一欄的風格和潘女士的體態不相稱，一反大塊文章的作風，而專取短小精幹的稿件，頗為讀者歡迎。最近大家盛傳潘女士有一怒脫離文友之說，據說某次鄭吾山未得潘女士同意，在潘的部分插入一些稿子，潘女士大為不快，提出抗議，結果，旁人調解不成，潘女士終於憤然辭職了。同時潘女士為了上海太夠刺激，乘此或將開碼頭，換換空氣，目的地聞為蚌埠，該地某機關擬攬她任女秘書哩！」

　　離開《文友》雜誌的潘柳黛已不再愁失業問題，說潘柳黛到蚌埠某機關任女秘書，那是謠言。她對報刊謠言深惡痛絕，也譏諷尤加。正如她後來在《海報》上〈風言風語〉專欄語絲中

寫道:「閉門家中坐,『謠言』天上來。生當斯世,夫複何言?」另一則寫道:「據云上海為世界三大謠言中心之一,吾人日處『謠城』,實乃幸甚幸甚。」又一則寫道:「彷彿謠言本身便有一種美感,所以造謠就是『創造藝術』,造謠言的人就是『藝術家』。」接著又寫道:「我便常常遇見這派藝術家,對他們,真是要多頭疼有多頭疼。」

離開《文友》雜誌,她迅速轉入上海《海報》任記者,編輯。不過,說她去安徽某機關任秘書也未必是空隙來風,因為她畢竟去安徽蚌埠作了一次採訪。回滬後,她寫了一長篇紀實報導《從上海到蚌埠》,在《海報》副刊連載八天,她把沿途所見所聞翔實地作了記述,讓讀者從一個側面見到當年日偽時期社會的痕跡。其中她途經南京小住十餘日,寫道:

「……南京給我的印象不是不好,但古老的南京終嫌太過於散漫。我在南京也曾有過一年以上寄居的歷史,那城南繁華的街道,以及那些尚屬熱鬧的商店,對於我都是十分熟悉的;然則說不上為什麼如今一切都顯得落寞了。以新街口為中心

潘柳黛在上海《海報》開闢的〈風言風語〉專欄,對社會眾生相投於筆刃,寄於悲歡。

的中山東路和中山北路，是南京僅有的柏油馬路，但那些路因年久失修，一遇下雨便積水成渠了。夫子廟的石子路正在翻修，路側堆滿了拌腳的石子。百年來一直興盛不衰的秦淮河畔的歌女，為了節電的關係也只能日場停演單演夜場了。而曹慧麟蛻變成為海上的紅伶以後，歌女隊裡沒有一個出類拔萃色藝俱佳的女孩子能夠追上她的。況且當曹慧麟正在走紅的時候，正是事變後一年，新貴如雲，富商齊集的當兒。因之時勢造英雄，曹慧麟乃一捧而紅。如今雖有半紅的歌女在秦淮河畔跳躍著，但是若想找出一個頂兒尖兒的，不止現在找不到，就是三二年以內，恐怕也很難了。……南京物價說起來大體都比上海為低，三四個人在鳳凰餐廳吃飯，不過花二千元左右。點心最貴的價錢，好像只有十塊錢一客……

　　我認為南京比較貴的倒是黃包車的價錢——這自然是以一般物價做比率說——好像要比上海貴一點。而且在南京坐起車子很討厭，路不好走，都是石子鋪的。車夫又走得慢，人坐在上面搖來搖去，五臟六腑都弄得搬家了。以前我曾說過，在南京生活，吃過飯以後不必吃咖啡，只要坐上黃包車在街上跑一趟就夠了，管保幫助消化。但如今我不敢這麼說了，我只覺得顛簸得很難受，甚至把心都吐出來的樣子。因此這一次在南京，我沒有怎麼大出門。」

　　又一段寫道：

　　「從前誰都知道五洋雜貨綢緞布匹購買起來都是上海比較便

宜，但如今這情況也改變了，除非是上海本地製造的東西，如果外地運來行銷的大概就都比上海貴了。即以蘇繡的被面來說，南京中央商場去買，用不著加捐五千幾就可以買到了，我雖不知上海的行市，但我相信這價錢在上海十、九是買不到的。因為生活在上海，開銷很大，就以一爿店家來說，在南京用十個店員，十個店員都吃一萬幾千元一石的大米，都吃五元十元一個的大餅油條；若是在上海，那麼十個店員便要吃三萬幾千元一石的大米，二十元三十元一個的大餅油條了。以此類推『一大百大』，因之上海物價的漫無限制的飛漲，當然也是情理之中的事了。在南京一住住了十幾天，幾次遇到節電，有時在城南，有時在城北。有兩回晚上到《中報》去玩玩，看見他們在點著洋蠟燭編報。本來過夜生活的人就很難有好看的面色，再加上燭光像鬼火一樣，有幾位舊同事乃更加顯得面無人色了。……在報紙上看到了上海電車重點制的行駛，看到了電燈鐘點制的供應，我對於上海的生活不禁心悸著。我想才離開上海不過十幾天，再回去怕就要不勝『隔世之感』了吧？……」

　　潘柳黛平實地記錄了淪陷區的老百姓處在物價狂漲的災難之中和她的同行們的苦楚。再一段寫了從南京到蚌埠火車上的亂相，潘柳黛寫道：

　　「……到十一點鐘，車裡的聲音由嘈雜變得安靜了，這樣長的充裕時間，大概是每人都已經妥當的安置了自己以及自己的行李。大家都靜靜的坐著，每個人都變得非常有教養的樣子，靜

靜的等著開車。可是，車偏偏不開。直到 11 點半鐘，才看見一個患『候急症』的外國旅客跑上來搶他自己的行李：『車子不開了，今天沒有車，真是倒楣！』一邊叨唠著，一邊像救火一樣的搶他自己的行李。他的話雖然不能使車中的每個乘客都懂，但那態度卻立刻使其他人都騷動了。大家爭先恐後的互相研究和探詢，眾說紛紜，車裡更顯嘈雜起來。有許多人也隨著這雜亂在搬運著自己的東西。他們倒並不見得是真的搬下車去，他們只是從架上搬下來，或是從自己的身邊搬到門口。有的搬到並不想搬，但總要挪一下，非挪動到走道裡妨礙住別人走路為止，否則便好像不能安心。

車裡真亂了，但我知道的，如果車子不能開，車站的負責人總會跑來通知的。一個普通旅客的情報只能當做參考，不能便十分之十的信以為真。然而這情報真準確了！還不到十分鐘，車站方面果然有人跑來通知說是因為特殊情形，今天北行車子不能開了，請大家原諒。

這自然沒話可說，只好跑下來，再搬行李，再搶著出站。運用了短短的時間，以最經濟的手法，便將上火車與下火車的一切困難情形都表演得淋漓盡致了。

再渡江回去，又遇到那些販賣油的單幫小販。他們將那方方的鉛皮筒背負著，他們用他們的力氣軋擠著別人，以利他們的行路。我渡過江去，看看身上被不經意沾滿了的油漬，不禁嘆了一口氣。再乘上馬車，回到南京頤和路，我竟彷彿已經旅行回來了。在馬車的顛簸中，我闔上眼睛，輕輕地推開了我的疲勞。

30 號那天，真的北上了。車行是九點鐘，八點多鐘踏上車子，便已經滿坑滿谷。一打聽才知是車子昨夜進站，今早天沒亮便有人『使心弄計』搶著上車了。不得已，只好降而求其次，好容易在三等車廂裡找到幾個座位。三等車的乘客，真是鬧忙得很：嘈雜，紊亂，傾軋，謾罵，座位上坐滿了人，座位的扶手上也坐滿了人，走道裡的人們像插銷一樣的立在那裡。跑單幫的女人用著尖銳刺耳的聲音在叫囂著，直到九點鐘車開了，人們才暫時平靜下來。……

　　一路倚著車窗，吃吃看看，聽聽說說，還不算怎樣寂寞。沿途下去的乘客很少，上來的人卻很多。到兩點多鐘，車已快到蚌埠了，走道上還裝滿了人。當要停在蚌埠站前，我們便已經決定不從門裡擠出去，而從窗口跳了。想不到如今旅行還要先學會張生跳粉牆的本事，真是十年以前說給誰也不會相信的。……

　　三十幾年前還是一片荒地的蚌埠，雖是安徽的省會，但究以開闢的歷史太短，所以一切都還不能臻於至善至美的境地。然而，到底這裡是南北交通的孔道，物資運輸也往往以此地為樞紐。因之蚌埠的年輕來說，有此局勢，也總算是年來都在突飛猛進的進展中了。

　　蚌埠的市境很小，人口約有十萬多，民性率直，風格近於北方。但一般說起來，因為文化程度較低，所以雖沒有南京和上海人的狡獪，（其實南京人就比上海人老實得多）卻也沒有山東人、河北人的周到有禮，他們的頭腦單純得很，就舉一個例來說：在蚌埠乘黃包車用不著講價錢，單程一次起碼三十元，路遠一點四

五十元也就夠了，十、九不會有什麼爭執的。但是車子拉得很快，一路橫闖直撞，彷彿隨時都有發生不測的可能，當時我就想在蚌埠坐黃包車，不僅應該帶市民證驗過血型就算了，好像還應該先有寫好遺書的準備才行。不然，車夫既健步如飛，車行又不按上下道，很容易惹禍招災。不過夜行還好，每輛車子都裝有明光耀眼的電石燈，即較之於上海，也是氣派非凡的樣子。

蚌埠的生活指數很低，大米才賣一萬幾千元一包，相當於上海的一石四斗。牛肉六十元一斤，長生果五十元一斤，秤為十六兩。生活比較簡易，所以治安非常良好。……但蚌埠的水很壞，有著大量的沉澱，喝到口裡，鹹澀不堪下嚥，日子住久，喝得習慣了，才比較好。居民的飲水，據說都是從淮河挑來的，挑到家裡自己用明樊澄濾……。」

在蚌埠只能談生活，不能談享受，生活固然是簡易的但沒有什麼娛樂。電影因為電力不夠，所以不能映演，因之也就根本沒有影院的開設。戲院倒有兩三家……有兩家大旅館，一家是維新，一家是東方。東方開設在車站附近，行旅比較便當。維新在二馬路是蚌埠繁華的中心……但維新的光線很暗，人一進去，就好像走到輪船的三等統艙裡一樣，有著一種奇怪的令人欲嘔的氣味。……蚌埠沒有什麼動人的名勝，一座小南山公園（現改為中山公園）便是蚌埠的唯一風景，站在山上可以俯瞰全景。因為不大加以修飾的原故，所以也就像鄉下姑娘一樣，亂頭粗服，幾乎全仗天籟了。還有一個小蚌埠，在淮河北岸，其實這裡不算風景區，因為在鐵道未建設前，蚌埠原以淮河北岸為中心的；之後，

為了地利之便，南岸日趨繁榮，於是北岸才荒涼了。

　　淮河的水流，相當湍急，幾乎每年都有汛濫之災。羅先生就任之後，曾經大事修堤；但因為水流污濁，工程又極浩大，人力財力有限，因此短時期內是不容易建築完成的。沿岸的土地十分鬆軟河舟船很多；有許多漁人都是以船為家，食於斯，臥於斯，小孩子們根本都難得上岸的。蚌埠的居民生活，大都偏於營商，所以也比較富庶。再加為南北交通要道，外埠客人的來來往往，因此造成花市很盛。我在蚌埠，曾經有兩個朋友為滿足我的好奇心而給我叫來幾個蚌埠有名的妓女。在沒有看見她們以前，我便想根據本地人的打扮這姑娘也許是十分鄉曲的。但等到一見，才知道是我猜想錯了，她們竟是非常時髦。即便拿到上海，走在南京路上，也不能算做怎麼太推板，她們的價錢，沒有標準；大概都因人而定。但她們出條子也拿車錢，聽說在上海是沒有這種風氣的。上海的歌、舞、妓女，問她們藉貫十個有九個都說是蘇州人，蚌埠的妓女，也自稱『生在蘇州長在揚州』為多數。

　　東方旅館在大馬路，距離東方旅館不遠，有著幾家茅屋的店鋪。這些店鋪簡陋而晦黯，就像開設在鄉野裡一樣；有賣熟食的，有賣五洋雜貨的；有一家草房，在門框上貼著紅色的紙條，五寸寬的紙條上歪七八搭的寫著『山東飯店』，這自然是一家可以食宿的店。我每次經過這裡，我就不禁想起水滸傳上的孫二娘，想起辛安塞裡的黑店。尤其當傍晚的時候，門口立著三兩穿著個藍色短襖，男人腰裡繫著『束腰』，女人梳著高髻『褲腿』的人時，更使我油然想起無量遼遠的恐怖……」

（筆者注：花市即妓院。）

潘柳黛用平實的文字，銳利的目光，把從上海、南京到蚌埠的情景，即當時社會的亂相，從上車，下車的擁擠，到市容、物價社會的方方面面展示在人們面前，一種淡淡傾訴，一種幽幽的情懷。就今天讀來似有讓你透過時光隧道，再現那八年抗日戰爭中，在日偽踐踏下市民生活淒慘畫面的片斷。當然，她在文章最後不得不為安徽省偽省長羅君強說了幾句應景的話，這是歷史的局限所致。

潘柳黛曾有一次蘇州之行，之後，她應老作家、《海報》主編湯修梅之邀，寫了《「吳苑」風光》、《坐車子的煩惱》、《認錯了蘇州的秋海棠》，三篇遊記，文章發表時湯修梅特為潘柳黛寫了按語，給予她很好的評價。他說：

「潘小姐近嘗為金閶之遊，比歸，承以采芝齋糖果見貽，愚既啖之彌甘，稱謝不遑，複亟請於潘小姐曰：『吾知蘇州風情之出君筆下者，其情味必且視此為勝。乞即速惠，君其毋吝！』則以北國姑娘，初蒞其地，宜必有其另一種的觀感，而由其生花妙筆為之，自更別饒佳趣無疑也。潘小姐聞言，欣然報可。未數日，果即以此文貺我。而才人吐囑。妙緒環生；令人讀罷拊掌，不禁為之稱快。善夫！洵屬極夠味之妙文哉！　修梅　附志。」

· 小報調侃，意在取樂 ·

所謂小報，它是由世人以其「身材」而命名的，它的宗旨和服務對象，是為絕大多數的平民階層提供的一份別樣的精神食糧。它傳遞給平民的資訊，是一種輕鬆的氛圍，它奉獻給平民的是豐富多彩的娛樂性內容，它實實在在地給上海市民一種享受性的價值。所以小報又有銷路非常好的優勢。《中國近代小報史》記載：「潘柳黛擅寫新文藝之情感文字，亦為小型報女作家中之特出人才」。

當年上海小報經常刊登小文章調侃一些名人，潘柳黛亦是其中之一，她既被別人調侃，也調侃別人，甚而調侃自己，幽默風趣，令人嗤笑。

1947年，曾有作家佚名在上海《滬報》以《潘柳黛噱透》為題撰文調侃潘柳黛寫道：

「潘柳黛小姐最近買了一襲春季大衣，物美價廉，式樣也好，為此非常得意。她說：『只花五十萬元，多便宜。那是我的噱頭好，才噱得來的。』她這所謂噱頭，便是盡對那大衣極口贊好，贊得新裝店老闆不勝其『知遇之感』，終於自願『貨賣識家』，依她所還出的半價賣給了她，不過潘小姐雖經噱到一件便宜大衣，而新裝店老闆則噱上加噱，卻噱進現鈔五十萬，做到了一筆好生意！」

1945 年，作家文漁犁在《大上海報》以《女作家給我的感覺》一文言簡意賅地把上海幾位女作家勾劃出來：

「張愛玲似北京紫金城頭的玻璃瓦，有著雍容華貴的氣息，以及飽歷滄桑而細微的傾訴一切的脾氣。蘇青的文章像月經帶，像小孩的尿布，像縫窮婦的破布籃，雖然平凡，然而也夠大眾化的。潘柳黛如蛇的火舌，文章好像寫不完貪婪的欲望。」

一位熟悉她的文友王橘寫了一篇調侃她的短文，題為《潘柳黛的鼻子》，文曰：

「也白先生（筆者注：黃也白力報主編、漫畫家）命我為力報寫稿，正苦於不知寫什麼好，恰巧潘柳黛自滬來京（筆者注：京係指南京），她告訴我：『你就做楊延輝好了』。我不解，經她再度說明：『楊延輝坐宮院自思自嘆，你也不妨將你的身邊瑣事寫出像楊延輝一樣自說自話，就是很合適的稿子。』我對她的話雖是疑信參半，但我又想，如今潘柳黛已經成了海味十足的上海人，大概她的見解距事實必也『八、九不離十』，於是我想試試看。第一天寫什麼呢？柳黛來京，曾『在我身邊』數小時，乾脆就先寫她也好。柳黛和以前不同之點。第一個就是她的鼻子，大概經過美容院的手術，鼻子比以前高了許多，如此一改由正面看去，的確比以前美了許多，這在初識她的上海朋友或者還辨不出來。一經蛇咬之後，（筆者注：其時潘柳黛正在熱戀之中，並以《弄蛇記》一文而轟動）柳黛顯然比以前瘦了一點，易言之，也就是減胖了一點，但穿上一身短裝，倒顯得派頭『新』了不少。

她說此行目的雖作『隨行記者』，一半也是為購置棉被，南京住幾日，轉蚌埠，據說到蚌埠還有十萬元的舊債可以討。……」

潘柳黛在〈風言風語〉專欄中的調侃小文摘幾只如下：她寫道：

「有一家咖啡館老闆請煉師娘吃點心，師娘說：『可惜我非水晶肚皮，否則倒願意給你做廣告，將我今日吃下去的東西，分門別類，展覽一番，眾『望』所歸，必當生意興隆也。』老闆笑謂：『敝店必每日客滿』『拉鐵門』無疑，蓋『老饕』之意，不在點心，有名如煉師娘的肚皮，總是值得一看的」。

「其實咖啡老闆也是一位金石家，展覽師娘之水晶肚皮，固可賺一筆大錢，若再於此水晶上鎪以『金閨國士』之腹』數字，豈不更妙？」

「昨聚於霞飛路卡爾登咖啡館，座上有金閨國士周煉霞夫婦，乃晚蘋公以事先行，居然很放心的樣子，其時座間豆腐人物正多，竟不怕唱『吊金閨』。可見晚蘋公到底在郵局任職，宏量！宏量！

「某夜，五男五女作宵遊，路經鉅鹿路采壽里煉師娘閨前，時某甲忽發奇想，謂何不站在窗下唱一曲『戀歌』。叫幾聲『煉師娘』，若得煉師娘自綠窗探首而出，豈非大有『羅密歐與茱麗葉』之『鑄情』情調乎？」

「若是一路行來五男中忽失一人，豈非『吊金閨』尚未唱成了『桑園寄子』麼？身未在場，心有此想。」

（筆者注：煉師娘為周煉霞，女詞家、畫家、作家，素有『金閨國士、大美女』之稱。）

在潘柳黛語絲中還寫道：

「看《結婚十年》，發現蘇青小姐也是『愛嬌派』。蓋文字裡不時唱起『呀字調』也。」

「鳳三兄曾批評我〈風言風語〉火氣太重，其實『火燒紅蓮寺』，也有『火燒紅蓮寺』的好處。」

「朋友勸我，赴『治事之所』時不妨『有女騎車』，可免每日『勞民傷財』之苦。然而余騎術尚未臻『出神入畫』之境，以愚園路底至報館的距離，怕是一半兒我騎車，一半兒車騎我也。」

「有人看見我名字，總以為我必瘦比黃花的樣子，我說那是因為他只看到柳枝，沒有想到柳樹的原故。」

當然，小報上也有調侃性的讚美潘柳黛的小文，如作家周小平曾以《美的柳黛姐》為題，寫道：

「一個大雪紛飛的晚上，在梅龍鎮酒家，由小洛兄介紹，認識了潘柳黛小姐。在『第一個視線』，我發覺了她的美點，為一般女人所沒有的美麗。那時候我就知道不久之將來，上海灘上，至少是文藝界中，要有一個不平凡的女性來『熱鬧熱鬧』。因為一個具有特殊美點的女人，一定會引起男人們的注意。白玉薇小姐來滬之前，在一個初夏的早晨，我看見柳黛姐（那時我們已經攪得很熟）坐在人力車上，一剎那的會面，覺得她更美麗了，更

嫵媚了。看見一個美麗的女人與鑑賞一幅名貴的圖畫，靈感上同樣的舒適。因此我曾寫在我的筆下。然而後來友人們傳言，鳳三兄在報上說我讚賞柳黛的美麗是『照子過腔』我沒有回答，因為愛美是天性，審美眼光，各人不同，各人有各人的見解。譬如『情人眼裡出西施』等，就是美的見解不同的明證。美是沒有標準的抽象的物體，它不能批分數。因此據幾個吃過紐約自來水與到過巴黎鐵塔的人說，在外國凡是專攻了音樂與圖畫的學校，沒有畢業文憑而只有修業幾年的證明書。因為音樂與圖畫學無止境，即使到發白，還是可以研究下去。也許『美』是有時間性吧？前天在報上見到鳳三兄的文章，說他與柳黛姐在『銀都』消夏，他說花了 1700 金元做過頭髮的柳黛姐『亦頗漂亮』想所謂『漂亮』就是『美麗』吧？鳳三兄總究有審美眼光，『照子』尚未『過腔』。他總究也找到了柳黛姐的美點而站到我這邊來了。」

（筆者注：小洛兄原名陸小洛，報人、作家，後為香港《大成》雜誌主編，曾有一報導中披露，『陸小洛在美國謝世，亦海上同文之一，當年在《羅賓漢報》時代，潘柳黛喜以國語呼之為『溜小溜』者也。）

・舞熱帶蛇，做準新娘・

在一次朋友聚會上，一位高個頭瘦瘦的青年向潘柳黛走了過來，這就是上海聖約翰大學的教授李延齡，他們淡淡地寒暄，但他們彼此都被吸引，之後他們從談《紅樓夢》到論《莎士比亞戲劇》是那麼投機，觀點竟然也一致。這時他們像所有男女青年一樣搭上了愛的帆船，這時潘柳黛發表了一篇散文小說《熱帶蛇》又名《弄蛇記》的妙文，引起了轟動。之中有這樣一段：

「……最近，我被蛇咬了一口，原來十分健壯的，一被蛇咬，便突然變得極其脆弱了。不知自己到底是怎樣一種矛盾的感情，竟會那麼熱烈的喜愛起這條蛇來，雖然有朋友跟我說：『要留心一點，蛇是有毒的』，然而我不聽，我只好對他們笑一笑，因為那樣光潤的蛇婉變的圍繞著我，已經使我迷惑了。是一條具有非常魅力的熱帶蛇呢。當那蛇閃著極亮極亮的眼睛，輕輕的舐我的手背時，我想。我誰的話都不願意聽，我只想怎樣才能使蛇理解我對它的愛撫。明知道蛇是狡滑的，但我已經希望自己成為一個最有能力的舞蛇人，我要用我所有的智慧、耐性，來調理這在別人眼裡看來並不可愛的小動物。我幾乎完全放棄了我的事業，我的交際，我的嗜好以及我自己的許多習慣——因為我愛上了一條蛇。那一天，我給遠在北方的一個朋友寄去一封信，信裡寫到了我的近況，我說：『……最近，我愛上了一條蛇，這蛇說不定也許是有毒的，然而我卻對它有著非常興趣，彷彿什麼都

不顧了,因為蛇所具有的魅力,是超乎在一切動物之上的,等著吧!看我將來做一個第一流的弄蛇人給你看。』……」

這一篇散文小說,把一個初戀人的心態,那種陶醉,那種狂熱,描繪得入木三分。

從此,潘柳黛在上海得了個雅號:「弄蛇的女人」。

不久,一幅文亨先生的《鋼筆與口紅》的漫畫出世,畫筆純熟,線條流暢,形象逼真,畫的是當時活躍在上海文壇的三位女作家,一位是事務繁忙的蘇青,一位是奇裝炫人的張愛玲,一位是弄蛇者潘柳黛。而那幅《鋼筆與口紅》在上海傳開了。至今仍在不少寫張愛玲、蘇青等著作中轉載。

潘柳黛的另一個中篇小說《魅戀》,在上海《力報》連載了 45 天,又引起轟動,正如記者、作家老鳳(朱鳳蔚)在他的《闔第光臨》一文中,提及:「本報自也白兄,三山五嶽,各路英雄英雌,大家應召而來,各顯神通,真是名作如林,精采百出,聲勢之盛,無以復加,也白兄拉角手段,高人十倍,足以自豪。王小逸兄之『關關新語』,恢復從前『鶯和散輯』筆法……潘柳黛

文亨先生筆下的上海文壇女作家。

小妹子之《魅戀》為 1944 年新派女作家中之標準小說，至少可並蘇（青）張（愛玲）鼎足而三。……最不容易者，為吾家『闔第光臨』於力舞台，老朽當然是搖旗吶喊一名班底，不過大妹子周煉霞，小妹子一潘柳黛，嬌女白玉薇三位都赫赫有名的大角，今悉被也白兒羅致，這面子真是十足加一……」

潘柳黛的中篇小說《魅戀》，問世，開始的一段她寫道：

「這樣的戀愛，的確好像有一點是不正常的。這戀愛的成分複雜而漫無頭緒，兩個人都彷彿有些厭倦了，都似乎存下了離棄對方的打算，但一個個微小的回憶，又將他們聯繫在一塊兒，就像是雨天落下的一個個雨點，雨點打在水裡變成了一個漣漪暈散著，圓大而周正，他們不知不覺的又被圈在這圈子裡，這圈子的範圍狹小而親切，於是他們又好了，像做夢似的，忘了厭倦對方與離棄對方的打算，兩個人像孩子一樣的哭著，淚珠混在一起，被他們心上的絲絡穿起來了，就這樣他們又熱烈的生活在一起，像沒有發生過任何事情一樣，像對於多少年前的大雷雨的印象一樣，那印象模糊而久遠，令人彷彿記得很清楚，又彷彿記不大清楚了。而這每次的離合，便成為他們後來的那些微小的回憶。那些微小的回憶對於他們有著形容不出的力量，那力量在他們的血素裡發展著他無盡的魅惑，因此雖說這戀愛好像有一點不正常，但這戀愛卻一直還在繼續著。……」

潘柳黛是新文藝體的女作家，「注於情的揮灑」，同樣把一個少女在熱戀中的平實、自然的心態，寫得入微貼切。

上世紀四十年代大多數女子被擱置在相夫教子的位子上，而踏進社會獨立謀生的女性並不太多。潘柳黛作為記者、作家，竄進了上流社會，實在是當時婦女中的時尚者、佼佼者，也自然吸引眾多男士的仰慕目光，對這個能執筆桿的小女人懷有好感，向她獻殷勤的人不在少數，有官場人物、有記者、有畫家，也有銀行家，用她自己的話說：「整天淌在愛河之中。」其實她並不算最漂亮，矮矮胖胖的身材，窈黑的皮膚，但她有一對明亮且會說話眸子，和一種獨特的文人氣質，顯露了她的另一種魅力，也就自然地列入了美女行列。

　　潘柳黛在眾多追求中，選擇了時任上海聖約翰大學的教授李延齡，這是一位身材修長的也不算頂俊美的男子，她自己也說不清，為什麼會選擇他做自己的白馬王子，其實潘柳黛是愛慕他才華的，李延齡雖是物理專業，但他的文學造詣頗深，酷愛文學，

上海漫畫家筆下的「熱帶蛇」李延齡教授。

舞熱帶蛇，做準新娘

雖然不多講話，但他言出幽默、動人，李延齡溫柔多情體貼入微，但不瑣碎，他的甜言蜜語也讓你不覺得庸俗且含睿智，在公眾場合中從不把目光投向別的女人。年紀輕輕已是大學教授了，儘管那個年頭既便是大學教授也屬清貧階層，有個共同綽號叫「窮教授」。

潘柳黛選擇了一個窮教授，這和歷代世俗女子尋覓有權有勢之郎君作為終身寄託的美滿的婚姻觀，是完全背道而馳的。在潘柳黛看來，那些企盼依靠男人的光環來點綴自己女人是庸俗的，是對自己人格的污辱，她是要做一個新的女性，她希望自己是和男人一樣得到社會的認可，彼此尊重，經濟獨立，而不是依附男子的小鳥依人，她認為人是感情動物，真正愛情是不以金錢為選擇的，她要做一個真正男女平等的人。當時潘柳黛確信自己的選擇，相信自己像一隻漂泊多年小舟，終於找到了一個可靠的港灣，她憧景著美好的未來。正如她曾說過：「我像一頭被訓服了的獅子跟著他的獵人一樣，我對他忠心和熱愛。」她浸沉在愛河中。

按當時風俗潘柳黛和李延齡教授於 1944 年 7 月 2 日，在新都飯店萬象廳舉行訂婚儀式。有芷香一文《柳黛訂婚記》，較詳細地再現了當年的情景，他寫道：

「潘柳黛小姐與『熱帶蛇』李延齡君之戀愛，已歷年餘。兩人有時打得火熱，有時吵架動武；以致柳黛有啼笑皆非之慨。秋齋一宴，海報三老，一致向柳黛建議：（1）速與訂婚，並於短期內結婚。（2）如不可能，唯有一刀兩斷，效法漢高祖斬蛇，與

之斷絕關係。柳黛納三老言，旋與交涉訂婚，獲得成功。二日午，柳黛在引鳳樓參加玉薇寄名典禮典時，襟亞兄提出；『不如乘萬象廳盛大茶會閉幕前，即舉訂婚典禮。』柳黛同意，即往找延齡。傍晚，李、潘偕臨萬象廳，護送人為傅彥長，林微音，隨用閃電方式，舉行訂婚典禮。介紹人為平襟亞兄，及約翰大學趙教務長修鴻，不佞被舉為證明人。訂婚證書宣讀簽字後，交換飾物，證明人、介紹人、來賓代表王效文兄致詞後，李、潘各有簡報告。玉薇小姐口沒遮攔，竟說：『李延齡與玉堂春裡沈延齡同名，希望他不要使熱帶蛇變為寒帶菜。』妙語解頤，滿座哄堂。柳黛的戀愛是成功了，訂婚了！這裡，我敢以證明人資格，向李、潘進一言：『婚姻大事，非同兒戲，一經訂婚，法律上即成立未婚夫婦名義，希望愛情專一，始終不渝。並希望及早結婚，完成大事。」

又有文友半老書生寫《賀潘柳黛訂婚》一文：

「潘女士與李延齡君訂婚於新都萬象廳，本事已詳前報，郵贈兩詩志喜。

喜心翻倒航空母，神秘公開熱帶蛇：吉日良辰雙喝彩，玉薇此日叫乾爺。

春回萬象滿新都，捉住吳靈蛇握珠；恭喜有情成眷屬，從今猥放別須臾」。

潘柳黛訂婚的喜訊由小報傳開，她滿懷喜悅地做了準新娘。

・結婚大喜，轟動滬上・

從訂婚到結婚是任何一個男人和一個女人感情生活的昇華，也是美麗人生的重要驛站，潘柳黛與李延齡自然也不例外。

1944年12月在《力報》刊出《潘柳黛結婚期》的調侃短文，這是出於作家老鳳手筆。文曰：「小妹子潘柳黛小姐，……，複由南京到蚌埠，前後差不多一個月，才回到上海，累得熱帶蛇盼翹得頭頸長似絲瓜，秋水欲穿。柳黛回到上海，突然宣佈，最近期內，將與熱帶蛇舉行結婚典禮。四姊妹咖啡館邀宴之夕，我遇柳黛，詢其結婚確訊，她完全承認，我問她：『到底日期幾時？』她說：『不是今年年底，即在明年新年初頭！』……柳黛是喜歡熱鬧的，我們這一群，吃起她的喜酒來，是准夠大大地鬧她一場，她才快活。」

老鳳即朱鳳蔚係報人、作家，他的小文進一步證實了他與潘柳黛的友誼。

1945年1月10日上海《力報》首先以醒目黑體字標題寫著：《柳黛今日作新娘》，又在內容提要上寫道：「名記者兼女作家潘柳黛小姐，與熱帶蛇延齡先生，定今日下午三時於新都飯店舉行婚禮，你看她滿面春風，一團喜氣，笑得都闔不攏來。弄蛇好手畢竟不凡！」並刊登了潘柳黛半身照片一張。

在上海最繁華的南京路上，有全國聞名的四大公司，它們是先施、永安、新新、大新。新新公司位於先施公司之東，在浙江

路、貴州路之間，樓上就是著名的上海新都飯店。

這一天在新都飯店六樓的大廳裡，張燈結綵，滿廳賓客，音樂聲伴隨笑聲更顯得一派喜氣洋洋，這正是潘柳黛與李延齡在舉行隆重的婚禮。曾有副標題：《細柳畫黛眉、遐齡傳絳帳》，正題為《潘柳黛弄蛇典禮、展開在新

潘柳黛在上海時的婚訊報導。

潘柳黛婚慶報導之一。

都樓頭》，據記者路德曼報導，其「結婚證書：第一行寫有李延齡，係江西省盧陵縣人，年二十八歲。年、月、日生。第二行寫有潘柳黛，係河北省北平縣人，年二十五歲。年、月、日生。另一行寫：今由平襟亞、趙修鴻先生介紹，謹詹於中華民國三十四年一月十日下午三時，在上海新都飯店舉行

潘柳黛婚慶報導之二。

結婚儀式，恭請羅君強先生證婚，陰陽而演八卦，夫婦始肇五倫，天地氤氳，萬物化育，男女好合，九族基成，榴原多子，草亦宜男，既種三世姻緣，應結百年眷屬，此證。」

接著文章子題寫道：

「『幽鳥相逐盡得風流』，一式二紙紅綢金緞的結婚證書，笑顏相逐的展開著，背後是個雙喜字。雙幅綢幛，右面是『才子佳人』左面是『君子好逑』。喜案前紅燭高燒，中間是顧碩送的『佳人才子』銀盾一座，有對東西分開，上句『細柳畫黛眉，百年偕老稱鴻案』下句『遐齡傳絳帳，一代文章屬大家。』那是柳雨生、姜賜蓉的祝詞。新都飯店經理李澤也贈喜對一副，勤孟撰句，上句『奇花初胎，若其天放。』下句『幽鳥相逐，盡得風流。』花籃百餘隻，來賓百餘人，李、潘婚典，真可謂『熱烈浩

大』之至。

　　文友大批出動，門口設簽到處，香涵小姐其事，帳房間權充送禮處，鳳三、葦窗、章程共司其職，招待『滿天飛』有徐晚蘋、周煉霞夫婦，林微音，江棟良等，正付總幹事：湯修梅黃也白，忙得無錫人打話『團團轉』。……三點正，婚典還遲遲未曾啟幕，大家都引長了頸項等待，新郎李延齡、新娘潘柳黛，躲在七樓萬象廳的秘室內更衣，據『內線』歐陽飛鶯（電影演員）出來的秘密說：『新娘問新郎，你先出去還是我先登場？新郎告訴新娘，我們可以挽手同行。』臨時把『中旅』演員湯琦拉來任司儀。節目未開始前，由新都飯店周副主任義務報告，黎鶯、朗音、麗蓉三大歌星先獻『不變的心』丹琪再唱『喜臨門』，那算是婚禮的前奏曲了。

　　非常別致，此番婚典，並無男女儐相。司儀『新郎新娘入席！』場子裡掌聲雷動，但只見穿上青西裝的那條『熱帶蛇』急匆匆奔了出來，『三步改作二步行』，而柳黛呢，也是喜氣洋洋的由湯修梅、何章等保駕登場；普通的新娘子總要的裝小腳，柳黛卻豪爽得很，站

潘柳黛曾在上海華懋飯店舉行婚禮，圖為飯店外景。

到她的崗位上，粉絹兒掩住那紅咀唇，禁不住的笑。有人說：『那莫非是 1945 年的新紡棉花。』（深受群眾喜愛的京劇名。）

證婚人在南京，由金雄白代表證婚，他在『證』過『婚』以後，發表談話及感想道：『我記得去年曾同羅君強先生了談起關於潘小姐的婚姻大事，羅先生告訴我，潘小姐喜歡『熱帶蛇』是因為李先生一下子可以看四五個鐘頭點書本的耐性子，於是羅先生覺得很奇怪，其實這是潘小姐之所以離不開『熱帶蛇』的要點了。

王效文（律師）也是一個風趣人物，請他說幾句，他看一看新郎新娘，就得出一個哲理，他說：『人說李先生太長太瘦太溫柔，而柳黛是太胖太矮太豪爽了，怎麼好相配呢？我卻說非是，他們是相共不同個性的好奇，便有了一種非常正確的愛慕，至於生理方面的尺寸問題，恕我不是醫學家，不敢瞎七八搭了。』

女畫家周煉霞，也給人推上台去，她的演說恣態，讓我們想起『甜姐兒』黃宗英，也是京片子，她說到『李先生太長，柳黛太矮，他們共同養出來的小國民，一定是不長不短不瘦不肥，最合乎標準尺寸的。』停了一下，又笑笑：『說起來，柳黛要叫聲我阿姐，如今我又多了個妹夫了！』──多麼豔麗的笑，她是今天女賓中最突出最引人注目的一朵花。

婚禮完畢，穆一龍，康正平，秦泰來，孫文傑四位攝影家的『鏡頭』開始活躍，柳黛拍照時，雙腳攪花，還是禁不住的笑，那條『熱帶蛇』的新郎，卻裝得一本正經，蛇頭伸得長長的。

餘興節目，上海木偶劇社表演的文藝史劇『長生殿』，精彩

萬分。王淵的草裙舞，引人入勝。還有歐陽飛鶯代表新郎唱『我愛你』，梁萍代表新娘唱『阿呀呀』，由二位著名歌手唱來，自是不同凡響。六點正，婚禮節目完畢⋯⋯。」

上海《力報》前一日刊出《女作家潘柳黛今日與「熱帶蛇」結婚》文曰：

「女作家潘柳黛，與號稱『熱帶蛇』的名教授李延齡，締結良緣，今日下午三時正在新都飯店六樓，展開隆重典禮。據記者探悉，此次典禮，節目繁多，茲開一筆詳細清單如下：（1）證婚人：羅君強。（2）介紹人：趙修鴻、平秋翁。（3）木偶劇團奉送全部《鐵扇公主》堂會。（4）白光、龔秋霞、劉琦、張帆、陳娟絹、梁萍等集體歌唱，祝賀一對新人。（5）王淵表演精彩舞蹈。（6）吳承達特煩國術家鄧國慶頂碗（成雙）拋球（喜球），顯出渾身解數。（7）新都飯店李總經理、潘副經理特親自率領全體職員，義務招待。（8）文學家周越然代表來賓致詞，並演講性知識。（9）文藝界同人 16 名，擔任招待。（10）六位攝影記者出動，並攝製新聞片，即晚在新都萬象廳放映。

此次潘、李大典，有貴重禮物三件，一張是陳友仁夫人張荔英女士的油畫，一件是李青萍女士的油畫，另一件是周煉霞女士的立軸。六點正大典告成，文藝界十二名大將護送新娘、新郎登車，送入洞房。」

上海《海報》又刊出《佳賓雲集 柳黛結婚志盛》文曰：

「這是文藝界中一件喜事！也是比較熱鬧，豪華的盛舉……。因為柳黛是一位新文藝作家及名女記者，交際方面當然高人一等，而我們在來賓中可以見到許多任何人所熟悉的名人，如作家方面，男的有包天笑、周越然……女的有蘇青、關露……律師有王效文、印廷華……而大名鼎鼎的女畫家周煉霞、吳青霞……還有交際博士黃警頑及張善琨……報界同仁，更是全部出動，而且是他們婚禮委員會的中堅幹事人員。有了這許多大名鼎鼎的人物，再加上許多著名的藝人客串娛興節目，熱鬧的情景是可以料想得到的了。無怪「新都」臨時來了許多為他們婚禮而來的客人，在簽名薄上，竟有署名『海報讀者』的。

在音樂中，新郎新娘自己大步的踏上禮堂，掌聲代替了音樂，一長一矮，一瘦一胖，柳黛是異常嬌艷，而『熱帶蛇』也風度翩翩『郎才女貌』，誰說不宜？

羅君強先生不能親來上海證婚，由金雄白先生代理，在演詞中，說他們的『風流韻事』太多了，真的，人們在報上早已看到，無怪一對新人俯首含笑無語，來賓演說都很風趣，張德欽、王效文、柳雨生、王雪塵……每人都有妙語，而壓軸戲周煉霞以京片子演說，聲容並茂，的確是多才多藝！

餘興節目：王淵在大冷天而犧牲色相，草裙舞，飄帶舞……跳得賓客連茶點也忘了吃，歐陽飛鶯、梁萍客串歌唱，一個是代新郎唱『我愛你』，一個是代表新娘唱『啊喲喲……』。

上海木偶劇社也參於表演，有兩個節目，『山誓海盟』、『地老天荒』，都是祝頌他們永遠的恩愛與幸福」。

《海報》同時刊登參加者的短文，如阿毛弟以《吃柳黛的茶點》為題，則從另一側面反映了婚典的實惠情況。此君說：

「潘柳黛女士與李延齡先生之婚，吾親往恭賀，因時值非常，一切從簡，向之有酒有肴者，今亦改為有茶有點矣。向之稱『吃喜酒』者，今則可改為『吃茶點』，亦時髦口號也。新都之茶點至豐美，共計六道。第一道是油汆麵食，第二道為甜味小點心，繼為饅首及叉燒包各一盆，再為馬拉糕一盆，殿以面一碗，前者皆以每桌十人計算，每盆十件，人各一枚，公平交易，面則大家以小碗盛了吃，茶則人各一盅。相當實惠。

新娘未著禮服，以便裝姿態演出，新郎亦然，男儐相女儐相、牽紗童男女皆豁免，……

金雄白、張德欽、王效文、柳雨生諸先生之演說詞，妙語解頤，……煉師娘亦加入來賓演說，措詞既佳，吐字又屬正腔，聞者鹹大鼓掌，不意金閨閣士在詩書畫三絕之外，尚有此演說天才也。

平襟亞平日好說笑，是日「介紹人致詞」時，竟由他人庖代，秋翁雖五十二歲之老翁，而其皮甚薄，猶老不出來。……王雪塵演說，頗多警句。……」

上海著名的舞蹈家王淵在婚宴上跳了三個舞（古典華爾滋舞、飄帶舞、草裙舞），王淵不僅是舞蹈家也是作家，她常在上海《語林》發表文章。她的一篇《柳黛小姐叫我表演》為潘柳黛隆重婚禮又作了補充，文中寫道：

「……上星期柳黛小姐忽然找我去給她幫忙，在十號那天隨意表演幾個節目。朋友中我最愛柳黛的活潑、豪爽，她叫我幫忙，當然興高采烈的開箱子，拿衣服，在先生那兒請了半天假，專程去給新娘子幫忙。……第三是草裙舞，音樂用『可愛的HULA手』，草裙舞的表情全在一雙手，裙子的波紋永遠不變，好像在寫橫的8字，要緊的是要手軟，到第三個舞時我早已凍僵了，更談不到軟，還好，在場的全是朋友，大家全在幫新娘熱鬧，我想沒有人會怪我跳得不好的。

最高興是遇到許多我仰慕的大文人，每一個人全笑容滿面，可惜沒有見到張愛玲小姐。蘇青女士很美，有點像丹尼，頭上帶著白帽子，笑起來怪甜的，平常我幻想中老把陳蝶衣先生當作一個怪老頭子，其實他不但不怪，而且很年輕，這才使我覺得很奇怪呢！……還希望新娘新郎早日送我一兩個紅蛋吃。」

一場轟轟烈烈的婚禮，給潘柳黛帶來無比的歡樂，甜蜜，帶著眾多名人的祝福，她同所有女人一樣珍惜婚姻超過自己的生命。

‧ 婚禮貴賓，友情綿綿 ‧

　　一場別開生面且又熱烈隆重的婚禮，有那麼多知名人士贈送的銀盾、詩詞、油畫、印章等。參加婚禮的著名人士，大多已經作古，但他們與潘柳黛的綿綿情誼，長留佳話。

　　潘柳黛的結婚介紹人平襟亞，筆名網珠生、秋翁等，齋號襟霞閣。江蘇常熟人，家貧，讀私塾數年，聰慧好學，後赴上海賣文謀生，常在《時事新報》及《七襄》雜誌發表雜文。並與大文人鄭逸梅等相識後成好友。同時平襟亞奔走於老名士廉南湖門下，廉南湖正是當年上海興起的股票市場的一家交易所董事，初到上海的平襟亞炒股發了大財，從而使他住進洋房，坐上汽車。但他不沉迷股票，仍喜筆耕，他收集了許多有關訟訴不公案例，完成他的刀筆訴狀文章，刊登於周瘦鵑主編的《禮拜六》週刊，連續刊出，頗受歡迎，偶而停一期兩期，即有讀者來信詢問，請繼續刊登，可見群眾的喜愛。平襟亞將文匯篇成書，這是他自費出的第一本書《刀筆菁華》，上市後一銷而空，《報人外史》說：「《刀筆菁華》一書，正續兩集，民九輯以來，每年二三版總計二十年來，銷數別說《啼笑因緣》望塵無及，且已造成海上出版界高紀錄。」

　　平襟亞創辦了共和書局，又創辦了小報《開心報》，在該報上刊載了一篇女作家生活瑣事，被女作家呂碧城看到，認為是對她的莫大污辱，以毀壞名譽而告上法庭。平襟亞逃至蘇州改名了

沈亞公，躲在家中，動筆寫成長篇社會小說《人海潮》。關於呂碧城訴訟案，有兩種說法，一為呂赴歐美，而作罷，一說後經友人調解雙方和解。平襟亞回到上海，辦起書店。接著他的《人海潮》、《中國惡訟師》、《百大秘密》等書出版。由於業務擴大，他將書店改為中央書局。

上海淪陷時，平襟亞的中央書局遭到查抄，因出版抗日書籍，他被捕入獄。他的《敵憲兵隊二十八天》一文中記錄了這段經歷。

平襟亞好學，中年入上海法學院讀書獲法學士學位，開業律師，因此他又成了上海聞名的大律師。又創辦《萬象》雜誌，他在《鐵報》、《海報》等報均有專欄，其文均為信手揀來，卻件件精品。也是敢於吐露真話的文人。如當年胡蘭成正炒熱張愛玲具有「貴族血液」時，《光化》雜誌披露張愛玲曾給《萬象》雜誌老闆平襟亞一封信，張愛玲說：「如果有益於我的書銷路的話，我可從把曾孟樸的《孽海花》裡有我的祖父與祖母的歷史，告訴讀者們，讓讀者和一般寫小報的人代我義務宣傳──我的家庭是帶『ＸＸ』氣氛的，……」平襟亞看到張愛玲信後諷刺道：「她只要書能多銷，她只要賺錢，什麼……祖父，祖母的歷史『香』『臭』，任人宣揚都不計較。那我為什麼要做她的義務宣傳員呢？任說……『流貴族血』，在她認為有『相當效果』的一回事。」

「抗戰勝利後，平襟亞把他威海衛路樓下一間房，讓給郭沫若、袁雪芬等作為開會之用，他和郭沫若、許廣平、田漢、洪

深、安娥、嚴獨鶴、朱鳳蔚等進步人士接近並合影，因而曾被國民黨當局覺察，受了許多麻煩。」解放後任上海文史館顧問，文革浩劫亦受波及。

平襟亞是在著作、出版、報紙、金融、法律等方面都是有建樹的人，享年逾八十。

平襟亞和潘柳黛是要好的朋友，潘柳黛在《海報》「風言風語」語絲中寫道：「與秋翁昆仲伉儷小坐杜美花園，名歌手梁萍小姐客串『啊呀呀』及『王昭君』二曲，歌時鴉雀無聲，歌畢掌聲雷動。」一篇語絲證實了她和證婚人平襟亞夫婦是常有往來朋友之一。

若干年後，在潘柳黛墨爾本 BOX HILL 的家中，來玩的朋友正在看台灣的《皇冠》雜誌，扯到發行人平鑫濤是平襟亞侄子時，潘柳黛她曾講了平襟亞的一個笑話，說的是當年平襟亞怕老婆的故事：她說：「平襟亞有個相好安排的住處只有我們幾個好朋友知道，一天，他陪這位新歡遊杭州幾天，回家打開門鎖，發現屋內滿房紅木家俱等物品全搬了一空，他是聰明人，知道小偷沒有那大膽，也不必報警，他明白這是他老婆幹的，因為她老婆歷來提防他有豔遇，終於探聽了這個住所，後來他只好乖乖將新歡打發了。」

親密好友周煉霞，又名周紫宜，有「金閨國士」之稱，江西省吉安縣人，1909 年出生，從小隨父到上海，後拜吳興畫家學畫又同朱孝臧學詞，又隨蔣梅笙（蔣碧薇之父）學詩，有女詩詞

家、畫家之美譽。

「周煉霞曾與陸小曼一道去觀看『藝海回瀾社』舉行的張大千的扇面畫展。」1952 年，周煉霞在上海博物館擔任短期工作，適逢另一位女畫家江南蘋也在博物館任職，周煉霞寫打油詩調侃曰：「你是長工我短工，短長同在一樓中。」，幽默風趣。周煉霞是上海中國國院畫師，中國美術家協會會員，上海分會會員，曾與翟蛻園合著《學設淺說》。1980 年她移民美國加州洛杉磯，與分別三十三年的丈夫徐晚蘋團聚，2000 年在美逝世，享壽九十一個春秋。

當年周煉霞與潘柳黛交往甚密，潘柳黛多次在散文中調侃其夫婦。如 1944 年她在《海報》的〈風言風語〉專欄中寫道：

「天要下雨，娘要嫁人，晚蘋公哭著喊著要穿制服——都是沒有法子的事。」

（筆者注：晚蘋時任郵政局高職，喜穿郵政制服出入社交場合，而不願穿西服，周有意見也無奈何）。

「某夜，五男五女作宵遊，路經鉅鹿路采壽里煉師娘閨前，時某甲忽發奇想，謂何不站在窗下唱一曲『戀歌』。叫幾聲『煉師娘』，若得煉師娘自綠窗探首而出，豈非大有『羅密歐與茱麗葉』之『鑄情』情調乎溚歟盛哉！奇人奇思。此一鏡頭，殆標準洋場才子『吊金閨』也。若是一路行來五男中忽失一人，豈非『吊金閨』尚未唱成，反先唱了『桑園寄子』麼？——身未在場，心有此想。」

周煉霞在當時的文壇畫苑中，屬公認的大美女，故朋友喜歡開她的玩笑。

潘柳黛還有一位出生北京的同鄉，一位學問高深的文友柳雨生，又名柳存仁，當年也是上海各小報的知名作家，曾在香港任職，後轉任澳大利亞國立大學教授，澳大利亞人文科學院院士。長期致力於道教史、明清小

柳存仁（柳雨生）──贈送潘柳黛婚慶對聯。後為澳大利亞國立大學教授，已退休。

說及中國古籍研究。著有《佛道教影響中國小說考》（英文）《倫敦圖書館的大眾小說》（英文）《外國的月亮》等。

已退休多年，現已是一位九十多高齡的著名的澳藉華裔學者，居住坎培拉。筆者曾對柳教授進行電話採訪，他因年事已高，話音低沉，對當年上海老朋友潘柳黛仍有一點印象，他說：「當年我和夫人曾參加過潘的婚禮，」當筆者問他送潘柳黛對聯事，他說記不清了，但他又說：「幾年前見報紙刊登的訃告，方曉得她也在澳洲。」柳教授於 2007 年給筆者夫婦寄來簽了名的《道教與道術》及《外國的月亮》兩本著作。

潘柳黛舉行婚禮時，前來祝賀的朋友中年齡最高的要數當

時六十九歲的著名小說家包天笑，他 1876 年出生於蘇州，曾中秀才，後是『南社』前輩，他辦刊物，培養小說家，著作等身，享有通俗文學大師之榮譽，倍受尊崇。1946 年移居香港，1973 年在香港法國醫院去世，享年九十八歲。

小說大家包天笑，婚禮見證人之一。

　　由於潘柳黛喜愛繪畫，自然會交了不少繪畫界朋友，女畫家吳青霞即是其中之一，她曾贈送潘柳黛、李延齡喜慶畫一幅，在婚典上吸引了眾人眼球。吳青霞原名德舒，號龍城女史，1910 年生於江蘇常州。自幼習畫，十二歲即參加當地書畫展，1936 年她的作品即在加拿大展出獲榮譽獎，1956 年其作品入選在芬蘭舉行的「世界女子畫展」，1984 年她的作品又入展巴黎「法國國家秋季沙龍」。其傳略已被收入英國的《藝壇名人錄》和《世界著名婦女傳記集》。現為美術家協會上海分會理事，上海師範大學藝術系教授，義大利歐洲學院院士，上海畫院畫師。出版有《吳青霞畫集》等。

　　參加婚禮的上海名流，還有一位集編導、製片於一身、著名電影製片商張善琨，1907 年生於浙江吳興縣南潯鎮。從 1935 年

在上海創辦新華影業公司起，到 1952 年在香港恢復「新華」影業公司。由張善琨主持拍攝的影片達六百部之多。有上海灘電影大王之稱。

張善琨是潘柳黛交往最多的朋友之一，並且是後來電影事業的合作者。潘柳黛曾在她的《婦人之言》一書中，記敘了在上海時張善琨曾給她說過一個故事，「張善琨說：某人自殺，臨死前留遺囑與其家人外，並分致遺書與其摯友，書內且附詩一首留念。潘問：此人是做什麼事的？曰：軍人。潘說：怪不得，如果是寫稿家，我敢擔保他一定連一個字也不肯寫的。」

1946 年 5 月，張善琨、童月娟夫婦到達香港，1948 年與李祖永合作創立「永華」影業公司之後又創「長城」「遠東」，潘柳黛到香港後，由她編劇的《歌女紅菱艷》電影，即由張善琨的遠東影業製片廠製片。張善琨之後在香港重創他在上海時的「新華」影業公司，了卻了心願。1956 年 7 月，因拍片勞累而客死於日本，年僅五十歲。

還有潘柳黛在南京《京報》相識的南京《中報》作家傅彥長等均參加了她的婚禮。

‧ 新婚燕爾，抒文自樂 ‧

　　帶著眾人的祝福，潘柳黛像普通女人一樣浸沉在愛河裡，也像普通女人一樣傾注心血深愛著她的夫君，雖然他只是個「窮教授」，但她更欣賞的是他擁有出眾的才華。她很滿足，因為世上那有理工科教授又精通《紅樓夢》、《莎士比亞》的？她驕傲地在心底對別人說，沒有，沒有，只有她的夫君李延齡，她認為這是他最好的光環，他在她心目中是全才，是天底下最好的丈夫，她為擁有他而自豪。小家安排在威海衛路成都路口。

　　《語林》雜誌向她約稿，她便寫了一篇《我結婚了》，不過她不是炫耀她那盛大的婚禮，而是寫她對婚姻獨特的看法，她寫道：

　　「原本性行為和結婚完全是兩件事，然而說來是非常滑稽可笑的，有了一次結婚儀式的舉行，便等於告訴人家說：『今晚我們可以名正言順天不怕地不怕地在一起睡覺了。』別人家也想：『對了，今晚兩個人要在一起睡覺了。』我有一個患性神經衰弱症的朋友，每天他看見報上的結婚啟事，他都要慨乎其言地說：『啊！這世界明早又少了一個處女！』從前我是一直鄙視婚姻制度的，尤其對於那一幕無聊的結婚儀式，因為婚姻關係也就是性關係。性關係只是甲與乙間的事，正用不著那樣大張旗鼓的招搖。如果偏要說婚姻關係是社會制度裡的一個節目，男女所以要結婚，完全是為了人種延續傳宗接代才舉行的，否則人類只死而

不生，豈不就要死絕了麼的話，這才真是自欺欺人之談。我倒不相信哪一對夫婦在他們同房的時候，是想到這個大責任的。古人說：『不孝有三，無後為大』，聽起來是好聽了，其實也不過男性中心社會裡男人想要多跟幾個女人發生性關係的藉口，不見現在科學界醫界所發明的避孕法以及打胎術，他們又何嘗想到『無後為大』，想到非要一個坑裡撒一粒種子呢？從前我也曾經這樣想過：男女發生一次性關係，大概就要有一個小孩子吧！那麼張家伯母有十個女兒，她就和張家伯伯有過十次性行為了；李家嫂嫂結婚才五年，卻已經有了三個弟弟，想必她也有過三次性行為了吧！到後來我才知道我自己性知識的淺薄可憐。蘇青在她的一篇文章裡說（大概如此），男人與女人每天在忙著造人，最快的也不過一年才造成功一個，那其餘的多少次，豈不是都白費了麼？結婚本身並不重要，不過僅為了維繫他們之間的關係，才有這一種儀式而已。如果沒有這一種儀式，那麼眾口悠悠，便作為『通姦論』了。『通姦』這一名詞在當事人的腦海裡是並沒有什麼地位的，否則的話，那些做了四、五個孩子的母親，三、四十歲的老婦人，也不會背著丈夫去偷偷地再去和別人發生性關係了。結婚是結給外人看的，結婚的目的不在性行為，只在一種關係上；這種關係便是眾口悠悠的評論和雙方的一種獨占欲罷了。前面說過從前我是一直卑視婚姻制度和那一幕無聊的結婚儀式的，但如今我卻也屈服了。我結婚了。因為想到眾及悠悠的評論和獨占欲的滿足，那麼婚姻制度的存在與結婚儀式的舉行，即使在今日的社會裡，對於女人也究竟還算是照應著的啊！」

接著《語林》雜誌又向潘柳黛約稿，於是她又寫了散文兩則《雨》和《酒》，雜誌的編者，為此寫了一個公正而有趣的按語：

「柳黛女士的小品文，旖旎可誦，在蘇、張之外另闢蹊徑；新婚以後，曾為本刊寫《我結婚了》一文，讀之可見女士對婚姻的態度。女士婚後生活如何？外間不得而知，有之僅是不相干的傳言而已。茲向女士索得短文二章，確係婚後所寫，女士琴瑟之好如何？此處便是答案了。值得推薦的兩文短語意長的作風，令人有有餘不盡之感。《洞房私語》為同仁所妄擬，請作者原諒。」

她的《雨》是這樣寫的：

「外面在下著雨，這還是今年第一次的雨，你坐在我旁邊向我絮絮地說著帶有幾分酒意的醉話，我看著窗外房檐上一滴一滴地滴著的雨點。

你將沙發靠近了我，一粒瓜子殼唾在了我的腿上，我以為你在嫌我不注意於你的說話了，故意這樣做的，但你卻輕輕地為我撿下，去丟在桌上的盤子裡，且向我輕輕地說了一聲『對不起』。

其實我還是明白的，明白你並不完全出於無意，因為雖是你咀裡在掩飾著，在向我道歉著，但你眼睛神色卻已經告訴了我。

於是我問你：『要不要讓我給你煮一點咖啡吃？』你說：『不，過一會兒再說吧！我們今天拿紅茶改成咖啡。』於是我為你剝了幾粒瓜子。我將瓜子肉遞在你手裡，你向我笑了一笑，一粒一粒的吃掉了。」

又一篇題為《酒》她寫道：

「已經答應過我，說是從此不再吃酒了，但偏偏在今天你又吃醉了酒。醫生囑咐過你，同時也跟我說過，你患有心臟病，不可以做激烈運動，也不可以吃刺激食品，許多常人能為的你不可以，但你偏不肯聽話。

每當你吃醉了酒，都要有三五天的不舒適，你總好像借著酒力設法在折磨著你近邊的人，你會說出許多半真半假的使人聽了不高興的話，我因為在你酒醉，總不想多跟你計較，然而口頭上雖然讓你幾句，在心裡卻總是鬱結著的。

平常你吃醉了酒，瞼上都是煞白煞白的，眼睛閉得很緊，使我看起來害怕，這些在你酒醒以後，我都跟你說過的，你當時答應我得很好，但一到吃起酒來，你卻又不記得了。

雖是你不常有吃酒的情形，但我看見你酒醉已經不止三次了吧？」

潘柳黛的這兩則小品文，向一切關心她的人們展示了婚後不悅之情。婚後他們的小家，也常有各方名流光臨，潘柳黛一向好客，一次她請客人吃烤鴨，她風趣的寫了一篇《怪鴨》：

「老萬在我家吃蔥烤鴨，揀一箸給鍾情曰：『這是鴨腿，我替主人敬你的。然後再揀一箸給易文。夫人曰：這是鴨腿，我替主人敬你的。然後再揀一箸給上官這也是鴨腿，我替主人敬你的。然後又揀一箸給我曰：這一隻鴨腿，我代表客人敬給潘姐的。剛要再揀再說，柳黛曰：此不過一隻普通鴨子而已，又不是

怪鴨，那兒來這麼多腿？」

她的調侃把客人逗樂了。

（筆者注：鍾情為著名影星；易文原名楊彥歧，報人，作家，是李延齡聖約翰大學同學，後在香港與潘柳黛同為邵氏電影公司編劇；上官為影星上官菁華。）

．苦澀婚變，喜得愛女．

　　潘柳黛是個大大咧咧的人，有朋友告訴她，說她所深愛的李延齡曾和另一女人有一段戀情，潘柳黛不相信，認為上海的朋友中有不少人，喜歡編造許多小說上都寫不出來的奇怪的故事來聳人聽聞，她深信說她心愛的人的戀情是編造的故事，她也從來不去向李延齡核實。

　　她愛得非常單純，不大考慮到一個人的出身、財產、和他過去的歷史。尤其她不喜歡像一般女人整天疑神疑鬼地懷疑丈夫面外有了相好，甚至悄悄地翻閱丈夫的衣袋，查一查有無兩張電影票，她對他是信賴的。當一天李延齡與相好的事實終於敗露在潘柳黛面前之後，潘柳黛一下子傻了，她曾說：「我常想：愛情沒有真假，就是真正的刻骨傾心，不幸有一天不再相愛了，那麼回思以前，也照樣會有似夢似真的感覺。若是能夠相愛，即使愛是一個漫天大謊，如果這謊永遠不被拆穿，如果能夠永遠在對方甜言蜜語的哄騙裡生活，直到老死，那麼在當之者豈不也就夠了？」潘柳黛決定離開他，但她又經不起他的苦苦哀求，李延齡如實地告訴潘柳黛那一段不該有的戀情，潘柳黛被他的真誠感動了，但她對李延齡說：「我的條件並不苛，我只要『一對一』的愛情。」李延齡滿口答應，這樣他們又和好如初了。

　　他們過了一段平靜而美好的日子，雙雙進入社交場合，親親熱熱地在雨中散步……但不久李延齡突然離她而去，潘柳黛意識到

這是他對婚姻的死亡宣判，一種心酸一片苦澀，頓感茫然，找不到出口，但她咬咬牙沒讓淚水溢出來，她認為既然相愛已失去光澤，最好的出路是把這段情送進墳場了。她從婚變的旋渦中堅強地走了出來。當時上海《力報》刊有《柳黛近況》報導：

「柳黛自喬遷以後，好久沒有見過面，她的外子李延齡，離滬也將一月，她為了想過一個時期安靜生活，因此平時幾個常到的地方，也難得發現她的芳蹤。昨天在友人處同她很巧的會見了，因為六日本報有則《捉拿熱帶蛇》的消息，我就詢問他關於此事的經過，她說，報上所記，全不是那麼會事，李延齡到內地去，絕對是事實。從沒有聽信外間的謠傳，對熱帶蛇沒有任何懷疑，因為她現在已恢復一年以前的生活，舒適、自由，除下辦公室之外，其餘時間就埋頭寫作，她還預備在這恬靜的生活環境中，完成一部十萬字創作。她依舊那麼活潑，唱唱跳跳的，若不是一個大肚子對她的行動有所妨礙，她非常喜歡同一般老朋友在一起玩。末了附帶的作個報告，她從下周起，又將為本報長期執筆了。」

潘柳黛是個堅強的女人，還屬天生的樂天派的那一類人，她儼然抬起了頭。朋友見她腹部逐漸隆起，懷疑她是雙胎，她風趣地說：「多多益善，兩個『接龍』，三個『打亨』，四個『麻將一桌』，五個可成『沙蟹』之局焉。」可謂妙語如珠。

當年《海報》又發表白駒的《潘柳黛待產妙語》一文，寫道：

「名作家潘柳黛女士近日大腹便便，瓜熟期近，爰於日前移居人和醫院，安心待產，亦所以便於問醫診察也！昨有友人，曾往訪候，見其床頭置有《沒有錢的猶太人》小說一冊，據言：書是顧蘭君借來，談及腹大，她說：『不妨即以雙胎一男一女作答，若然，則他日所產者勿論其為男為女，便兩無不可。蓋至時生男，則可謂夭女，生女亦可云係折男，兩頭總有著落，並無不合也！』其臨產情懷，豁達如恆，即此可見。柳黛洵非尋常女子，度其所產『作品』，宜亦必『精彩』也！」

不久，潘柳黛的愛女終於誕生了，取名李茉莉——多麼純潔香甜的名字，這是她唯一的安慰。在住醫院期間，潘柳黛曾得到不少好朋友的幫助，產後不久，她寫了一篇《何以為報》的短文：

「感謝朋友們所給我的一切幫忙與愛護，我為這溫情慰撫著，從死亡的關頭又使我有機會揭起了民國三十四年下半年的日曆。五月十八號就住進醫院去了，卻直到六月二十號才從醫院出來。住在醫院裡時，顧蘭君以芳鄰之便常常跑來陪我，並每日遣她的女傭送過來小菜。剖腹的第二天，白光給我送來了芳麗的玫瑰花籃。我在昏迷的狀態中，不知道她來，直到第三天，護士小姐為我讀了她那張留給我的便箋。朋友們都來探問我，就是有的不能來的朋友，也在焦急的打聽著我的情況。落雹的那一日，王淵特地撐著傘從家裡趕來，傘原來是為遮太陽的，不料坐在我那裡就遇上了冰雹。她熱心的關切到我未來的種種問題，我止不住

又哭了。我自己本來是身無長物，但我這次的生產費用，卻需要我原定準備金的若干倍，一切都是出乎意料之外的。我負了不像是我這樣人所負的債。而人和醫院張湘紋院長給予我的種種優待，鄔金惠醫師的為我冒暑奔走，我簡直找不出形容的字眼兒來形容我對她們的感激！而且這情誼又豈是感激就可以報答得了的？我沒有任何的長處，作為我做人的基礎，但我卻豐厚的獲得了識與不識的朋友們的極大的熱愛和支援——這些厚愛，使我感到沉重，使我發愁。真的，讓我將用什麼來報償呢？」

潘柳黛後來又寫了一篇：《需要著友情的撫慰——什麼時候使我離開這房子呢》，她寫道：

「孩子上南京去了，妹妹回到她自己的家，如今這家裡就剩了我自己，我不盡湧起多少惘然之感。……延齡走了，什麼都沒留給我，留給我的就是一個可憐的難產的胎兒，還有就是這陋室的居住的權利。如今孩子降生了，我為她雇了奶娘，暫時寄養在南京的姐姐家，我為這孩子，盡了我所能盡的力量，而這房子，卻不知我什麼時候才能不住。我不喜歡這房子，這房子給我的苦虐太多，原先我離開那房子是為了延齡，如今我想離開這房子，還是為了延齡，什麼我都失敗了，住在這房子裡，清夜自思，使我往往無法入眠。我需要友情的撫慰，我需要有家庭的樂趣，我住在這裡孤零零的，我彷彿眼前一切人群都隔開了。什麼時候才能使我離開這房子呢？」

婚變給潘柳黛帶來的巨大的傷痛。然而她又是一個堅強的人，她明白愛是雙向的，只有相互真誠的愛才是人的聖潔的精神生活，如果勉強湊合在一起，那夫妻關係只不過是庸俗的的情欲夥伴。她沒有去作任何努力，毅然果斷地辦了離婚手續，她全力以赴地擔起了扶養孩子

潘柳黛長女李茉莉。

的責任，她用埋頭報社工作來淡化那段刻骨銘心的愛，她用寫作來撫平婚變留下的傷痕。

當她把這段不幸的婚姻向朋友們傾吐時，總夾著深深的無奈說：「那是我第一次失敗的婚姻。」

‧ 抗戰勝利，多嵐謀生 ‧

　　1945 年 8 月 15 日，日本天皇裕仁通過電台向全世界發佈《終戰詔書》宣佈日本無條件投降。抗日戰爭勝利了，這一天是中國人民揚眉吐氣的日子，鑼鼓聲鞭炮聲交相暉映，全國人民浸沉在歡樂的海洋裡。上海，在當時是中國政治文化中心，慶祝勝利的歡騰似乎顯得格外隆重。

　　潘柳黛和文友們滿懷喜悅地期待著新時期的到來，未料國民黨重慶復員大軍，卻向原上海作家群包括潘柳黛，發起了一次不小的圍攻，此時潘柳黛任上海《海報》編輯，同時受聘擔任《女聲》雜誌特約紀者，面對突如其來的圍攻，潘柳黛理直氣壯地做了正當的申辯和有力的獨白：

　　「這對於我，幾乎真是一個比什麼都重要的打擊，我不承認我是做了什麼錯事，因為我固然是淪陷區活過來的老百姓，然而我在淪陷區是活得那麼悲苦、可憐，我是苟延殘喘掙扎著活到現在；而現在，就連苟延殘喘也不讓我活了。」

　　「我真想對誰去控訴，假若我有禍國殃民的罪行，那麼任何人都可以到司法部門去檢舉我，假若我沒有禍國殃民的罪行，那麼就應該停止無聊的謾罵，使我還能憑我的能力生存下去。那些唱高調的人說：『餓死事小，失節事大。』那是因為他們還不至於『餓死』，所以才樂得冠冕堂皇唱這種高調。而我，我是常常掙扎在生活線上的，所謂『衣食足然後知榮辱』，何況我又未嘗

辱過呢？憑我的任性，這職業我是想放棄了，但為了生活，我卻還是只好忍氣吞聲的繼續下去。」

作為報社、雜誌記者，在那特定時期難免不涉及政治新聞話題，潘柳黛也寫過應景報導，但在有些報導中盡可能地迴避政治，如她的《寫在清鄉兩周年》，一開始她就寫：

「當我接受了社方的命令，為視察二年的清鄉工作而被派遣到蘇州時，我心實在是非常忐忑的，因為清鄉的工作，絕不是一看就可以一目了然，像一件貨物先是紅顏色的，然後又染成綠顏色一樣的使人容易明白。尤其我又是第一次到蘇州去，地域上的陌生，說不上也許會使我感覺迷惑而打折扣。因此坐在京滬列車上，看著向後飛馳的碧翠碧翠的田禾，我就一直在惴惴的想，怕我不能夠描繪一幅逼真的畫面給讀者吧！並且怕不能夠使社裡對於我這次的工作感到滿意吧！因為沒有把握的原因，我實在是幾次三番這樣想過了的。」

接著她又較詳細介紹蘇州市容，然後才談及偽專員，聽他們吹噓所謂的清鄉成績後，潘柳黛譏諷道：

「事變前在蘇州一個黃包車夫的起碼生活，每月十五元很富裕了，如今卻非要一千五百元不夠支持。從前在外面按月包飯，只用四塊錢就夠，現在卻非要四百元不肯包。但所好的是『水漲船高』，據說一般車夫，平日勤快一點的，每天倒也可以有個四五十元五六十元的人，所苦的卻仍是一般吃機關飯的薪水階級的

小職員或小學教師，普通有一句成語，說人『坐以待斃』而這般人實在是『作以待斃』」。

不難看出潘柳黛的良苦用心。（筆者注：事變，指日本占領時期。）

重慶復員大軍對她的圍攻，還因為她的文章多見於小報，屬「身邊文學」又稱「市民文學」統屬「海派」範疇，是消閒、娛樂居多，當時被污蔑是低級惡俗的讀物。其實以「世俗」見長的文章，最能體現城市的風土民情，深受群眾的喜愛。這種大眾化的文學是鴛鴦蝴蝶派和海派構成的新文學體系，亦是當今公認的現代文學不可忽略的組成部份。

由於在上海淪陷區的作家們並沒有犯什麼罪，所以復員大軍也只好匆匆收場了。

抗戰前的上海《夜報》，於 1946 年 5 月 12 日復刊，改名為《新夜報》，由資深報人時任上海市文化運動委員會主任委員的潘公展任董事長，《新夜報》另創兩版時事文藝綜合性副刊，取名〈夜明珠〉潘柳黛受邀任〈夜明珠〉副刊主編。在復刊號的前言裡，她寫道：

「隨著新夜報的光榮復刊，又同時誕生了『夜明珠』。今日出版往往用色情文字炫人耳目，以爭取其在文化圈子裡的地位的當兒，『夜明珠』的熠熠光亮，確實是可以予人一種清新醒目的快感的。我們不想有什麼誇耀，但我們也絕對不想自卑，因為以『夜明珠』的光芒萬丈，以『夜明珠』的光致可愛，以愛護『夜明珠』的朋友之眾多，以及她的年輕，那麼她將有著燦爛的前

途，當用不著諱言。我們是沒有什麼力量的——因為『夜明珠』的一切成功，都是那些愛護『夜明珠』的朋友所給的——那些惠賜作品給『夜明珠』和那些欣賞『夜明珠』的朋友們。除此，如果一定要再讓我們找出一點『夜明珠』使人賞愛的條件，那麼也許就是她儀態萬千的活力，和那新穎動人的純正的上海風情了吧！願一切愛護『夜明珠』的朋友們，繼續給『夜明珠』以熱愛和批評！」

在〈夜明珠〉副刊上，潘柳黛發表了文友蘇青的小說《九重錦》約一萬多字，連載十二天，其主要內容描寫抗戰前後，一個職業女性的心路歷程。不久，又發表蘇青用新筆名「魚月」寫的《月下獨白》隨筆。而潘柳黛她自己的短篇小說《戀》，連載十五天，生動、細膩地描繪了一對戀人的感情糾葛與纏綿無期的故事。

隨著抗戰勝利的喜悅，上海各行各業呈現一派繁榮景象，而以報導時事政聞為主要任務的公私通訊社更是拔地而起，這當中陣營最大的通訊社要數中央通訊社，登記註冊的記者便有馮有真、胡傳

1949 年 29 歲的潘柳黛。

厚、陳香梅等 40 多人。此外，有大光通訊社、大中通訊社、商業新聞社、華東通訊社、大公通訊社、大華通訊社、中國攝影社等。潘柳黛（思瓊）是僅次於中央通訊社，擁有十四名記者「大光通訊社」的專業記者之一，當時她的同事有茹辛、徐逸鶴、邵協華、陳奮克、周浩然、朱之江、黃慶芳、程乃申、張筠、吳國華、陸青綺、沈石坪、江霆。

潘柳黛像以往一樣，仍然是個活躍在社會視野中的一位公眾人物，她與歷史悠久的《申報》副總編輯卜少夫，《前線日報》曹聚仁，《神州日報》陳東平《辛報》總編陸小洛《鐵報》總編輯湯修梅等都是常有往來的文友。

· 《退職夫人》，一鳴驚人 ·

潘柳黛在和一股莫名的干擾進行抗爭的過程中，她潛心完成了她的長篇小說《退職夫人自傳》，1948 年由上海新奇出版社出版，1953 年香港新奇出版社再版。2003 年北京新世界出版社三版。這是潘柳黛的代表作。全書共二十四節——我與我家；寡婦式的初戀；變；不貞的處女；貧困與掙扎；我的小愛人；「魯女子」的衝動；一吻難忘；有女「懷秋」；上海的誘惑；熱帶蛇；不怕老婆的男人；娼妓和僕婦；郎心如鐵；在死亡線上；被棄於人群之外；罪與罰；文妖；俘虜的投降；樂園如夢；恐怖的晚上；文明人的野蠻；告「小」還鄉；東南飛；附錄四篇——離戀

潘柳黛的代表作《退職夫人自傳》
封面 1948 年新奇出版社。

《退職夫人自傳》2003 年新世紀出
版再版封面。

之歌；我結婚了；洞房私語；站在街頭（長詩）。從章節結構的連續性，從人物和事件細膩地描繪，形成這本書的特色，不愧是一部女性主義的經典著作。

2003 年《退職夫人自傳》再版時，上海華東師範大學陳子善教授在編後記中寫道：

「對今天的文學愛好者來說，潘柳黛的名字無疑是十分陌生的。但是，如果他們知道潘柳黛上個世紀四十年代在上海文壇上曾與張愛玲、蘇青、關露並稱為『四大才女』，他們大概就要對她另眼相看了。……《退職夫人自傳》是潘柳黛的代表作——這部長篇被譽為『中國女性主義小說經典』的蘇青名作《結婚十年》堪稱『雙璧』。」

筆者曾與潘柳黛談起《退職夫人自傳》這本書，她說那是一部文藝作品，有她的影子，潘柳黛在小說中採用第一人稱的

而立之年的潘柳黛。

手法，寫出了主人公從複雜的家庭變遷，及自謀生活的艱辛歷程，逼真地展現了主人翁性格，及戀愛、結婚到分手的心路歷程。實際是以她夫婦為原型以自身的婚戀史為藍本，創造了一個淒美的愛情小說。文筆清新、描繪大膽。這反映了作者在爭取經濟獨立中獲取自由的意志，在婚戀中袒露了最幽秘的創傷

和欲望，那些不經意的描繪向讀者展示了作者的品格，不僅僅是她的好學、深思，還有她那頑強、真誠和善良的心。正如當時有論者所指出的：「潘家柳黛小姐，卻是個敢說敢為的新女性；她有一枝玲瓏剔透犀利如刀的筆，她有一枚熱情奔放的心，有一顆如姜伯約一樣的大膽；所以她的作風，不特脫卻舊女性桎梏，亦了為時代女兒所望塵莫及。」

　　兩年後，潘柳黛在她《自說自話》的小品文中風趣地說：

　　「看了《退職夫人自傳》以後，有一個朋友讚美我的文章好，有一個朋友罵我的文章壞，他們爭執起來了。我於是作魯仲連說：以我這樣的文章就算作家的話，作家的水準實在定得太低了，後個朋友大樂。但是我說：如果說我的文章寫得不好的話，蕭伯納、海明威等的前期作品，也並不見得一定比我高明，前一個朋友聽了又揚眉吐氣焉。」

　　同時期潘柳黛還有一本《搜腸集》問世，可惜遍尋無著。1948年潘柳黛被聘任上海《上海月刊》編輯（還有編輯王小逸），主編為漫畫家江棟良。

　　潘柳黛從1942年末隻身到上海，前後八年始終堅守在報刊的文藝副刊的記者和編輯的崗位上，1950年，潘柳黛又孤身闖蕩香港，開始了她賣文為生的新征途。

・孤身赴港，賣文為生・

潘柳黛以討債為名闖過了深圳羅湖關口到達香港後，她見香港只是這塊彈丸之地，這個被無能的清廷割讓給英國一百年的小島，有蔚藍的海，有深橙色的山，有她從未見過的亞熱帶的奇花異木，還有那濃濃地殖民地的色彩，那一股畸型的洋涇邦似的民俗人情。香港是一個國際金隔中心，到處充滿商業氣息。她記得有許許多多名人曾先後在這小島逗留，有蔡元培、蘇曼殊、鄒韜奮、梁漱冥、許地山……。

但她感到 1950 年的香港遠不如上海大都市繁華，她頓時產生了一種莫名的淒苦之感，由於這兒舉目無親，廣東話對她又如此陌生，能否闖出一條路來，她似乎有些信心不足，她留念北方的大餅、油條。為了省錢她住進香港北角新都招待所，她覺得又將重新拾起十年前的流浪者生涯了。但香港能吸引她的是一個自由港。之後，她發現不少她熟悉的上海文友金雄白、黃也白、陳蝶衣、沈葦窗、張善琨、易文等。還有電影導演屠光啟、陶秦、嚴俊等。演員有李麗華、白光、周曼華、韓菁清等也先後來到香港了。

潘柳黛在香港首先幸運地遇上了《新報》發行人羅斌，羅斌向她約稿，而且給予她較優的稿酬，這一喜訊，頓使她的生活得以安定下來。

從此，潘柳黛開始了她的職業創作生涯，用她自己話說：

「我一個女人懂得什麼，只好搖筆桿——賣文為生。」於是，她在斗室內伏案日以繼夜地「爬格子」，1952 年她的二十二萬字的《明星小傳》由香港新奇出版社出版。1953 年又由香港時代出版社再版。接著香港時代出版社又出版了潘柳黛的《婦人之言》小品集，及再版了長篇小說《退職夫人自傳》。時代出版社當年刊出的廣告是：「潘柳黛女士巨著，《退職夫人自傳》，哀感頑豔、纏綿悱惻，洋洋十五萬言，定價港幣三元。」又一則廣告是：「潘柳黛女士新著，《婦人之言》，幽默雋永，字字珠璣，注意：不日出版。」潘柳黛的三本書，竟成了當時的暢銷書。

同時期，潘柳黛的《一個女人的遭遇》一書，由澳門園園出

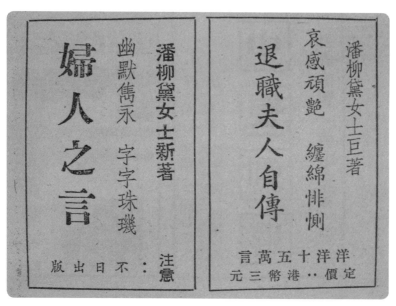

《婦人之言》、《退職夫人自傳》香港兩本書即將問世的廣告。

孤身赴港，賣文為生

165

版社出版約二十萬字。這是一本以她一位親戚為原型的長篇小說。

《婦人之言》一書是潘柳黛赴香港後的新作，這本書是她運用小品體裁，剖析潮流話題，在那言簡意賅的字裡行間，讓你嗅到男人和女人的氣味、聽到男人女人的聲音，甚至他們的醜惡與無奈，幽默風趣，字字珠璣。她以《不可不聽》作為《序》，寫道：

《婦人之言》是潘柳黛赴香港後的又一佳作，圖為該書封面。

「劉伶說，婦人之言，慎不可聽。有人奇怪我為什麼偏愛這『婦人之言』四字，豈真不可聽呼？我說：劉伶是個酒鬼，酒鬼的話，往往以反為正，以是為非，我用『婦人之言』除酒鬼外，不可不聽也。——是為序。」

如其中《三等人》一篇，寫道：

「有人將男人分為三等，據說上等人怕老婆，中等人愛老婆，下等人打老婆。怕老婆者何？不是老婆可怕，是怕老婆不顧面子時，使他精神或事業上受到影響也。打老婆者何？是別人惹不起，只好以老婆為出氣筒耳。」

《蘇青之言》寫道：

「寫『結婚十年』的蘇青說：嫁一個有錢的男人，可以花他的錢；嫁一個有學問的男人，徒然使他覺得你愚蠢。與其愛才，何如愛財？」

《貪心》寫道：

「男人沒有錢的時候想：天下鈔票都來歸我。男人有了錢的時候想：天下美女都來歸我。」

《傷腦筋》道：

「代表資本主義交際的是：女人想如何騙男人許多錢，而不使他碰到身體，男人想如何騙到女人身體而不必花許多錢。」

香港女作家白雲天在李文庸編著的《中國作家素描》一書中，寫了《潘柳黛此生最尷尬的事》一文，其中有一段對《婦人之言》書的評價，她說：

三十二歲的潘柳黛。

「潘小姐的《婦人之言》幽默風趣，寫的都是身旁瑣事，但深入淺出，啟人思維，她常在文字間表示對婚姻不太如意，這似乎是一般才女的通病。……潘姐寫作速度極慢，那倒不是指她下筆遲緩

或者缺乏靈感，行家們都了解：『越是短小的文稿越難寫』，其中『起承轉合』，內容文采都要顧及，兩三百字的一篇稿，要做到『開門見山、一針見血、字字珠璣』，實在不是易事。」

《明星小傳》是潘柳黛赴香港後的著作，圖為該書封面。

潘柳黛的《明星小傳》一書 22 萬字，寫了香港頗具盛名的一大批明星，其中既有不少是她上海的老朋友，也有在香港認識的新朋友。潘柳黛以獨特的視角，細微的觀察，生動流暢的筆調，從不同的側面，把他（她）們介紹給讀者，記錄了那一段歷史。既讓你看到他們的歡樂與微笑，也讓你看到他們的哀愁和嘆息。在前言中她寫道：

「《明星小傳》出版了，我似乎該說幾句開場白。南來香港三年，毫無作為，只不過在茫茫人海中，又多認識了不少朋友而已。古人說，衣不如新，人不如故。但是我不完全同意這句話，因為老朋友有老朋友的好處，新朋友有新朋友的好處，而且無論多久的老朋友，也是從新朋友演變而成的。能夠借我的文筆，把朋友的事記載下來，無論對人對我，都總是值得欣慰的。

限於篇幅，有許多人竟還沒有機會寫到，真使我覺得非常遺

憾。但願有一天，能夠也把她（他）們寫進我的文字。感謝薛志英兄為我設計封面，使這本書生色不少。我誠摯的等待著讀者給我的批評和指正。」

《明星小傳》問世後，轟動了香港，影迷們搶購一空，可見該書的社會影響力。

．傳承影史，喜談白光．

潘柳黛的《明星小傳》，共記錄了二十三位（二十四篇，其中白光兩篇）當時香港著名的電影明星們的影壇生涯和鮮為人知的休閒生活的精彩片段。潘柳黛用她清新、流暢、幽默的秀麗筆觸，給她（他）們定性、定格、定位。

她的標題是這樣寫的：我與白光；「女俠」于素秋；記懷春玉女——尤敏；活色生香話李湄；青雲直上的利青雲；男兒本色的王引；上帝的傑作——李麗華；荳蔻年華的李嬙；一朵半開的了玫瑰——林黛；少奶奶型的周曼華；一夜成名的陳雲裳；中國的格蘭福特——王豪；從影二十年的陳燕燕；東方美人——楊明；風情別具的上官清華；劉琦這個女人；香島美人魚藍鶯鶯；魯男子黃河；名女人韓菁清；嬌滴滴的謝家華；多情湘女紀鍾情；歐陽莎菲婚變內幕；從「白光自傳」想起白光；小生裡的大亨——嚴俊。

從上海紅到香港的影星、歌星白光，在照片上寫道「贈給親愛的柳黛留念　永芬」。

在白光劇照上清晰地看到白光親筆題字「贈給親愛的柳黛紀念：永芬贈」（白光原名）。林黛寫「柳黛姐留念：林

黛贈」。韓菁清寫「柳黛姐留念：韓菁清贈」等。潘柳黛還在每張照片下寫出五十字左右的讚詞和勉句。

潘柳黛首先寫了與她交往頗深的白光，她們既是同鄉又同是滿族人。白光是一位在中國流行音樂史上的著名人物之一，白光原名史永芬，1920 年出生於北平，曾赴日本女子藝術大學，師從著名聲樂家三浦環。回國後在上海拍攝《桃李爭春》電影，一炮走紅，尤其她那頗具誘惑力的磁性女低音，傾倒了上海的無數觀眾。之後她又拍了《為誰辛苦為誰忙》、《紅豆生南國》等多部影片。1949 年赴香港，先後拍攝《蕩婦心》、《一代妖姬》等片，遂成香港紅星。她的歌唱，家喻戶曉，1951 年與美籍葡萄牙飛行員結婚定居日本，不久離婚，同時與人合夥的生意失敗，1956 年又回香港，曾籌建影片公司，自己集製片、編劇、導演、演員於一身，拍攝幾部片後，因受電影發行商的盤剝，賠款告終。白光心灰意冷，告別影壇。所幸此時重新獲得了幸福的婚姻。後移居馬來西亞吉隆玻，之後患血癌。經治療康復較好。

1993 年，白光受邀參加了在台北舉行的「世界電影資料館珍藏影片展映」，其中包括白光主演的四部影片。1995 年，白光作為嘉賓又應邀參加香港舉行的「港台十大金曲頒獎典禮」。1998 年，在香港舉行的「本世紀最性感女星」評選活動中，白光榮登榜首。

1999 年 8 月 27 日，白光因患腸癌與世長辭。一年後在馬來西亞吉隆玻市郊富貴山莊的白光陵墓建成，又稱「琴墓」，美觀、莊嚴。沿著墓旁的石級而上，有一排黑白相間的琴鍵，琴鍵

上端刻著《如果沒有你》一行五線譜，那是白光生前最愛的一首歌，只要有人按動石級上的琴鍵，立刻就播出白光悅耳動聽的歌聲：「如果沒有你，日子怎麼過，我的心也碎，我的事也不能做⋯⋯」這一播放歌曲的裝置是請外國工程師設計，在吉隆玻還屬首創。前往憑弔和參觀者絡繹不絕。琴墓是深愛白光、共同生活三十年的丈夫顏良龍精心策劃而製成的。當今已成為吉隆玻的一處名人遺跡和文化景點。

潘柳黛與白光情誼深厚，她寫：

「《明星小傳》上第一篇寫白光，一定有人會以為我要把她大捧一頓的。因為論我們的交情，我們有十年歷史——女人與女人相交十年，不出惡聲，這不僅是難能可貴，幾乎是稀世的。但論我們相知之深，雖孩提時一起長大的朋友，又何嘗能有我對她今日的了解？

我根本不是個影迷，甚或不止此也，我的出世的人生觀，使我對於英雄，也從來不大加以崇拜，那麼我怎麼會跟白光變成好朋友的呢？所以與其說我喜歡她，不如說欣賞她，她的美貌，使別人動心，她的性格，使我願意跟她結為知己。她是那樣深刻，複雜，理智與感情揉合在一起的變幻不定的個性，誰在和她相處時，能夠真正控制住她的感情，使她不再如野馬一樣，馳騁於她遼闊的思想領域之間呢？十年以前我認識白光，白光還是豆蔻年華的純潔的少女。十年以後，我們在港相遇，白光也一身風霜，不似當年了。」

白光由北平紅到日本，紅到上海，紅到香港，又紅到南洋，她紅遍了遠東，登峰造極，然而她究竟得到了什麼？潘柳黛則認為：「這在白光清夜自思，她一定也會黯然神傷的吧！」

「中國有多少人為她而著迷，也有多少人在批評她，咒詛她？女孩子把頭髮留得長長的，披在肩上，瞄人的時候，把眼珠躲在眼角，這是白光。男孩子喜歡他的女朋友唱歌時，用低低的嗓子，說起話來，慢慢的，發著魅惑的磁音，這是誰？這也是白光。白光的一顰一笑，風魔了他（她），白光是年輕人心目中追求的典型，是年老人眼裡的妖婦——那兒來的這樣一個女人，這樣放蕩不羈，這樣妖裡妖氣的？

白光是好人嗎？不是，白光是壞人嗎？也不是。

她的敦厚善良的天性，使她原來是個好人。但她的遭遇太奇突了，社會給她的欺騙太可怕了，如今，她像一尾墨魚和一隻小蜂一樣，為保護自己，於是不得不常常放點煙幕，用點手法，以防禦別人給她的傷害和玩弄。

其實在現在社會裡，在所謂『藝術』的色相圈子中求生存，那一個女人又不是這樣呢？只是也許別人掩飾得好，沒有白光做得那樣拖泥帶水罷了。但是遭受到的批評，卻是許多人眾口一詞說：白光不好，白光不好。白光最大的不好是什麼呢？人家說：一是行為浪漫，玩弄男人。二是視錢如命，生性猶太。

我們現在且先不談玩弄男人不玩弄男人，現在我們先談一談白光的視錢如命：

攝影場裡的人說：白光吃香煙，而自己皮包裡並不預備香

煙，她只拿著一盒火柴，到處東問西問：『誰有好彩？我要吃香煙了……』於是不愁沒有人不來巴結這位大明星，立刻『好彩』煙像參加競賽一樣，都以能夠一親白小姐芳唇為榮的姿態，脫穎而出，爭先恐後的陳列在白光面前了。

……

他們都說，白光一毛不拔，雖把這樣的小錢，也很看在眼裡的。但白光究竟是不是這樣一個人呢？我與她是老朋友了，我想我應該先從她的家庭說起：

白光的家庭，只是小康而已，她的父親是個地道的北平人，喜歡遊手好閒。她的母親雖是舊式婦人，但長得十分美貌。夫妻之間，感情極好，她是她們家的長女，因此她的多產的父母，在她之後，又生了七個弟妹。這七個弟妹，彷彿不是他們自己的兒女，而是替白光生的，因為白光小的時候，他（她）們有的還沒有出世。白光能賺錢了，她就以長姊的資格，除了養育著父母不算，還替父母養育著七個弟妹。她把他（她）們分別送進幼稚園、小學、中學、大學或專門學校。現在有一個妹妹在上海醫學院學牙醫，兩個弟弟已從大學畢業，現在正在北京工作。他們全然已經有了職業，但仍不能養家活口，因此白光雖到今日，也就還是要挑著這副擔子，每月給家裡寄錢，替父親和弟弟養著這一家人。

白光本來並不把錢看得很重的，是她吃過沒有錢的苦頭了，她才變得這樣吝嗇。……

然則白光是真算盤奇精，一錢如命嗎？其實並不，也要看情

形來說。比方五年前她在上海用六根金條（大同公司全部拍戲的報酬）頂下了一幢公寓房子，現在每月還要付著高價的房租水電給她的女秘書毛立和妹妹住。有一次我問她為什麼不頂出去？她說：『頂也頂不出多少錢了，乾脆等妹妹結婚，送給妹妹算了。』其實妹妹既能結婚，已經有男人對她負責任了，做姊姊的又何必送她這樣厚禮？

又有一次一個北方朋友到香港來看她，這個朋友在剛勝利時幫過她很多忙，現在則並不十分得意，但他來了，白光還為他設酒接風，以報知遇。這一點，白光又何嘗猶太？

至於再談到白光的生活浪漫，玩弄男人，那實在前者應歸罪於她的過分坦白。後者是應該說，她因為被男人欺騙得太厲害了，有意無意間的報復心使她如此而已。

比方從前她住在上海國際飯店時，房間裡正在高朋滿座，她忽然跑到浴間洗澡去了。客人們大聲談笑，而她的浴室的門虛掩著，清脆的水聲從門縫傳出來，有時還加雜著醉人的歌喉。唱者無心，聽者有意。當時大家都算紳士，沒有什麼，但明天消息傳出來了，從不同的角落。有的說：『白光真嗲，洗澡時還唱歌呢。』有的說：『白光真大膽，洗澡時門開著的。』——怎麼？白光洗澡也不避諱你？想必你們交情非同小可了？一傳十，十傳百，這樣多人都知道白光洗澡的故事，白光太『那個』了。可是誰知道當時在座的情形，是許多紳士正在互相監視，誰也並沒有超越雷池，飽此眼福呢？……

不論怎麼說，白光到底是性情中人，她坦白，直率，她不隱

瞞她的不幸的往事，她也不造作她自己的感情，她的獨特的風格，使她自己成為一種典型。這典型迷惑了成千累萬的人，這典型也使我們做了密友，『我與白光』絕非是偶然的。」

潘柳黛在另一篇《從「白光自傳」想起白光》中寫道：

「在某晚報連續發表的《白光自傳》出版了，朋友帶來一本給我，有很多讀者懷疑是我寫的，在這裡我願鄭重聲明一句，這是另外一個朋友的傑作，不是我的手筆。

我曾說過，以電影明星身分，而值得寫傳的，在中國只有兩個人，一個是蝴蝶，一個就是白光。蝴蝶的價值，是她能夠代表整個的中國電影史。白光的價值，是她在電影片上別創一格的成功，以及她個人驚濤駭浪的生活經歷。

蝴蝶自作『吾家有聲』的賢內助以後，過的是太太生活，享的是天倫之樂。白光在去年嫁了『白毛』，然後飛赴東京，卻

上世紀五十年代的潘柳黛。

還在獨樹一幟，拍《戀之藍燈》，開「喜臨門」夜總會，弄得惹火燒身，焦頭爛額。雖然現在已風平浪靜，而且「喜臨門」夜總會又門庭若市，嘉賓滿座了，但白光到底又做了一次新聞人物，刊登在全世界各大報紙的通訊欄裡，作成了他們的『花邊新聞』。

蝴蝶雖做了『潘夫人』，但由

於機緣關係，我們只是相識相熟而已，來往並不密切。白光是我總角之交的朋友，我們由黃花少女，到少婦，到忝為人母，都休戚相關，患難與共。以我們相知之深，但她的傳記竟沒有出於我的手筆，這不僅是她的遺憾，也是我的遺憾，儘管寫《白光傳》這個朋友的文學修養，是遠在我以上。

白光是個可愛的人，我有千百個要好女朋友，但我最欣賞白光。她坦白、直率，她聰明伶俐，她有時心細如髮，有時又憨厚、天真。她口口聲聲愛錢，要錢，但那些錢很少是她從男人那裡得來的，卻十九都是她辛辛苦苦賺來的。好人的錢，她不忍心拿，壞人的錢，她也拿不到。她要錢，愛錢，但是她說：我要的是我應該要的錢，我為什麼不要？我愛的是我自己的錢，又沒愛別人的錢，愛不愛跟別人有什麼關係？」

有一個時期，潘柳黛和白光一起住在半島酒店，早晨起來，白光和潘柳黛商量，白光說：「柳黛！我們要個茶吃好吧？」潘柳黛說：「好的。」白光說：「要一個紅茶，兩個人吃吧？」潘柳黛笑著點點頭，知道白光又是為省錢。白光看潘柳黛一笑，覺得有點不好意思，立刻搭訕著說：「哦，桌上還有兩瓶鮮奶，你吃一瓶，我吃一瓶。」摸摸那一瓶是凍的，把那瓶凍的給了潘柳黛，自己正預備吃那瓶不凍的，而潘柳黛已經順手把它搶了過去，因為白光給她的，是今天才送來的，白光自己要吃的，是昨天剩下來的，雖然還沒有開瓶，但半島的房間裡，並沒有冰箱，即使天氣還不算十分熱，隔夜的東西總是不大好吃了。「昨天的

奶怎麼能吃呢？都要發酵了。」「酸牛奶很好吃的。」「瞎說，發酵和酸不同，你要吃壞了的。」說著潘柳黛把那瓶凍牛奶分成了兩份。

　　白光洗澡，是不避潘柳黛的。他們常常把房門鎖上，把浴室的門開了。鎖上房門，是怕外人進來，開著浴室門，為是兩人便於談話。有一天白光在浴缸裡洗澡，潘柳黛在伏案寫稿子，白光忽然說：「柳黛！你的名字起得真好，誰給你起的？」潘柳黛說：「是我自己」。白光說：「你怎會想到的這兩個字呢？」潘柳黛又說：「我翻閱字典，找出兩個最美的字眼兒。」白光說：我的名字從放映間射在銀幕上的那一道白光，我想起了武俠小說裡的魔術，真使我像著了魔一樣，也是我自己起的，那時我是個標準影迷，一天到晚就想看電影，我羨慕銀幕生涯，所以後來電影公司招考演員，我報名時就用了「白光」兩字。潘柳黛說：「那麼我是唯美派，你是幻想派了？」潘柳黛本來正在寫稿，經白光這麼一來，稿寫不下去了，結果兩人又指東劃西，談起山海經來……。

· 尖刻調侃，戲謔菁清 ·

潘柳黛在她的《明星小傳》裡，也難免不用她那尖刻的話語和調侃的筆調，字裡行間把明星的缺點、弱點，豪不留情地呈現在讀者的面前。也難免得罪了一些人，如果說上世紀四十年代她在上海得罪了張愛玲，到香港後在這本明星小傳中少不了也會引起韓菁清的不悅了。

她在《名女人韓菁清》一文中有這樣幾段：

「……韓菁清是個聰明人，她年輕貌美，多才多藝，不只是一個時髦小姐所應具備的出風頭的條件，她無一不備，就是一般人所不能的，她也幾乎無所不能。比方說吧，作為一個摩登小姐的必備條件，除了先天所賜以外，她應該會唱歌會跳舞，會賣弄風情，會談甜蜜的謊話，而經常製造新聞，引起社會注意，更是不可少的絕妙好戲。但韓菁清不僅對這些拿手以外，她更會畫油畫，會寫散文。別的名女人，能講國語能上銀幕已經不容易了，但韓菁清除了講國語上銀幕以外，她更能在自費製片的權利下，自任主角，自撰歌詞，自編劇本，以作為自我宣傳，來滿足她自我陶醉。所以有一次我們幾個相熟的朋友在一起談論

潘柳黛筆下，從上海紅到香港的影星韓菁清。

到她，一個促狹朋友說：從前在名女人地界韓菁清一出，所有的名女人相顧失色了，因為別的名女人花樣沒有她那樣多。現在在電影圈韓菁清一出，電影圈裡的人又要失色了，因為最『天才』的電影工作者所表現的，也不過是自編自導自演，能夠加上自費製片，算是最了不得的了，而今韓菁清所表現的『自』字之多，卻有過之無不及，令人不得不覺得她後來居上，對她刮目相看。……

有人說韓菁清很驕傲，架子大。我想這話並不儘然，如果她有架子可搭時，她想到……『天人應帶三分驕』，當然樂得把架子搭一搭。如果她知道當時環境，她搭架子這事情便對她不利時，她當然也會遷就現實環境。這事情我可以舉一個例，比方說：有一次是麗池夜總會第幾周年紀念歡宴文藝界，並請沈秋雁兄代邀幾位名女人到場，以資攝影留念。那天的前一晚，正好我和沈秋雁，韓菁清他們在一起吃晚飯，秋雁把接韓菁清的這件差事交給了我，他說：反正你們是順路的，勞駕你去一趟，省得我跑了。我當時說：好的。約好韓菁清明午一點鐘以前請她打扮好了等我，我去接她。韓菁清答應了，我們就此分手。但第二天一點前五分鐘，我到她家裡去接她時，她沒有在家，只由她的秘書招待我告訴我說：韓小姐到學校學畫去了，要到一點半鐘時才能回來。她特意關照我，要我先在家裡等著你。我說從這裡到麗池，路上需要很多時間，要不我們到學校去找她好了。可是那位秘書說：不行的，因為她還沒有化妝——一個名女人的化妝，一條眉毛有時就要畫上半個多鐘頭，我是個急脾氣的人，那兒有

這麼好性子？她如果從頭到腳打扮起來的話，最快也需要兩個鐘頭，所以我聽這位秘書小姐一說，不禁立刻光起火來了，我想我又不是男人，想追求她，誰有這麼好耐心？如此一想，於是我便要過一張紙來，在紙上說：『如果我是個小夥子，我被追求你的熱情所支配，我當然會等你的。如果我是個老頭子，我的熱情雖然少了。但我的修養已經爐火純青，我當然也會等你。只可惜我自己也是個女人，我就沒這麼好性子了，好在失信的是你，不是我，我用不著抱歉的。我走了，你去不去隨你。』就這樣我揚張而去了，我把這些事告訴秋雁，秋雁說：沒關係，都是我不好，我怎麼忽略了你也是一位小姐。我說：小姐不小姐根本沒有關係，你們伺候韓菁清伺候慣了，我沒有伺候過，她有這毛病，你們怎麼不早告訴我？

　　但後來韓菁清還是來了，那是下午三點半鐘，我們飯已吃完，正在喝咖啡的時候。我略含諷刺的問她：『梅蘭芳』怎麼到這時才來？她笑說：剛才對不起你──彷彿並沒有覺得浪費時間是一件多可恨的事。」

潘柳黛最後寫道：

「韓菁清喜歡燦爛，熱鬧，她像一頭孔雀一樣，喜歡把自己打扮得五顏六色，來向人群炫示。我正寫這篇文章時，一個朋友來看我，他和韓菁清也認識的，他說：你在寫韓菁清，可是我對她的了解也許比你對她了解更深，韓菁清這人，心地不算壞，但好大喜功，常常是聰明反被聰明誤，如果女人化妝能裝霓虹燈，

尖刻調侃，戲謔菁清

181

她一定身上臉上都裝滿了霓虹燈，如果拍電影能夠只一個演員時，她一定願意從頭至尾由她自己一人演到底——我全文寫了這麼多字，想不到竟不及這位朋友對她的這兩句批評來得中肯，你想這篇文章，我還會寫下去麼？」

韓菁清還是很大度的，並不因為潘柳黛文章的辛辣、調侃而不往來，她們還是朋友。若干年後在名作家葉永烈《傾城之戀》一書中，韓菁清已是一位成熟、完美的著名作家梁實秋的夫人了。

1987 年 1 月，女作家、電影明星韓菁清與夫婿著名作家梁實秋，他們身後所懸乃是晚清經濟大臣翁同龢的對聯墨寶。

· 小生大亨，好評嚴俊 ·

潘柳黛又一篇題為《小生裡的大亨——嚴俊》，其中她寫道：

「嚴俊的《巫山盟》已經上演，這是他從演員蛻變為導演的『處男作』，上演以後，各方面的輿論，批評都頗不壞，至少也被認為是一部用過心血的作品，不同於一般的粗製濫造。

嚴俊是從舞台上起家的，是從北方來的。他帶著從舞台上來的榮譽，走進了電影圈，再從上海來到香港。他的演技精湛，使他和最賣座的女明星周璇、白光、李麗華等接二連三拍了許多片子，他在每部片子裡扮演不同的身分，不同個性的角色，而居然竟是沒有一個角色的舉止個性不被他形容得生動萬分，維肖維妙的。在上海時，他和劉琦拍攝《出賣影子的人》而奠定他紅星的基礎，到香港以後，他以拍攝《蕩婦心》、《一代妖姬》、《血染海棠紅》等片而與白光同時臻於大紅大紫，竟分別成為票房價值高的男女演員。」

嚴俊是怎樣一個人呢？我記得以前有一次我在某雜誌上為文介紹他時，我就說過，我說：嚴俊是個『小生』，憑年齡，憑戲路，

在上海成名的嚴俊。

他都是以演小生為正宗，但『小生』是個『小生』，可惜用不上『風流』二字。因為他的外貌嚴謹、憨厚，所謂誠懇有餘，瀟灑不足，似乎北方土著少年的息氣太濃厚。以這樣的氣質，飾演一個中下階層的市民自然是好的，但以之飾演一個養尊處優的公子哥兒，便顯然會不及前者的成功。在舞台上如此，在銀幕上也如此。尤其他的臉型、身架，都是結實健壯，樸厚無華的。或者有人說：『嚴俊是個有點近於粗線條的人物，粗線條人物的作風，雖沒有花花公子的華貴，俏皮，但卻令人有一種真誠的親切之感。他容易與人接近，也容易被人接受，他像白乾酒一樣──象徵著北方人的固有的風情。初吃的人雖覺得他不易入口，但他有他的特性。那特性香冽，濃烈，辛辣，刺激，人人都會愛好他，接受他。如果不接受，那也不過是習慣問題。因為只要有一個機會，他立刻就會給人們一個深刻的印象。』

接著潘柳黛用較多的文字，敘述了嚴俊是在叔父嚴華和周璇赴天津老家，舉行結婚典禮後去了上海，因周璇關係進了大同影片公司，成了掛名電影演員，後考進大夏大學苦讀了三年，之後踏上了舞台。嚴俊當年機會不是太多，因為那時正是舞台戲的全盛時代，又是藍蘭，夏霞、石揮、黃河、舒適等大顯身手的當兒，很難讓嚴俊有機會擔任重要角色。最後潘柳黛又寫道：

「但由他的確有著演戲的天才，不久他到底嶄露頭角，獨當一面，演出了主角戲。而悲歌慷慨的一齣「李秀成殉國」裡的李秀成，纏綿俳惻的「陳圓圓」裡的吳三桂，都被他演得出神入

化，使台下觀眾對他的富於天才的演技，拍案叫絕，大嘆精彩不止。於是他的舞台基礎奠定了。不論古裝，今裝，悲劇，喜劇。也不論反派，正派，老生，小生，他演什麼像什麼。飾演那一個角色，那一個角色就在他的演技裡復活。從此他紅了，不止在舞台上紅了，在銀幕上也紅了。他放棄了舞台生涯，專心致力於銀幕工作。許多製片家看中了他的票房價值，於是紛紛請他拍戲。而嚴俊呢，又是個出名的『猶太人』，他在過了一段困苦的生活以後，更了解了金錢的重要。現在總算是他成功了，又有這麼多人請教他，為名為利，因之他總是逢片就拍，不論大小，為一片公司拍攝過不少粗製濫造的片子。這些片子固然使他賺了不少錢，但這些片子卻也傷害了他的戲劇生命。因此在上海時，他的聲望彷彿不及石揮和劉瓊。但這些不是他的錯，錯的是他忽略了『牡丹雖好，還要綠葉扶持』的這句話。

　　儘管他有天才演技好，但其他方面的因陋就簡糟踏了他。到香港以後，他拍片的態度嚴肅多了，過去和周璿拍《花街》，他飾演一個說相聲的，和李麗華拍《說謊世界》，他演一個冒充的特派員，這兩個角色都使他得引了空前的成功，至於和白光拍的《蕩婦心》裡的少爺，《血染海棠紅》裡的小偷兒，《一代妖姬》裡的惡霸，他更是演得淋漓盡致，精彩絕倫。而最近與李麗華拍《巫山盟》，與林黛拍《翠翠》。在《翠翠》一片裡，他不只自導自演，而且更同時飾演了一老一少兩個年齡不同，個性不同的角色。」

　　雖然時光已逝半個多世紀，今天翻閱潘柳黛筆下的《明星小傳》，似乎那些當年從上海顯赫到香港的明星們，又風度翩翩的重新映入了我們的視線。

· 兩赴南洋，風情萬種 ·

潘柳黛到達香港時，正值而立之年，精力充沛，創作思維活躍，幾本書問世後，更是名聲大起。1954年她受聘在香港環球圖書雜誌出版社任編輯。1955年，香港亞洲影業公司向女作家潘柳黛發出邀請，請她為公司擔任宣傳工作，潘柳黛欣然同意。不久，該公司推出《半下流社會》電影。由劉琦主演。

劉琦是潘柳黛所讚賞的大明星之一，也是要好的朋友之一，是當年潘柳黛上海婚慶大典上，與白光、龔秋霞等大明星為了助興合唱的成員之一，潘柳黛在她的《明星小傳》一書中，曾以《劉琦這個女人》為題，較全面地把她介紹給讀者，其中寫道：

「邵氏公司二老闆說：劉琦是個優秀演員，給她任何角色，她沒有不稱職的時候。導演王引說劉琦真會演戲，她能演正派，更能演反派，她能從少女演到老太婆。攝影家高領梅說：我沒想到劉琦在銀幕上竟有這麼大力量，她飾演那一個角色，那一個角色就成為突出的。潘柳黛說：如果中國電影界也有金像獎，而且金像獎的頒發是公平的話。劉琦早應該得過了金像獎。我跟劉琦認識沒有太長的歷史，前後不及兩年。但我知道劉琦

潘柳黛筆下的著名影星劉琦。

這個人，是在勝利以後，我在《新夜報》任編輯，每日到報館去，途經跑馬廳的時候起。跑馬廳的草坪前，掛著一塊《出賣影子的人》的路牌廣告，嚴俊的旁邊，有一個非常妖嬈的，性感的女人──這是誰呢？這個女人的臉這麼陌生？直到影片上演了，各報的電影版一致批評介紹，我們才知道這個人叫劉琦，是重慶回來不久的電影女明星。

我對她開始注意了，我立刻就知道了她許多豔聞瑣事。那時她住在高貴的百樂門飯店，揮金如土，汽車代步。她像交際花，但她不是交際花，因為交際花要遷就現實環境，不能那樣自說自話。她是電影明星，但她不像電影明星，因為電影明星沒有她那樣豪華，奢侈，她是什麼人呢？──直到一年前，我認識她以後，我才知道她不是交際花，也不是電影明星，如果說人生如戲的話，在人生的舞台上，原來她也竟是一個全材演員，她是個好妻子，好母親，好朋友──一個善良的女人！

我第一次看見她，是她與白光拍《歌女紅菱艷》的時候，《歌女紅菱艷》是我寫的劇本，劉琦在這戲裡飾演羅維的太太，白光的弟媳，一個銀行家的嬌生慣養的女兒。戲裡的對白並不十分多，但只一個鏡頭，我便已發現了劉琦演技的優秀。只一句話，我便已發現了她對白的有力，『她真會演戲啊！』我當時心裡暗暗驚嘆不止。

這以後，我看過她的《虎落平陽》，看過她的《海誓》，看過她的《孽緣》，看過她的《月兒灣灣照九州》。但如果說我對她的認識是從銀幕上來的，不如說我對她的認識是從鏡頭前來

的。因為我後來與她做了朋友，我們私人相處的機會，以及我看她拍戲的機會，比看她上演的機會更多。劉琦的身材非常美好，她身高五尺五寸，體重一百二十磅，腰圍二十四寸，胸圍三十六寸，這標準是屬於世界美人的標準。尤其是她的眉目，她的挺勁的睫毛與豐滿的口唇，更是充滿了不可抗拒的魅惑。有人也許不同意我的話，以為劉琦並沒有像我說形容的這麼美，我敢斷定那一定是這人與劉琦的認識還不夠的原故。女人『三分人材，七分打扮』，但我常對劉琦惋惜，我說：『你是不受打扮的人，你不化妝的時候，你的美貌評七分，化過妝以後頂多加一分，所以你跟人家比，你就吃虧了。別的女人是『三分人材，七分打扮』，你是『七分人材，一分打扮』，比來比去，你彷彿比那些美人少著兩分……』劉琦聽我這麼說，笑了，笑得又甜，又憨。一笑，在她的整齊潔白的牙齒裡，使我又看見了她那一顆生動可愛的『虎牙』。我和劉琦都是北方人，在北方土地上培養出來的孩子，特別坦率，熱情，我們相識不及二年，但在這將及二年中，我們相互的了解，卻幾乎像二十年那樣深長。」

接著潘柳黛又詳細介紹了劉琦父親是一軍人，早年喪母，與繼母關係緊張，父親包辦為她訂了婚，她趁父親公事離開重慶時，解除了婚約。稍稍地離開了家，在重慶她找到了劇作家曹禺，曹禺立即把她介紹給金山，當時金山正是中國藝術劇社社長，金山就接受了她加入中國藝術劇社，當時和藍馬，黃宗江等人在一起。隨著劉琦演藝水準的提高，擔任的戲份也加重了，當

金山批評她的不足，要她加強學習時，因為她像匹野馬受不得拘束，一氣之下離開了劇社去了昆明。不久，偶然的機會在朋友家認識了中國電影製片廠的演員王豪，王豪介紹她進了中國電影製片廠，該廠除製片外還有劇團上演話劇，在那裡她認識了舒繡文，秦怡，張瑞芳等名演員。這時劉琦很努力，無論正派，反派，黃花少女或龍鍾老婦，她都演得出色因而劉琦走紅了。

在重慶無論是舞台上還是社交圈裡都知道劉琦這個人。後來她被時任郵政儲金匯業局局長的徐繼莊看中，過了一段奢華的日子。然而這不是她的追求，不久，她又飛回自由天地。

抗戰勝利，她隨中國電影製片廠還都南京，但該廠與上海中國攝影廠合併，她遂到了上海，這樣上海百樂門大酒店多了一個年輕貌美的劉琦。隨後，她以客串的姿態和名演員藍馬、上官雲珠拍了一部《天堂春夢》。之後，她又以女主角身分和嚴俊演了一部《出賣影子的人》，這部電影讓上海人耳目一新。不久，她結婚並做了母親。1949 年南下香港，在香港劉琦和潘柳黛異地重逢，彼此都很開心。劉琦無法割捨電影藝術，又成為邵氏公司的演員。先後拍片達五十多部。

1956 年潘柳黛又在香港《亞洲畫報》上撰文，仍然以《劉琦這個女人》為題，從另一個側面把劉琦介紹給觀眾，開頭寫道：

「她有『懶人』之名，不大喜歡打扮，但無論穿什麼衣服，都會使人看見失魂落魄。最近她將到南洋，隨《半下流社會》上映，登台和觀眾見面。」

一天，亞洲影業公司的總經理張國興找潘柳黛，告訴她說，劉琦小姐將為她所主演的《半下流社會》的上映，要到南洋各埠去隨片登台，此行大概要三個月左右，問潘柳黛可否願意一同前往。潘柳黛滿口答應。後來她在《南遊記》一文中有這樣一段話：

「古人說：『讀萬卷書不如行萬里路』生活過得太緊張，我已經是個不大有時間讀書的人了，如果能夠利用走路來多獲得點見識，不是更快捷和省事？如今既有此機會，我自然是毫無考慮一口答應了。」

潘柳黛是以亞洲影業公司的宣傳員，是電影女明星劉琦小姐的經理人、發言人、監護人的身分陪赴南洋的。有報刊披露：「『東方瑪麗蓮夢露』劉琦，由女作家潘柳黛任經理人，……到南洋各地登台，第一站先到曼谷……」

1956 年 4 月的一天，劉琦穿著深色掛滿「糧食」的花旗袍，色彩奪目。潘柳黛則身著白底黑花的瑞士布旗袍，她倆一高一矮，令人矚目。在香港文化界、電影界眾多歡送的人群中步入機場。乘座的是 PAA 大型飛機飛往泰國曼谷。到達曼谷時，她們受到當地華人的熱烈歡迎，幾串美麗的花環套在她倆的頸子上。他們一行十一人，下榻在京華酒店。房間除風扇外，還有冷氣設備，原來泰國人喜歡風扇、冷氣一齊使用，把房間凍得像冰窖一樣。當晚他們接受華僑的盛情款待。吃潮州菜喝冰茶，潘柳黛是北方人當然不會喜歡，她說：「潮洲菜並不如想像的好吃，

尤其顏色太白，不合北方人胃口。初吃的時候還勉強，吃多了，便覺得縱然是十個菜，仍然是一個味道。」她第一次品嘗到冰茶，玻璃杯裡倒滿了中國茶，然後再放進冰塊。潘柳黛說：「在北方吃茶要細細欣賞，細細品評的，如今一加冰，自然便鯨吞牛飲，一杯杯的灌下去了。」

潘柳黛在香港出發前，對南洋熱帶天氣雖有思想準備，但到達後她就覺得樣樣不習慣了。她在《南遊記》中，又說：

「曼谷的夜市，趕不上香港夜市的繁華。據說熱帶居民喜歡早睡早起，因為只有一早一晚的天氣才不那麼炎熱逼人。每天中午十二點鐘，人們都盡可能躲在屋子裡，連三輪車夫，都養成了午睡的習慣。……這裡沒有浴缸，只用冷水沖涼，這對於我們坐慣澡盆的人，又是一個麻煩，我們不敢驟然用冷水，因為怕感冒傷風。同時沖蓮蓬浴我們不知道該把頭髮怎樣處理？記得行前有一個朋友曾熱心的告訴我們說，南洋的天氣熱，每天至少要衝兩三次涼才能減低體溫。為了預防頭昏，更非醍醐灌頂，把冷水從頭上澆下來不可。但是作為一個女人，每天沖三次涼，洗三次頭，無論如何那是一件吃力不討好很難辦到的事。」

潘柳黛談到泰國的風土人情時，又說：

「第二天七點多鐘就醒了。我憑窗眺望街景，看見有不少和尚三兩成群在街上躑躅。遠遠的看見他們披著的黃色袈裟，使人不免凡心盡滌。然而為什麼這麼早就有和尚在街頭出現呢？我覺得非常奇怪。到後來才知道，原來泰國的男人做和尚，就像英美

1956 年潘柳黛（下排最右邊）在新加坡與影界僑界代表合影。

1956 年潘柳黛在新加坡飯店看畫報。

的男人服兵役一樣。這是一種義務，也是一種權利，任何一個男人，在他的一生中都必須經歷的。他們在這一段日子中，不做任何事情，生活就靠著『沿門托缽』來維持。」

在曼谷他們為《半下流社會》電影上映，舉行了一個記者招待會，除劉琦外，潘柳黛是當然的主角。

在曼谷劉琦先後表演唱歌和舞蹈約兩個星期。他們一行人，由曼谷飛往新加坡，在新加坡有朋友及中西各報記者接機。並有獻花等活動，接著是記者招待會，潘柳黛也致詞如儀，她說：「『劉琦的戲路很寬，並不是夢露典型的演員，不過體裁和夢露相像而已。』寥寥幾句倒是實實在在的事實。」

潘柳黛頓被這塊赤道奇葩，這個由五十七個小島組成，面積僅 639 平方公里的國家的獨特的魅力所吸引。她們曾兩次瞻仰孫中山南洋紀念館，並和劉琦等一行人在紀念館前留影。也參觀徐悲鴻住過的黃曼士的「百扇齋」，還去過「牛車水」。（筆者注：「就是唐人街，是當年華人居民、攤販的集中地，實際是貧民窟，因人口多、攤點多，街道骯髒不堪，每天下市後就用牛車拉水沖洗一次，否則臭氣熏天，「牛車水」因此而得名。後來經過整修，如今已形成清潔整齊、雅致優美的古董街和各具規模的中餐館及遊藝場和服裝店的繁華大街了。）

《半下流社會》本就是一部受歡迎的影片。加上劉琦的磁性歌喉，動人的舞姿，使新加坡奧迪安戲院一連幾場滿座。後轉入新娛樂上演同樣賣座興旺。

劉琦、潘柳黛住在國泰酒樓，常有影迷清晨即圍進酒樓求見。兩周後他們十一人分兩路出發，潘柳黛和劉琦乘馬來西亞航空公司的飛機，其他人員則乘汽車，好者路進幾個小時就到了馬來西亞的首府吉隆玻。吉隆玻是個盆地，四面靠山，天氣十分悶熱，潘柳黛說：「除了許多教堂式的回教建築以外，沒有什麼風景可言。有一個黑風洞，高三百餘石階，但因為劉琦和我都是懶人，誰也沒有去逛的興趣。」在吉隆玻他們同樣受到熱烈歡迎，一方面為電影宣傳召開記者會，一方面又受到當地華人的宴請。在吉隆玻潘柳黛認識了幾位僑領朋友，他們都很好客，招待也周到。潘柳黛在《南遊記》中寫道：

「吉隆玻有兩家館子，菜肴相當不錯，朋友們常常請我們吃乳豬。主人總是把豬耳，豬尾挾給我們吃，據說這是向客人在表示最大的敬意，我不知道別的地方是否也有這樣的說法。」

六天後，他們到了馬來西亞的另一個城市怡保。由怡保的主人安排，潘柳黛一行下榻在火車頭酒店，潘柳黛說：「這是一個奇怪的建築，無論是電梯、是走廊、是房間，都隨時隨地會使你感到它的濃厚的行旅味道。我們住在 12A 號房，門外有一條長長的走廊，已經被闢為公共客廳，天還沒亮，已經聽到走廊裡的腳步聲，而附近的火車汽笛長鳴，更令人想到生離死別的離情別緒。」

之後，潘柳黛和劉琦仍然乘飛機由怡保飛往檳城。檳城風景優美是一個被南洋僑胞稱為「東方花園」的好地方，潘柳黛

說：「我們到了檳城，果然立刻覺得這地方花木茂盛，青綠如翡翠谷。而面山臨海，頗有一種悠閒的、宜室宜家的樣子。」

在朋友的陪同下他們逛了蛇廟，去植物園看了猴子。潘柳黛又寫道：

「猴子被養在植物園，牠們自由自在，滿山遍野，三五成群和遊客們生活在一起，遊客喜歡牠們的乖巧伶俐，都自動的願意帶一點零食給牠們吃，牠們也覺得遊客是朋友。蛇廟更奇怪了，整間廟住滿了蛇，有青竹蛇、有金腳蛇、有飯鏟頭，粗的像汽車胎盤那麼粗，細的像筷子那麼細。牠們都無拘無束蟄伏在那裡，你不惹牠們，牠們也不惹你。據說每年正月初六是蛇誕。四面八方的蛇，都會不遠千里而來，聚集到這裡，好像大家在互祝生日快樂。檳城的人喜歡『吃風』，山上有特為市民開闢的『吃風處』，富豪大賈，特地自建『吃風樓』。所謂『吃風』，其實就是吹風乘涼的意思。」

潘柳黛對馬來亞華僑讚賞尤佳，她曾寫道：

「他們殷實、安定、安分守己、省吃儉用。我們有機會認識了許多百萬富翁，或千萬富翁和他們的太太，但除了高樓大廈，富麗的住宅以外，在他們身上不但看不出一點驕奢之氣，就連衣服也穿得非常平常。華僑是智慧的，以整個的南洋來說，政治握在英國人手裡，經濟握在中國人手裡，真正的馬來人，只在人口上占優勢。雖然特殊優秀的馬來人也不少，但一般知識和智慧水準，是比不上華僑的。比方說，有一天我看見一個窮苦的馬來孩

子，睡在戲院門外的石階上，而這裡正是戲院冷氣出口的地方。裡邊享受著冷氣，這孩子就正在享受熱氣，須知在氣溫九十度時，再享受熱氣，並不是一件舒服的事呀！」

　　在檳城一住九天。他們在華僑的陪同下，去了聯邦區的各個小一碼頭，看到了「太平湖」，嘗到了「巴生口」海鮮和「芙蓉」街上的鮮蝦雲吞麵，又參觀了「麻六甲」的名勝古蹟及品嘗了「麻坡」特產榴連。

　　在馬來西亞劉琦表演及遊玩計兩個多月。又回到新加坡略休息了一段時間。他們一行去了馬來西亞北婆羅洲的沙澇越，這是馬來西亞最大的省，位於婆羅州的西北部，北臨南海，南與印

1956 年，潘柳黛應馬來西亞沙勞越廣播電台之邀，對沙勞越華僑除介紹《半下流社會》電影處，還做了婦女問題的演講。

尼接壤，東接汶萊，屬熱帶。面積 12.44 萬平方公里，當年不足
一百萬人口，華人占三分之一。據 1991 年統計人口為 164.8 萬
人。沙澇越廣播電台設在首府古晉。電台希望潘柳黛除介紹《半
下流社會》影片及主角劉琦外，也談點婦女的婚戀問題。潘柳黛
欣然接受，那天她修飾了一番，穿著敞領連衣裙坐在沙勞越廣潘
電台華語播音室的麥克風前，侃侃而談。她的悅耳的京片子，她
的親切、幽默的語言，得到沙澇越華人聽眾的喜愛和喝采。

七月間，劉琦、潘柳黛一行初入南洋群島，領略了熱帶的萬
種風情，他們帶回了東南亞文化界，電影業同仁和廣大華僑的青
睞和祝福，凱旋回到香港。

潘柳黛在新加坡時遇上了她當年上海的老友，這位老朋友正

1956 年，潘柳黛（左一）在馬來西亞與電影界朋友一起合影。

服務於《南洋商報》。他曾向潘柳黛發出邀請，但潘柳黛因香港亞洲影業公司任務在身，又家務太忙而婉言謝絕了。1962 年，《南洋商報》再次向潘柳黛發出邀請，請她擔任婦女版編輯。婦女版對她有著極大的誘惑力，因為這對她來說是駕輕就熟，是她的強項。她也看中新加坡基本上是個華人的世界，尤其待遇優厚，而她回香港的家亦很方便，再說報社給她時間寬鬆，每週一版，甚至可以在家編好寄去，1962 年潘柳黛滿懷喜悅地二赴獅城就職。

《南洋商報》是著名的愛國僑領陳嘉庚先生於 1923 年所創辦，當時每週出版六天。1932 年成立《南洋商報有限公司》，發行量達一萬份。1940 年胡愈之任該報編輯主任，抗戰期間停刊，抗戰勝利後復刊。

由於《南洋商報》當時是東南亞地區頗具影響的大報。潘柳黛主編的《婦女版》頗受好評。之後她回香港，仍為《婦女版》郵寄稿件。《南洋商報》在上世紀八十年代與《星洲日報》合併為《聯合早報》至今。

・電影編劇，名揚香江・

　　潘柳黛除在亞洲影業公司擔任宣傳工作外，仍勤奮筆耕，觸及面又拓寬了，體裁呈現了多樣化，其碩果串串。她的短篇小說頻頻問世有《路柳牆花》、《如花美眷》、《風塵尤物》、《陌生新娘》、《兒女情》、《紅塵淚》、《張三李四》、《紅粉金剛》、《冤家喜相逢》、《親情》、《冷暖人間》、《真假情人》、《女記者》、《芳鄰》、《路燈下的女人》、《遭遇》等。其中《路柳牆花》評價最高。正如香港作家沈西城說：「潘柳黛有一本小說，給我印象之深，遠遠超乎其他小說。小說的名字叫《路柳牆花》。但是潘

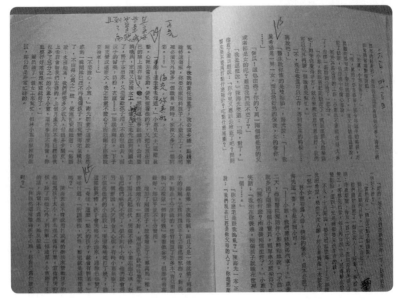

《冤家喜相逢》單行本出版後，潘柳黛仍在進行修改，圖為修改真跡。

短篇小說《如花美
眷》、《紅塵淚》、《紅
粉金剛》、《冤家喜相
逢》和《張三李四》
封面。

姐卻說那是遊戲之作。」其中《女記者》（改名無冕皇后）、《冷
暖人間》、《真假情人》先後搬上影幕。

　　潘柳黛小說的特色是以情愛為核心，強調愛情的價值觀。她
擅長從不同角度，不同層面，去透視愛情的悲歡離合、苦辣酸
甜。特別重筆濃彩描繪了那些掙扎在生活的最底層的被損害、被
侮辱的女子，潘柳黛向她們伸出了援助之手，以細膩的筆觸去撫
平她們心靈的創傷。她對女人投手舉足的深刻理解獨具特色，正
如她曾不止一次地說過：「我永遠站在女人這一邊。」

　　同時期潘柳黛又熱情地把精力投向電影劇本的創作之中，
1953 年她的處女作電影《歌女紅菱艷》誕生。接著《無冕皇后》

（又名《愛情與法律》和《女記者》）及《怨女情痴》電影上映。1959年《冷暖人間》，1961年《不了情》等多部國語片電影，1974年《別了親人》電影相繼問世。從此，潘柳黛不僅是寫小說、寫詩歌、寫隨筆、寫雜文的作家，又成了香港知名的劇作家之一。

電影《歌女紅菱艷》上映廣告。

潘柳黛編寫的電影劇本，先後由香港新華影業公司、太平洋影業公司、邵氏電影製片公司和光藝電影製片公司，及新加坡萬里影業公司等，拍成影片在香港、台灣和新加坡公映。現將其中部分影片，略作簡介。

《歌女紅菱艷》是一部倫理悲情國語黑白故事片。它描繪了一位叫紅菱艷的歌女，她為培養弟弟讀書成才，瞞著家人，不惜在霓紅燈下出賣色相，在風塵中結識了一位有婦之夫，二人相戀，遭到其夫之父的百般阻撓和刁難，受盡磨難，不幸其夫病故，紅菱艷潦倒不堪，而由紅菱艷供養的弟弟已功成名就，卻拒絕認其姐。該片由屠光啟導演，潘柳黛編劇，由著名影星白光、鮑方、羅維、劉琦和洪波、吳家驤、紅薇、陳又新等演出。由香港遠東影業公司出品。香港邵氏兄弟有限公司發行。1953年1月首映，獲較好票房。

《怨女情痴》是一部愛情故事片。寫的是一位青年作家楊天倫，某夜在街頭偶遇酩酊大醉的白敏芝，楊天倫搭救了她，當白敏芝酒醒後，她向楊傾訴了自己淒酸往事。原來白敏芝是醫院護士，父母雙亡，工作努力，有一天，當白敏芝正在工作時，遇上病人朱老爺的非

《怨女情痴》劇本一頁。

禮，白敏芝一怒將朱老爺推倒在地，慌忙逃去，從此無奈當上舞女。楊天倫頗為同情並決定幫助白敏芝擺脫伴舞生涯，慢慢的二人情愫互生，可是楊天倫已有妻室。而這時患上癌症的楊天倫的妻子，一天在醫院突然中毒身亡，白敏芝為救楊天倫擺脫毒妻的嫌疑，勇敢地承認自己是凶手。幸好楊天倫的妹妹交出嫂子因不堪癌症折磨留下的遺書，才還了白敏芝的一個清白。

該片由屠光啟、王天林導演，潘柳黛編劇，音樂梁樂音，著名影星歐陽莎菲、羅維、洪波和張翠英、吳景平、尤光照、吳家驤等演出。監製劉惋青，製片馮明遠，攝影何鹿影。香港萬里影業公司出品。香港港僑影業公司發行。1953 年 8 月在新加坡首映。

《無冕皇后》（又名《女記者》）是一部寫實文藝國語黑白

片。潘柳黛原著，該片謳歌了一對新聞工作者敢於揭露其長輩罪行的故事。講的是報館採訪主任曹耀遠和記者沈曼雲志趣相投，感情日增，已成情侶。但沈曼雲的父親沈楚材是個為富不仁的人，追求舞女莎莉被拒絕之後，沈楚材竟利用宴請客人的機會，將莎莉灌醉後而非禮，待莎莉酒醒發現身旁沈楚材正在糾纏，憤恨異常，遂縱身窗外，從高樓墜下，當即身亡。而曹耀遠是莎莉朋友，他一面追查莎莉死因，一面不畏恐嚇，揭露了沈楚材走私一事，遭到沈楚材爪牙的毆打並形成重傷。案情大白後，其女友沈曼雲繼續撰文抨擊父親罪行，以盡記者職責。由唐煌導演，著名影星周曼華、羅維、劉琦和楊志卿、吳家驤、司馬風（即鄭嵐）蘇珊、沈雲演出。有趣地是世界乒乓球冠軍薛緒初，傅其芳在片中客串表演乒乓球賽。該片由香港閩江影業公司出品。1953年 6 月在台灣首映。極獲好評。

《冷暖人間》是一部彩色國語言情故事片，潘柳黛原著，高洪順編劇，演員是夏厚蘭、金帝、麥玲、黎雯、李英、白漪、金天柱、楊易木、柳波、高尚飛。由太平洋電影製片公司出品。1961 年 6 月在台灣首映。獲一致評。

《真假情人》是一部黑白粵語言情故事片。潘柳黛原著，薛後編劇，蔡昌導演。演員有周聰、嘉玲、王偉、姜中平、李月清、李亨、馬笑英等演出。香港新藝製片公司出品。1965 年 9 月香港首演。

《別了親人》是一部彩色國語片。潘柳黛編劇，謝賢導演。演員有謝賢，尤芷雲、歐陽莎菲、鄧光榮、金霏、陳浩、姜南、

尹芳玲、關山、沈殿霞、葛小寶、杜平、羅飛雄、李香琴、譚炳文、陳鴻烈、楊佩蓮、鄭少秋等。香港邵氏兄弟公司出品。1974年6月香港首映。好評如潮。這是潘柳黛和2008年去世的香港著名笑星沈殿霞的一次合作。

電影《別了親人》上映廣告。

· 編《不了情》，享譽亞洲 ·

潘柳黛在香港編了幾部電影劇本並拍成影片公映了。1961年上映的《不了情》影片，則是潘柳黛所創作電影劇本中的代表作。該劇是一部國語黑白綜藝體弧形闊銀幕悲情故事片，由邵逸夫監製。陶秦導演。演員有林黛、關山、高寶樹、洛奇、蔣光超、楊志卿、王沖、李允中等。

《不了情》敘述了少女李青青（林黛）父母雙亡，到上海夜總會找任琴師的舅父，因歌喉美妙獲富家子湯鵬南（關山）推薦為歌星，兩人漸生情愫。湯父突患中風病逝，遺下巨債。李為助湯，找歌舞團老闆王東海（蔣光超），王要李陪同出國遊，李無奈，把所得 30 萬報酬為湯解困，為不傷害湯的自尊心，假借湯好友的名義借給他，使湯渡過難關。不料李的苦心卻被湯誤

時任邵氏影業公司編劇的潘柳黛。

會移情別戀而絕交。還故意偕女友到夜總會對李冷言冷語。不久，以借錢名的那位好友病故，後當湯在還錢給好友的家人時方知借款真相，後悔莫及，複找李道歉，誤會解開，兩人正欲破鏡重圓，而李暈倒，經查已患白血症，湯將李病情隱瞞著，繼續忙於婚事，

一天李偶然發現自己病歷寫著絕症，她為不拖累心愛的人，悄悄離去住進孤島小樓，以等候死神的召喚，留下一段不了情。從此，湯墜入不了情的深淵。

該片由邵氏兄弟（香港）有限公司出品。1961 年 10 月香港首映，全港轟動。

香港《南國電影》雜誌中有文寫道：

「《不了情》是一部故事曲折，情節動人，哀感頑豔兼而有之的『催淚彈』，描寫兒女情長，海枯石爛，生死不渝，至性至情，不僅賺人眼淚，簡直憾人肺腑。『不了情』雖是一個大悲劇，但片中若干情節和對白，都很幽默輕鬆，令人發笑。笑中有淚，有笑有淚，這是使人享受情感刺激的最佳影片。正是：天長地久有時盡，此恨綿綿無絕期！」

1962 年 5 月 12 日至 16 日，在韓國漢城舉行的第九屆亞洲電影節上，《不了情》獲得各國代表極高的藝術評價，而評選的結果，女主角林黛因其演技特別出色動人，因而榮獲「最佳女主角」的「西戎金禾獎」，從而蟬聯上屆並四度登上亞洲影后的寶座，同時主題歌《忘不了》作曲家王福齡亦榮獲「西戎金禾獎」。

主題歌《忘不了》歌詞係潘柳黛之作，另兩首為陶秦之作。但後來卻誤傳全部為陶秦之筆，雖有少數資料有所更正，但大部宣傳仍為陶秦之名，對此潘柳黛亦不介意，她曾對友人及家人說過：「只要聽眾喜歡就行。」

2001 年 11 月香港《東週刊》的〈非常人物〉欄目，紀念潘

柳黛的一篇文章中，寫道：

「張愛玲和潘柳黛都曾南下香港，前者為香港留下了蕩氣迴腸的《傾城之戀》，後者編撰出令人黯然銷魂的《不了情》。儘管電影對她來說是一個陌生的領域，她很快就能表現出超卓的創作天分，《不了情》更加是她的代表作，不但劇本出自她的手筆，連主題曲《不了情》的歌詞也是她的傑作，只不過坊間一直誤傳為導演陶秦填詞。」

又有潘柳黛在邵氏公司的同事、作家黃南翔，他在他的《記三位已故的文藝界前輩朱旭華、易文、潘柳黛》一文中，說：

「《不了情》不知叩動多少人的心，且至今一直都被人視為香港愛情電影的經典之作。而這部電影的主題曲《不了情》，也是

《不了情》電影海報。

邵氏兄弟影業公司《不了情》存檔劇本一頁。

由潘柳黛填的詞。」

　　歌詞委婉淒厲，扣人心弦，記錄了人生路上的苦澀芬芳。題為《忘不了》：

忘不了，忘不了，忘不了你的錯，忘不了你的好，

忘不了雨中的散步，也忘不了風裡的擁抱。

忘不了，忘不了，忘不了你的淚，忘不了你的笑。

忘不了夜落的惆悵，也忘不了那花開的煩惱。

寂寞的長巷，而今斜月清照，冷落的秋千，而今迎風輕搖。

它重複你的叮嚀，一聲聲，忘了、忘了，

它低訴我的衷曲，一聲聲，難了、難了。

忘不了，忘不了，忘不了春已盡，忘不了花已老，

忘不了離別的滋味，也忘不了相思的苦腦。

　　2003年邵氏公司重新以數位製作經典佳片VCD / DVD光碟。《不了情》是其中的一部。2004年春，筆者在香港購得《不

《不了情》上映廣告。

了情》光碟。看後深感故事雖已透過時光跨越近半個世紀，但仍然催人淚下。

2004 年 8 月的一天，筆者在墨爾本的家中，收視香港鳳凰衛視節目，當時正熱播紀念鄧小平誕辰 100 周年的紀念節目，發現兩台不同時間不同內容的節目，而在節目結束時均播放了《不了情》的插曲《忘不了》，可見詞曲完美結合的魅力。

• 客串演出，招獲好評 •

潘柳黛不僅是搖筆桿的作家、劇作家，還是一個評價不錯的演員，她偶而參加電影的拍攝，作為重要客串演員。

1957 年 4 月，潘柳黛參加了香港亞洲影業有限公司拍攝的喜劇片《滿庭芳》，演員是著名的陳厚、楊明、鍾情、王萊、劉恩甲、吳家驤等。海報上寫著「女作家潘柳黛客串」幾個醒目方塊字。潘柳黛在劇中飾演一個貪圖享受，沉醉牌桌，塗脂抹粉，善於交際的主婦，也是溺愛女兒的陳太太。據《電影資料》評論中寫道：

「女作家潘柳黛雖然初次登銀幕，但她的趾高氣揚，潑辣蠻橫的表情，把這個都市病態的女人，描繪得既可恨又可憐，成為《滿庭芳》中突出的人物。」

「女作家潘柳黛雖然初次客串上鏡，但因為她對銀幕的技巧有深切的了解，所以也演得凸出而成功。」

1957 年 8 月，潘柳黛參加了由香港海燕影業公司出品，香港中國聯合影業公司發行的《春色無邊》電影，由王豪導演，主要演員有王豪、鍾情、蔣少麟、唐真、李允中、金銓（胡金銓）、蔣光超、王琳、吳家驤、劉仁傑、文石凌、潘柳黛客串演出。

影片內容係指一位電影導演李依萍為了寫劇本，在郊外租了

一屋，從而認識了房東女兒美貌的阿翠，認為阿翠具有演戲天份，因此力邀她主演新片，阿翠也喜愛演戲，其父張公道百般阻撓，阿翠只能偷偷拍戲。到影片快開拍時，原女主角馬莉因交通事故負傷住院，阿翠因此有機會當上女主角，影片開拍當日，

1957年潘柳黛應邀在《春色無邊》電影中客串演出，上圖為廣告，下圖為潘柳黛（右）和鍾情（中）、蔣光超（左）演對手戲劇照。

其父得知女兒到片場拍戲，與房客趙老闆大鬧片場，欲阻止女兒當演員。最後，終被說服阿翠繼續拍片。

　　潘柳黛在該片中飾演金太太，金太太是位中年孀婦，有錢、有產，也有個寶貝兒子，但丈夫死得太早，不甘寂寞，還想嫁人，她心目中的對象，就是那個開店的趙老闆，對趙百般殷勤，而趙老闆卻另有所屬，正追求年青貌美的阿翠，這使金太太頗為無奈。《春色無邊》發行了個宣傳冊，介紹其主要演員時，同時說：「女作家潘柳黛，亦相助為理，在片中客串演出，足見該片演員陣容的不凡。」又在花絮中寫道：「潘柳黛飾金太太，是第二次上銀幕（三年以前她拍過一部《滿庭芳》，戲比處女作演得

《春色無邊》人物介紹，左下為潘柳黛客串的金太太。

更好了），可是人比三年前又不知胖了多少呢。」

　　潘柳黛除在《春色無邊》影片中擔任客串演員外，還為影片插曲作了兩首歌詞，歌詞活潑、詼諧，又再現潘柳黛在情字上的灑脫。歌詞：《有情意》是這樣寫的：

　　要是你說我有情意，為什麼不理你；

　　要是你說我有情意，我在偷看你。

　　你呀不要瞎擔心，自己費猜疑；

　　有情人呀成眷屬，全靠真情意。

　　要是你說我有福氣，我沒有喜歡你；

　　要是你說我沒福氣，我們在一起。

　　你呀是個多情人，情多太可惜；

　　我是一個窮丫頭，不敢高攀你。

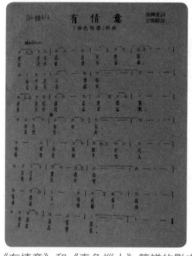

《有情意》和《春色惱人》簡譜的影本

《有情意》作曲是香港著名電影作曲家王福齡的傑作。潘柳黛作另一首歌詞《春光惱人》，是那樣寫的：

春光美妙，女郎窈窕；春色惱人，芳心誰曉；

那裡找個少年郎，跟他共到老，你恩我愛，其樂陶陶；

那裡找個少年郎，跟他共到老，甜甜蜜蜜，共度春宵；

春光帶來煩惱，有情人神魂顛倒；

春光帶來煩惱，莫辜負那花月良宵。

《春色惱人》是原上海著名流行歌曲名家李義之選曲。音樂是感情語言，歌詞只有在優美的旋律中，才能傳遞給人的是精神的昇華。香港流行歌曲最早來自內地，後來逐步發展形成了港派的特色。

實際上，早在1952年，潘柳黛即為新華影業公司出品的《碧血黃花》電影，創作了《你已改變》插曲歌詞，由王福齡作曲。1953年，潘柳黛又為香港海燕影片公司出品的《戀歌》、電影主題曲《到我夢中》寫詞，由梁樂音作曲。再為《百花齊放》影片，插曲、《青春的愛》、《似水流年》寫詞等。

1958年7月台北大茂影業公司出品的《風流冤家》影片（又名《男大當婚》），講的是一個窮極無聊的漢子，和他的女友以徵婚騙局所引發的喜劇故事。輕鬆風趣，極盡諷刺。由青年戲劇理論家汪榴照擔任編導。在台灣、香港兩地拍攝，台灣演員有張仲文、黃曼、黃宗迅、唐菁等，港方演員有潘柳黛、尤光照等。

《風流冤家》上映廣告，當中有「作家潘柳黛客串」的字樣。

　　關於潘柳黛的演技，據目擊者穆虹在《潘大姐演戲，怕熟人參觀》一文中說：

　　「影劇記者潘柳黛受大茂公司劉德宜之邀，參加《男大當婚》演出。那天記者正好趕到片場，潘大姐打扮入時，眉梢眼角，都化了妝。『真難得你會演戲！』我說。『我也是老演員啦，我的演戲是三三制——大概每隔三年，才演出一次；這次因受劉先生之邀，感到盛意難卻，勉強應命。』不過，到現在她演戲時，仍怕熟人參觀，覺得不好意思。事後據導演汪榴照說，『潘柳黛天生一副『彩旦』身材，一口流利的京腔，而她的戲劇修養又在一般演員之上，所以她的演技很能入情入理，毫不牽強。』

又一花絮也記載：

「那天記者到片場參觀，正好趕上潘柳黛有戲。我問她：『你在《男大當婚》裡演什麼角色？』她思量了一下，『我演的是個『水角』。(意即彩旦所演的歹角) 事後據導演汪榴照說，潘柳黛雖已有三年不演戲，可是她的演技仍是『一絕』。潘大姐有一副胖胖的身材，流利的京口，在香港是數一數二的影劇記者，由於她的戲劇素養和職業薰陶，她的演技自然不在話下了。」

潘柳黛演技一再受到導演肯定。1963年，她又應邀參加了香港仙鶴港聯影業公司上映的《一后三王》電影的演出。

潘柳黛從編劇、填詞到走上銀屏，不難看出她已是一位多才多藝成了眾多目光注意的公眾人物了。

・ 主持影刊，寓樂於教 ・

隨著香港影業的逐步發展，各種電影畫報、雜誌和書藉如雨後春筍般地湧上大街小巷，在眾多畫報中有一本《環球電影》畫報，成了廣大市民的搶手貨。

潘柳黛以其在電影界的聲譽和從上海報刊任職的資歷，蒙受青睞，1957 年，環球圖書雜誌出版社聘請潘柳黛擔任該社出版的《環球電影》畫刊為督印人（發行人）。1958 年 1 月創刊號問世，由於潘柳黛在香港影業界廣結情緣，她的朋友有編劇、導演、演員、攝影、美工、場記等等。這些人物特別是影星都成了她這本《環球電影》畫報的主人翁，所以這本畫報辦得極具特色。創刊號上潘柳黛有這樣一段話：

「《環球電影》畫報創刊號，在萬千讀者的函電交催之下，終於出版了。我們敢說，這是一本最為讀者著想的獨立性電影刊物。尤其因為我們並非影片公司為了宣傳自己出品影片而出版的電影畫報，

1958 年 1 月，第一期《環球電影》的目錄。

所以我們的立場絕對是公正的，取材也絕對是廣泛的，我們毫無門戶之見，一切都以讀者的要求為要求。我們願意將最好的影片介紹給讀者，將最有趣的明星私生活報導給讀者。我們既無成見，又無偏見。別人是恃著自己主觀辦一本電影畫報給讀者看，而我們則是客觀的為了讀者的要看，才辦這本電影畫報。根據這一出發點，所以我們在原則上根本和其他電影畫報就不相同的。

我們希望這本《環球電影》畫報，能夠儘量表現出它的獨特的風格。也許讀者已經看出，譬如本刊採用的劇照很少，但請明星為本刊特別設計拍攝的照片又很多，這樣做雖然比較麻煩和吃力，然而只要能使讀者滿意，我們便認為是值得努力去做的。

這是一份艱巨的工作，為了我們要說真話，要對讀者負責，因而可能會得罪什麼人。但只要我們的態度是公正的，我相信讀者一定會支持我們……」

《環球電影》畫報設有好幾個欄目如〈彩色之頁〉、〈銀色新聞〉、〈特稿〉、〈影人影事〉、〈電影小說〉、〈專欄文章〉、〈影迷俱樂部〉及不定期的欄目〈大明星小故事〉等。為這本畫刊潘柳黛操心不少，不僅是寫文章，編劇本，還別開生面地組織個影迷俱樂部，組織影迷參觀，舉辦聯歡會，受到了廣大影迷們的歡迎。

創刊號上，在〈大明星小銀幕〉欄目中，潘柳黛別具匠心地她把一個個小故事，編成電影劇本，攝製成十幾張畫面，加上文字解說，又邀請一些著名影星參與拍攝，形成圖文並茂而標題又

醒目的小銀幕，如潘柳黛親自編導的《伉儷情深》小電影。劇情簡單，描繪的是香港一對中產階級的青年夫婦恩愛的故事。潘柳黛把這對夫婦相互的體貼入微，兩人的情意綿綿描繪得入木三分。在她筆下勾劃了一個烏托邦似的幸福家庭，令人羨慕，令人嚮往。

潘柳黛邀請了羅維和劉亮華演出。為什麼找羅維和劉亮華呢？

羅維是江蘇人，曾在北京念完中學後從事抗日戲劇活動。1948 年移居香港，第二年進永華影業公司出演《清宮秘史》（飾袁世凱），1953 年在邵氏父子公司與當紅明星李麗華聯手演《孽海情天》，後又與林黛搭檔演《窈窕淑女》等片。於 1957 年組建四維公司。但未成氣候，後來他又加盟電懋影片公司，執導過《無語問蒼天》等片，1965 年進邵氏兄弟公司，先後執導《鱷魚河》、《金菩薩》、《鐵觀音》《五虎屠龍》等片。1970 年轉入嘉禾影業公司。由李小龍主演的《唐山大兄》，1971 年 10 月 30 日在香港首演，引起全港的空前轟動，當年香港各報用「震驚」二字來形容，而《唐山大兄》的編劇兼導演正是羅維。接著又是一部《武精門》這兩部片橫空出世，羅維成了著名導演。

當年潘柳黛邀請羅維和劉亮華演出，不僅因為他們是要好的朋友，還因為當年羅維正在組建四維影業公司，她更器重羅維演技的高超，似乎也窺測到羅維的未來，而劉亮華正是羅維寵愛的妻子，潘柳黛創作的《伉儷情深》這部小戲，又似乎是為他倆的定身打造。她邀請著名攝影師陳浩然拍攝。潘柳黛僅用了十四幅

照片，加上她親筆寫的解說詞，即完成了《伉儷情深》連環畫式的平面演出。

潘柳黛還採用拍攝與漫畫組合的形式，構成一幅幅生動的畫面，突出故事情節也耐人尋味。如《有女懷春》、《君子好逑》、《牛仔與飛女》、《釘梢的故事》、《我和兩個女明星同居》等，而這一些作品大都出自潘柳黛的手筆，同時她又大顯身手擔任著這些小銀幕的導演。又一次展示了潘柳黛在電影編導和編雜誌的才華。這些小故事具有生活哲理，耐人尋味。

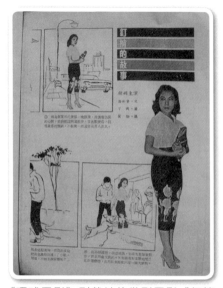

《環球電影》刊載她的微型電影《釘梢的故事》。

在〈影人影事〉欄目中，潘柳黛刻意讓讀者、影迷不只是看演員的輝煌，而是多理解他（她）們成功背後所付出的艱辛，寓教育於娛樂中。她雖也請影星談美容，談服裝、談飲食等，但更多的請他（她）們談演技、談交友、談學習。讓讀者、影迷從中獲得一些教益。她請著名影星林黛寫〈談讀書〉就是一篇可使影迷能獲教益的文章，其中林黛寫道：

「親愛的影友：當我決定把讀書問題，也列為與各位要談的課題之一時，我自己都不禁感到有點好笑了。……我以前最怕讀

理論性太重的書，簡直看到就頭痛。但自從我對電影工作發生興趣，成為我的終身職業之後，一方面對此道的興趣更濃厚了，再一方面也感到自己對這門藝術的學識知道得太少了。所以對劇本的閱讀，與演技的表達，都往往有領悟不夠深刻之感。後來，我把這種感想向一位戲劇專家請教，他介紹了幾本由淺而深的理論書給我，並指導我如何讀法。這樣，我才對電影藝術有進一步的了解，以前存在心中的一些難題，茅塞頓開，豁然而通了。此後，我才對理論書發生興趣。但越對理論書鑽研，越發現自己的無知，為了更充實自己對這門藝術的學識，所以在前兩年我雖是很忙，也設法抽出幾個月時間來，跑到美國哥倫比亞大學戲劇系去做旁聽生。我把這段經歷寫出來的原因，一是想告訴各位，要求得真實學問，非下苦功夫不可。別的事或可投機取巧，惟有求學問，則非腳踏實地不行，別的事可以學時髦，惟有讀書不能趕時髦，非下苦功夫不可。……」

在潘柳黛她曾舉例說：

「國風影業公司出品，王引、羅維、蝴蝶、陳燕燕等主演的《苦兒流浪記》，因為故事發生在北方的冬天，所以每人都穿著厚棉褲棉襖。而王引尤其受罪，不但穿棉襖棉褲除外，還要加一件老羊皮袍，有許多鏡頭皮袍裡還藏著一隻猴子，手裡還要牽著一條狗，一切都是那麼沉重，那麼累贅，那麼毛茸茸的，不要講到身受者的感覺，就是看看也要看出汗來了。何況水銀燈的幾千支光，像火箭一樣，從四面八方射來，又怎麼能不使人汗出如漿

呢？電影明星的這種苦頭是吃慣了的……」

　　她希望影迷從中悟出，唯有勤奮好，唯有艱苦奮鬥，才能獲得成功的道理。

　　《環球電影》在潘柳黛精心策劃下，成了編者與讀者心靈溝通的橋樑，它不僅介紹影星，還引導讀者不去盲目崇拜，對當時香港國語電影的不良傾向也直言不諱，她對菲律賓讀者轉給她的《華僑週報》上刊載的柯槐先生的《為國產電影嘆十聲》文章。倍加讚賞，她同意柯槐的觀點：

　　「今日的國產電影，已成為好萊塢電影的尾巴了，它抄襲好萊塢的風格，盲目地隨著好萊塢的路線走，完全踢開了中國電影傳統的本質；與其說它是中國的電影，不如說它是好萊塢電影在中國的支流。且看國產影片裡，那股日趨濃厚的黃色氣流，不管劇情的需要與不需要，適合或不合適，突然穿插著女主角無故出浴，無故赤裸的鏡頭。還有，那種濃烈的、粗野的、喧囂的爵士音樂氣氛，和中國人的保守、細膩的感情，根本是格格不相入的。此外模仿著好萊塢那種胡鬧作風的歌舞片，大跳搖擺舞、曼波舞，甚至模仿美國西部片，使中國演員穿著牧童、牛女的裝束，更是和中國人的民族性脫節，完全不合現實，不適合中國國情的。所以，以中國人的眼光來看這種抄襲性、模仿性的所謂『中國電影』所感覺到的是『非驢非馬，不新不舊，不中不西，而且近似滑稽、荒唐和胡鬧。』」

接著潘柳黛又說：

「我常常聽中國明星對我們說：『我喜歡看電影』。如果你問：看中國電影？還是看外國電影？他們一定立刻嫉惡如仇的『看中國電影？我從來不看中國電影的。』而且說不定表情上還會流露出不悅之色，好像怪你小看了他們。親愛的朋友，請你想一想，連電影明星自己對國產電影都沒有絲毫信心和興趣，那麼中國明星所演出的片子，應該是給誰看的呢？

在海外的華僑，不是背鄉離井的，便是生長於異鄉的，活在他人的國土上，而又被稱中國人。所根據不是白紙黑字的國籍證明書，而是中國文化對他們的薰陶。中國文化被傳到海外來，當然必須藉著一些媒介的。在各種媒介中，國產電影占著最重要的角色。通過了這些國產電影，中國的社會特徵被介紹出來；中國的歷史被批判出來；中國的傳統，好的被推崇，壞的被揭發。但現在國產電影拍攝出來的，何以竟是這些不中不西，粗俗淺陋的東西呢？那些製片家、片商，和明星們又怎樣自圓其說呢？很簡單一句話，那就是自欺欺人的所謂純娛樂性……。試問，不足以代表中國文化的中國電影，對於中國人，尤其是海外的僑胞能有什麼益處呢？」

潘柳黛批評當年香港有些粗製濫造國產片的傾向，借菲列賓一位華人的文章發表了深刻的見解，她深信不僅香港人既便海外華人華僑也喜歡好的國產片。

‧ 吸引影迷，組織聯歡 ‧

　　潘柳黛還別具匠心提出了許多吸引讀者的舉措，在《環球電影》畫報上，宣佈成立了一個〈影迷俱樂部〉，這也是畫報獲得成功的一個方面。她改變老一套的手法，把發刊詞改用寫信的方式，而且親自動筆寫第一封信，第二封信、第三封信……作為編者的話，每期的一封信後面都有潘柳黛親筆簽名，以示重視。

　　如第一封信她就重點闡述了辦〈影迷俱樂部〉的意義。她寫道：

親愛的朋友：

　　這是我給你們的第一封信，也許以前我們認識，也許我們以前不認識，但不管識與不識，在通過這封信以後，我們是朋友了。請讓我在這裡先向你們衷心的致賀吧！當你們手執這本《環球電影》畫報的時候，我不是應該祝賀你們終於看到了一本你們所最需要和最理想的電影畫報嗎？親愛的朋友！正如你們一樣，我也是個電影藝術的愛好者，是個電影明星的崇拜者，是個虔誠的影迷……我小的時候，也發過夢想，希望有一天自己也有機會能夠上銀幕拍戲，做一個受人崇拜的電影明星。但直到後來自己長大了，才知道造物者沒有賜給我這份恩寵，自己的拍戲條件不夠，原來竟是個並無表演天才的人。這自然使我只有放棄了這希望，從此我就以我職業上之便利，開始寫一點批評電影或報導電影及電影明星私生活的專欄文章，刊載報章雜誌上。我以這樣

的因緣去接近明星探討電影工作，本來並沒有存在多大奢望的，但是誰知大出意外，我忽然發現我得到很多我想得到的了，我不但由一個陌生人變成了她（他）們的親密朋友，而且甚至被電影圈公認為半個圈內人了。我幾乎認識了所有的明星和電影工作人員，不論男的、女的、老的、少的，從高踞影后寶座的電影皇后，到每天拿三十元酬勞的特約演員。從製片家到工友，當我們見面時，幾乎沒有一個人我們不點頭招呼的。

我看著星海浮沉，我看著新的明星的誕生，我看著一部部片子的製作過程，我看著一個個成功的電影明星受人包圍和擁護，到這時我才發現：電影藝術竟是多麼迷人啊！它不但能抓住時間、空間，而且能夠抓住我們的感情，我們的心，我們的回憶……。

請告訴我：你是否也是個影迷呢？如果你還不是，那就算了。如果你已經是了，那麼是否應該讓我們握握手，慶祝一下我們的志同道合呢？……

親愛的朋友，讓我報告你一個好消息，現在機會來了，因為我已經為諸位在這裡創辦了一個史無前例的〈影迷俱樂部〉，我要為影迷和明星搭成一座友誼的橋樑，我要設法使明星和影迷，縮短那條十萬八千里的距離。

過去有許多人誤會，以為明星們的架子很大，她（他）們都是高高在上，驕傲而不願理人。其實這種情形，絕不是一般的。因為根據我個人所見所聞，我知道明星們十、九是和藹可親和感情豐富的人。除非某一個人生性驕傲，或沒有修養，她（他）們

才會狂妄的不需要朋友的鼓勵。舉一個例子來說吧！林黛在出發世界旅行的那天，香港啟德機場忽然來了兩個十二、三歲的小妹妹。她們是林黛的影迷，聽說林黛要出遠門了，特地湊錢買盒巧克力糖，趕來送給她。林黛收到這份禮物後，被感動得真不知道說什麼是好了。或者你也許會問我，為什麼你總覺得影迷與明星之間，是這樣生疏呢？老實說：完全是因為沒有接近機會的原故。

加入〈影迷俱樂部〉做會員是免費的，因為我希望我以『影迷過來人』的資格，能夠給我們的會員們服務。凡是你個人所辦不到的事，不僅是討一張簽名照而已，就是想和明星做朋友、通訊、拍照、甚至參觀她（他）們拍戲等，只要你感興趣，〈影迷俱樂部〉都願意為你安排或辦到。今後我會經常舉辦許多使影迷和明星們共遊樂的節目，而且我們還要經常和明星們共同研究許多的問題，像時裝、化妝、儀態、戀愛、婚姻等，都是我們準備提出討論的。當然最主要的目的，還是在希望今後使影迷和明星們能夠打成一片，變成親密的朋友。……

路是人走出來的，事是人做出來的，我們的〈影迷俱樂部〉已經開始徵求會員了（請參閱〈影迷俱樂部〉徵求會員啟事）但願你沒有錯過這寶貴的機會，踴躍參加，共同襄助這創舉的誕生。

我等待著你們給我的回信。下期再見。祝

快樂！

潘柳黛

潘柳黛發行的《環球電影》畫刊，是一娛樂刊物，為了畫報銷路，她熬費苦心地辦個俱樂部以此吸引訂戶。這和當年蘇青在上海創辦《天地》雜誌時相仿，蘇青曾登廣告：「顧客只要預交100元，就可以成為基本訂戶，可享受每期雜誌的八折優惠。」接著蘇青又在一次預告中寫道：「1944年元月號，將出『新年特大號』除增加篇幅外，還將用銅版紙刊登在《天地》上發表作品的作家照片。果然雜誌銷量隨之上升。有人說蘇青是具有寧波人善於經營的頭腦。那麼潘柳黛大概是具有父親的遺傳基因，加上在香港這個國際商業中心的薰陶了。創刊號不僅在香港發行還遠銷東南亞、台灣及歐美等地。潘柳黛在第二封信上這樣寫道：

親愛的朋友：

真沒有想到，《環球電影》創刊號才一問世，就收到了你們這麼多信。你們的信，寫得真好，不但使我得到鼓勵，而且更給我無比的興奮和勇氣。我是個感情脆弱的人，當我見到在信上你們告訴我，你們是如何喜歡這本《環球電影》，如何熱烈希望加入〈影迷俱樂部〉時，我被你們的真摯的話所感動，幾乎要流出眼淚來了。因為當初在計畫出版這本書，籌組〈影迷俱樂部〉時，我只想你們是電影藝術的愛好者，是電影明星的崇拜者，你們可能會需要這樣一個組織，但我並沒有想到，你們的反應竟是這樣的熱烈和迅速。我讀著你們給我的信，一封，兩封，三封……一封連一封的讀下去，儘管信上的筆跡不同，位址不同，人名不同，但卻有著一顆相同的心，那就是使我發現你們對於電影藝術的期望與熱愛，對於電影事業的高明的分析與見解，

非但遠超過我對你們的估計，而且是有著令人吃驚的高深程度的。………

　　親愛的朋友：我幻想著不久的將來，我們有機會聚首一堂，由陌生變成好友，互相談論著，說笑著、唱著、跳著、聽著最好聽的唱片，看著最愛看的電影，跟自己所崇拜的明星握手言歡，無拘無束，渡一個快樂的假日，那真是多麼神奇、美妙、令人羨慕的一件事啊！

　　……

　　第一期加入我們〈影迷俱樂部〉做榮譽會員的電影明星，有林黛、林翠、葛蘭、張仲文、陳厚、趙雷等六位。第二期起又有白光、李湄、丁瑩、劉亮華、王豪、胡金銓等六位加入，做我們的榮譽會員了。現在我們開始贈送紀念照片，第一次就是這十二位大明星的簽名照片。林黛的簽名照，是她飛美以前，特地請她留給我們的。

　　張仲文的簽名照，也是在她返台以前交我保存的。反正凡是加入〈影迷俱樂部〉為基本會員的，經過審查合格，准許入會後，都可以有權獲得一張，你心愛的明星是誰呢？請你告訴我們，我好把她或他的照片，如你所願的寄給你。

　　本期我們做了一次簡單的猜謎有獎遊戲：「林黛和誰？」希望你們踴躍參加。第四期出版時，我們將有一個通告給大家，預備舉辦一次節目，你願意參加什麼節目？來信時告訴我們。

　　………

　　請你永遠記住《環球電影》畫報，是為迎合你們志趣而出版

的電影畫報。〈影迷俱樂部〉也是為替你們服務才辦的俱樂部，你有什麼意見？你喜歡一些什麼樣的材料？只要你告訴我，凡是我能辦到的，我必然盡我所能去做，因為能使你喜歡這本畫報，才是我們出版這本畫報的最大目的。祝

　　幸福　　　　　　　　　　　　　　　　　　潘柳黛

　　影迷俱樂部還不定期舉辦參觀製片場、參觀拍攝影片、與影星聯歡等活動，有一次影星和影迷聯歡會，還略備茶點招待，在香港總商會舉行，出席的影星有二十多位。潘柳黛親自主持會議。《環球電影》有一段記載：

　　聯歡大會，真可說得上熱鬧二字。大會開會是下午四點，還

聯歡會現場。

不到三點鐘，會員已經陸續而來了，僅僅半個鐘頭時間，萬頭鑽動，五百多位會員和嘉賓們，已經站滿了庭院，坐滿了整個大禮堂，台上彩帶飛舞，音樂悠揚，台下黑壓壓一片，無論任何一位來賓或會員，不管他是明星也好，是影迷也好，一邁進總商會的大門，便要簽名留念，然後人手一紙，拿到一張卡片，那上面印著號碼，可以抽獎，喝汽水。也無論是會員或是明星，個個都有人招待，明星們還沒有走到禮堂，已經被人沿路迫著，要求他們在簽名薄上簽名。那天出席的影星中有具「東方瑪麗蓮居夢露」之稱的劉琦、有「人間的安琪兒」之稱的丁寧、有上世紀四十年代上海四大名旦之一的周曼華、有多才多藝的李菲、有天才童星蕭芳、有「亞洲之寶」的麥玲、「星洲歌后」莊雪芳、青年藝

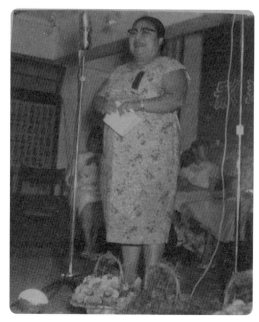

潘柳黛主持影星和影迷聯歡會。

術家嚴保羅等等。令會員最興奮的是看到了影星的歌舞表演。有會員說：「就是花上百元一張票，也難聚合她們在一起的演唱機會。」

聯歡會獲得好評。影迷俱樂部成員如滾雪球，越來越多，有老有少，有男有女，更多的是青年學生，《環球電影》銷量極好。但潘柳黛這時人正發胖，覺得辦刊太累、太辛苦，深感疲憊，於是她功成身退了。

· 鍾情林黛，心照神交 ·

在潘柳黛主辦的《環球電影》畫報上，當年紅遍港台又有亞洲四屆影后之稱的林黛是重要的主角之一。

林黛是已故中國政協副主席程思遠的長女（原名程月如，林黛乃其英文名 LINDA 之譯音）。自上世紀五十年代在香港步入影壇，潘柳黛即看中她的演藝才華，在她的 1953 年出版的《明星小傳》一書中，就以一篇《一朵半開的玫瑰──林黛》為題，來介紹這位初入電影界的新星。其中潘柳黛寫道：

「說來也許會有人不相信，這幾乎全部是好萊塢式的傳奇：兩年前林黛在某照相館拍了一張照片，照片裡的女孩子眉目端秀，穿著一身布質的旗袍，剪著短短的頭髮。照相館主人看照片拍得不錯，順手放在櫥窗裡了，不想這一張照片，程月如小姐就變成了今日的林黛。

袁仰安發現林黛有上銀幕的條件，於是四出託人尋覓，把她羅致到長城麾下。林黛是政治舞台上程思遠的女兒，以他們的政治立場來說，他們的合作根本是不可能的，但袁仰安想利用林黛的才貌，林黛想把握做明星的機會，結果他們犧牲了個人成見，簽了一年合同。在這一年裡，林黛算是接受訓練，她學彈琴、學唱歌、學寫文章。彈琴唱歌是準備將來在電影裡應用，寫文章是要發表在報紙上。

一幌幾個月，她的照片掛在櫥窗裡做裝飾品，她的照片做了

雜誌畫報的封面女郎，她的照片似乎已經成為大明星了，但她的
人還在凍結著，並沒有在銀幕上一顯身手的機會。」

（筆者注：袁仰安當時長城電影公司經理）

又一段寫道：

「林黛在陌生人面前不大開口的，但在熟人面前卻很會說
話。她的臉圓圓的，還有一點女孩的稚氣，她的眼睛大大的，像
一對美麗的黑寶石。也許有人以為林黛的個子略嫌小一點，但她
是一朵半開的玫瑰，一個剛剛邁進少女階段的女孩，她的美是純
潔的、生澀的，彷彿還帶著幾分青蘋果的氣息。她送了幾張新拍
的照片給我，那髮式的改變，已將她變成亭亭玉立的小婦人
了。

以林黛未拍一片而成明星的成名之速來說，她算是幸運的，
但以新人紛紛出籠而林黛卻一直被關煞的際遇來說，林黛可說是
非常不幸。因為她脫離『長城』，而與『永華』公司訂了一年合
同，但卻直到第八、九個月她才獲得了拍片機會——李祖永請她
與嚴俊、鮑方等主演《翠翠》。」

《翠翠》的故事是由沈從文原著《邊城》改編的，有一天，
潘柳黛在半山吃茶，遇見永華（筆者注：電影公司）主人李祖
永，於是談起「永華公司」的最近幾部片子，李永祖對於林黛
的將來寄於很大希望，他說，決定使《翠翠》隆重登場。隔了
兩天，潘柳黛將這話告訴了林黛，林黛輕輕的拍了胸口說：「是
呀！我都要嚇死了。」

接著潘柳黛在文中又寫道：

「無論憑她的外型，憑她的年齡或憑著過去的那些宣傳根基，當林黛的處女作《翠翠》一片演出時，我相信戲院門前一定會萬人空巷，爭相來觀的。」

果不出潘柳黛所料，林黛主演的《翠翠》上映後一炮走紅，又連主演了《有口難開》、《金鳳》、《漁歌》等片，均獲最高票房，林黛從此成了香港巨星。

潘柳黛這時在電影圈內已是一位令人敬重的大姐，大夥兒都稱呼她「潘姐」，而林黛叫得特響，因為她們早在 1952 年就已經是很好的朋友了。林黛尊敬潘柳黛，是因為她是一位有名氣的作家，而潘柳黛非常喜歡林黛，那是因為林黛勤奮好學，刻苦鑽研，演藝水準也日益提高之故。1957 年 12 月，林黛赴美國哥倫比亞大學戲劇系進修兼旅行，在她到達美國之後，就給潘柳黛連連寫幾封信。表達了她對潘姐的思念。第一封信就寫道：

「潘姐：我這次旅行，本來是不希望給別人知道的，所以我的護照和我機票的名字，都用的是我本名。但誰知電懋總裁陸運濤先生正在紐約，他們聽說我來了，也到飛機場來接我，並請我吃飯，將我帶進了美國社會，以致各報上刊出了我的照片，使我原定計劃，幾乎完全改變了……」

又一封信上她寫道：

「親愛的潘姐：在萬里迢迢的異鄉客地，收到知己朋友的來

信，真是一件多麼令人興奮的事啊！尤其隨著您的信寄來的還有一本《環球畫報》，打開畫報，上面都是熟識的朋友，我看著看著彷彿又像回到了香港一樣，好像又是在我的家裡，在您家裡，在攝影場⋯⋯我們正一塊兒吃東西，一塊兒談笑⋯⋯那麼親親熱熱的，無拘束的叫著、笑著⋯⋯直等我斂了斂神，我才記起原來這已經是一個多月以前的事了，現在您們還在香港，而我卻遠在萬里之外孤身作客⋯⋯」

另一封信上她告訴潘柳黛她買了汽車，自己駕駛開往尼加拉大瀑布，還告訴潘柳黛一些學習情況，每天補習三小時英文，還寫道：

1957 年歡送林黛赴美國學習兼旅遊時，一行人在機場合影，左一潘柳黛。

「親愛的潘姐在香港您是也時常勸我，希望我一有機會就多讀一點書嗎？我現在這樣做您一定替我高興吧！」

林黛在美國及歐洲旅遊時，先後給潘柳黛寫了八封信，翔實地敘述了她從香港到美國哥倫比亞大學學習及赴歐洲旅遊的全過程，潘柳黛把林黛一封封來信刊登在《環球電影》上，讓廣大影迷分享。林黛思路敏捷，文筆細膩流暢，她曾敞開心扉和影迷們談她從影過程，寫了不少談演戲、談交友、談服裝、談家政、談電影欣賞、談讀書等，都能給予青年影迷一個正確的指引。所以潘柳黛特別喜愛她。

1961 年由陶秦執導，林黛主演的《千姿百態》和 1962 年由潘柳黛編劇、陶秦執導、林黛主演的《不了情》，使林黛連續四屆獲得亞洲影后的殊榮。

1962 年 12 月 12 日，林黛從少女走向美滿婚姻的人生之路，她和龍繩勳在九龍玫瑰堂喜結良緣。潘柳黛自然是嘉賓之一。龍繩勳是原雲南省長龍雲之五公子，林黛赴美國進修，當時留美的中國學生包括龍繩勳在內，舉辦招待會歡迎林黛，在招待會上兩人一見鍾情，從此墜入愛河。婚後第二年他們擁有了愛情的結晶，後赴紐約歇爾醫院生下一個漂亮兒子，取名龍宗瀚，從美返港，記者上前採訪她時，林黛曾說：「我喜歡孩子，希望將來有兩個男孩一個女孩。」對這個充滿溫馨幸福的小家庭，引起無數影迷的仰慕。

正當林黛事業如日中天，她正在邵氏影片公司拍攝《寶蓮

親愛的潘姐：

　　在萬里迢迢的異鄉客地，收到知己朋友的來信，真是一件多麼令人興奮的事啊！尤其隨着妳的信寄來的，還有一本環球電影畫報，翻開雪，上面都是熟識的朋友，我看着看着，彷彿又像回到了香港一樣，好像又是在我的家裡，在妳的家裡，在攝影場……我們正一塊兒吃東西，一塊兒談笑，那麼親親熱熱的，無拘無束的叫着，笑着……直等我飲了歟神，我才記起原來這巳經是一個多月以前的事了，現在妳們還在香港，而我却遠在萬里之外，孤身作客。雖然這裡的環境很好——上次我不是告訴妳我要搬家了嗎？現在我早巳搬好了，房子不是很大，房間也不多，但對我來說，已經够用了。——所以我還是不免要時時想起妳們啊！

　　初來的時候，因為人地生疏，我有時覺得很寂寞，現在住定了，朋友漸漸多起來了，常常到東到西各處去玩，所以變得開心多了。不久以前，我化一千六百元美金買了一部車子，這樣，我自己開車，才很快的把許多路認識了，路一熟，我就像長了翅膀的小鳥，什麼地方都可以去了。聖誕節以前，我和那位張太太，到聚世聞名的尼阿加拉（Niagarar Falls）大瀑布去玩過一次，——妳還記得我們一塊兒看過的那部瑪麗蓮夢露主演的「飛瀑慾潮」嗎？尼阿加拉大瀑布，就是這部戲的外景地方——公路很好，一路風景也極美麗，我開了十小時的車子，一點兒也不覺得累，我們在那兒住了幾天，到十二月二十三號，才趕回紐約過聖誕節。

　　尼阿加拉大瀑布在加拿大邊境，看見那樣如萬馬奔騰的偉大的大自然現象，不禁使心胸為之一寬。人生真是多麼美妙啊！潘姐，如果環境許可的話，我真願意到

（一）

著名影星林黛赴美國期間寄給潘柳黛的信。

燈》和《藍與黑》上下集的時候，突然噩耗傳開了，四屆亞洲影后林黛服毒玉殞在她的香閨裡，那是 1964 年 7 月 17 日。

據說那天她夫君龍繩勳中午回家，見林黛尚未起床，欲叫醒她一道吃飯，未見反應，頓時心如刀絞，隨即送往醫院，但因搶救無效而身亡，在房內梳妝檯上發現林黛留下遺書，大意說，如死後希望他善待孩子，並將她本人財產交與兒子。這時兒子僅十四個月。當時有報刊披露林黛是服安眠藥過量所致。又云，林黛在拍電影片場受人奚落，心情不好，回家後又因保姆事與丈夫不悅，而當晚丈夫未回，故而服藥。其夫亦悲痛欲絕，含淚為妻子選擇最精緻的美國 MBRIT 公司製作的銅棺，靈堂設在灣仔道香港殯儀館大堂，林黛遺像則由無數鮮花簇擁在靈堂中央，上方是一大綠草橫匾，中間由白花組成的「魂兮歸來」，上款寫「愛妻林黛魂歸天國」，下款是「夫勳泣挽」。靈堂中央放置一大花圈寫著「親愛的媽媽魂歸天國，孝子龍宗翰泣血」。大廳兩側柱上是享譽世界的香港影視大亨邵逸夫先生唁聯一副，上聯是：「天何不幸藝海星發軔之年而香消玉殞」下聯是：「月豈難圓同宣共悼功成可待竟痛折良材」。

影壇名人邵逸夫、胡金銓、陶秦、蝴蝶、陳燕燕等幾百人前往奠祭，千萬影迷揮淚同她告別。送殯時香港形成萬人空巷，自發地參加天主教葬禮。其夫龍繩勳選擇了雙人墓穴墓，他希望將來歸天后與林黛合葬，可見一片癡情。墓誌銘除寫有林黛生平外，還寫著：「因家庭細故，戲走極端，弄假成真，遺恨千古，時享年僅 30 歲。」龍繩勳又責自己「一時疏忽，悲痛之情，惟

月如在天之靈始能感悉。」由於林黛為人謙和極受各方好評，知名人士紛紛撰文哀悼。

潘柳黛以悲淒的心情寫了一篇《但願林黛還活在我們心裡》，洋洋灑灑寫了近一萬字。她以「誰都不相信的噩耗」、「永難忘的麻將遊戲」、「《翠翠》的封面女郎」、「南洋片場的鬼故事」「1955 年踏上好運」、「林黛問我怎麼演講」、「周遊世界她竟哭了」、「由一個少女看全世界」、「不了情與情天長恨」、「我第一次上渣甸山」、「我們彼此最後一面」各個小標題，寫了她與林黛相識、相知的全過程，情真意切。開頭她這樣寫：

「林黛逝世到今天，已經兩個月了。記得我第一次聽到這消息時，那是 7 月 17 日下午三點多鐘，當時一個朋友打電話給我，告訴我說：『……知道不知道？電影圈子爆出了一件大新聞，林黛死了。』

『林黛死了？』我重複著他的話──只是重複而已，似乎並無意識在內，因為沒有多少日子以前，我還在邵氏片廠看見她拍《妲己》，我們不但講了許多話，還訂了一個約會──約好等他拍完《妲己》以後，我將偕一位攝影師去為她拍一套儀態美的示範照片，為某報應用。誰知言猶在耳，朋友忽然打電話告訴我她已經死了，我怎麼會相信呢？

『誰告訴你林黛死了！』

『剛才李先生從報館打電話來，據說是中煤氣死的，起初還以為可以救，送去瑪麗醫院，誰知道半路上就死了。』

『林黛死了！』我簡直不相信我的耳朵，那樣端麗、厚實的

相貌，那樣愉快，明朗的性格，那樣冰雪聰明的美人，怎麼可能會忽然『意外』地死了？我掛斷了電話，在電話機旁邊，視而不見、聽而不聞地站了很久。

最後我終於忍不住撥了個電話到龍家去，我希望在這電話裡找到林黛，甚至這電話就是她自己來接聽的，讓她跟我訂好一個約會的日期，而剛才朋友告訴我的，那可怕的消息，只是一個拙劣的玩笑而已，明天或是後天，我會看見她，我們又坐在一塊兒，一邊吃東西，一這說著笑話，像十二、三年以前一樣，十二、三年以前我們認識時一樣。……

那時，林黛剛入電影界不久，我們有時在一塊兒玩，有時一塊兒去看電影，有時一塊兒聊天，有時一塊兒到九龍城一位姓葉的作曲家的朋友家裡，去打一場二十元『逛花園』的小麻將，由於大家都打得不好，所以技術拙劣，笑話百出，不是『大相公』就是『小相公』，要不就是有人開錯了門或是『詐和』，往往四圈牌還沒有打完，大家已經腰酸背痛，打得不耐煩了，結果往往改變主意，牌不打了，由贏家請客，出錢叫一些雲吞呀、河粉呀、炒麵呀，請大夥兒吃一頓算數，然後說幾時有興致，幾時集合再來。

那時林黛還沒有上過銀幕，住在燕湖街，我到她家裡去玩過幾次，在印象中，我還記得她家裡有一扇門很窄，每次開關時，『吱唔吱唔』地叫半天，才能開開或關上。說來這些都已經 1952 年 53 年之間的事了。1954 年，我在某出版社做編輯。當時編的是一本十六開本的綜合性畫報，每期的『封面女郎』都是電影明

星，為了要得到一張好的封面所以經常我們都要不斷地邀請明星拍照。」

再一段寫道：

「1957 年，林黛第一次去周遊世界。離開香港的那天，好像是 12 月 1 日，我特地趕到飛機場去送她，當時林黛的媽媽蔣秀華女士哭了，林黛也哭了，這是她第一次一個人出門，難怪『太太』——林黛這樣稱呼她母親，我們也跟著這樣稱呼——要哭，當然也難怪林黛要哭，不過我還是勸她道：『哭什麼呢？別人周遊世界，都是退休以後才有機會去，那時已經是老頭子，老太太了，只有你，你這麼年輕，就有這麼好的福份，為什麼還哭呢？』也許林黛認為我這幾句話說得不無道理，所以她聽我這麼一說，這才破涕為笑。她走了以後，我有時偶然也會去看看『太太』。不久，她就從美國寄了一封信給我，告訴我她在美國讀書，已入了哥倫比亞大學，信裡還附來幾張照片給我。又囑咐我最好寄兩本藍皮書給她看，我都一一照辦了。」

又一段寫：

「1961 年，我寫了一部電影劇本賣給邵氏，那就是使林黛第四次當選亞洲影后的《不了情》。當我與邵氏簽約時，這部戲本名《情天長恨》，而不叫《不了情》的，但後來給林黛主演，因為這是林黛婚後的第一部戲，她說：『我剛結婚怎麼就要我演《情天長恨》？太不吉利了，不如改個名字吧！』這樣才把它改

名《不了情》的。」

　　曾有作者在撰寫張愛玲傳的著作中，提及潘柳黛的《不了情》的取名直言潘柳黛是抄襲當年張愛玲的曾用名，從潘柳黛這篇懷念林黛的文章中，說得很清楚改名為《不了情》的主要原因，其實，同名同姓的人很多，作品也難免，十多年前，作家葉永烈的一部《傾城之戀》寫的是文學家梁實秋和香港著名影星韓菁清的婚戀，又有誰敢說是抄襲張愛玲的呢！

　　林黛父親程思遠，在他寫的《愛女林黛的一生》一文中，有這樣一段：

　　「1940年9月9日，我以意見興趣不合，與林黛的母親蔣秀

林黛和母親蔣秀華與潘柳黛（左）合影。

華離婚。當我們在法政街寓所進行簽名的時刻，林黛以雙手抱著我的大腿嚎啕大哭說：『不要同太太離婚！請看我的份上，不要同太太離婚！』頓時為她的熱誠所感動，半晌說不出話來。終於以好言安慰她說：『月如，不要緊的，爸爸同太太離婚以後，你還是我的女兒，我們還是時常見面的。』這樣我就忍淚離開法政街寓所。現在回想起來，這正與 1964 年 7 月 18 日，我到香港殯儀館看她大殮離開時的心情相彷彿。……」

（原文編按：林黛叫她的媽媽總是稱為「太太」；筆者注：其時林黛才五歲，從小隨保姆叫成習慣。）

程思遠充滿了對女兒的內疚之情。

據程思遠所著《李宗仁晚年》書中，又提及一段鮮為人知的，林黛和李宗仁先生在美國接觸的往事，他說：

「1957 年秋，我的長女林黛（原名程月如）在香港當電影演員，在取得兩屆亞洲影展最佳女主角頭銜之後，去美國哥倫比亞大學學習，每週週末她都到李家做客。李宗仁寫信給我說，『一晤月如，如見親人，一種思鄉懷舊之情，頓時浮現心頭，久久不能平息』。次年，林黛回香港縷述李先生生活情況，她說：『李先生在美國不慣，所以想回國』。」

林黛準確無誤地向父親反映了李宗仁先生的願望，希望父親幫助解決。後來李宗仁終於回中國了。

1964 年 7 月，林黛逝世後，香港影壇為懷念林黛，8 月各影院重播《不了情》。《明報》發表了一篇：《不了情有情人同聲一

哭》，文中寫道：

「《不了情》是茶花女式的悲劇，它也是為了紀念林黛而重映的。……是一個蕩氣迴腸的好戲，悲劇高潮集中在關山最後在荒涼的小屋中看到林黛瞭然長逝的那一場，真是令天下有情人同聲一哭。……」

　　林黛夫君龍繩勳由於痛失愛妻，一生未續娶，並保留了林黛服飾、化妝品、油畫、劇本、書信、報刊等，居室亦保持當年林黛生前模樣，表達了對林黛情感的忠貞不渝。也感動港島無數的林黛影迷和青年男女。龍繩勳於 2007 年 4 月的一天，在睡夢中病逝，他仍躺在四十三年前林黛去世時的那張床上。兒子龍宗翰計畫重新裝修位於渣甸山的舊宅，並擬將母親遺物贈予香港電影資料館。讓遺物見證那一段影史。

　　潘柳黛是位極重情誼的人，保留了許多林黛送給她的照片及她們的合照和信件，當她在墨爾本的家中將林黛照片展現給筆者及其他朋友們觀看時，談起林黛她的眼圈就紅了。

· 港影萬象，榮入邵氏 ·

　　香港的電影工作者中，許多人都來自上海，有的來自抗日戰爭時期，有的來自解放戰爭時期，其中有些是組織安排撤離國統區前往香港的，也有部分是上海剛解放時南下香港的，香港、上海兩地的電影工作者亦多有流動。新中國建立後，有不少人返回上海。如 1951 年 12 月，顧而已、顧也魯不僅自己回上海進了上海電影製片廠，還把他們在香港創建的大光明影片公司，連人帶器材一道帶回了上海。

　　1952 年 2 月，齊聞韶、馬國亮、舒適、劉瓊、白沉、楊華、沈寂、狄梵、蔣偉等九位電影工作者也是從香港回到上海，加入上海電影廠的。他們是和司馬文森一起遭香港英國當局非法驅逐出來的。

　　1951 年至 1956 年之間，陸續從香港回上海電影廠的還有陶金、王丹鳳、孫景璐、慕容婉兒、韓非、萬籟鳴、萬古蟾、時漢威等。

　　其原因是香港影壇早就形成左右兩派，1952 年元月，左派電影人組織批鬥香港影業最大的資本家——『永華』老闆李祖永。也許言詞行為有些過激，李祖永事後向港英當局求助。港英當局出面干預，形成了遞解左派人士出境之事。香港左派影業人士受挫，但內地有關部門給予回應，對香港影片的進口嚴格政治審查，這就等於明確指出，只有香港左派公司的電影才可以進入

內地市場。這又大大鼓舞了香港影壇的左派人士，當時代表左派的電影公司有「長城」、（改組後的）「鳳凰」二公司主拍國語片，之後又有加盟的「新聯」、「中聯」兩公司，主拍粵語片，因廣東人不習慣國語片，香港出品的粵語片頗受廣東人歡迎。這樣其他公司大都失去內地市場，而香港僅 250 多萬人口，所以這部分影業公司竭力向南洋及台灣開拓市場，當時南洋約 500 萬人口，但很分散，台灣人口約 1000 多萬。這是內地以外的自由市場，而左派影片在這些地區也不受歡迎。

1956 年老影人王元龍牽頭成立「港九電影從業人員自由總會」，次年更名「港九電影戲劇事業自由總會」。這標誌著香港電影業從組織上正式分成左派、右派了。邵氏父子電影公司亦在其中。但邵氏父子公司是在邵氏兄弟老二邵屯人手中，他熱衷地產，有放棄影業之意。這時遠在新加坡的邵逸夫見之心急，只好從獅城和合作了三十年的三哥邵山客分手，來到香港。

邵逸夫 1907 年出生於上海市，在兄妹中排行第六，十七歲（1924 年）即與兄成立上海天一影院，十九歲（1926 年）他和三哥在東南亞地區創辦南洋影院（邵氏前身）歷經戰火毀壞，抗戰後又奮鬥近十年，在新加坡、馬來西亞、越南、泰國、爪哇等地擁有 130 多家電影院，和十多座大型遊樂場。其中在他二十七歲時（1934 年）在香港推出首部有聲電影《白金龍》，五十歲（1957 年）重振邵氏兄弟公司，建清水灣邵氏影城，六十七歲（1974 年）獲英女皇頒勳銜，七十歲獲爵士，七十三歲（1980 年）成為香港無線電視董事局主席，八十三歲（1990 年）

獲南京紫金山天文台將 2899 號小行星命名為「邵逸夫星」，八十四歲（1991 年）獲美國三藩市將每年九日八日定名為「邵逸夫日」，九十一歲（1998 年）獲香港特區頒發大紫荊勳章，九十五歲（2002 年）決定將邵氏經典電影重新數位化，在四年內將推出 760 部電影 DVD/VCD。同年他用他大部分家財五十億港幣成立了類似諾貝爾獎的「邵逸夫獎」，目的是表揚在學術和科學上有傑出貢獻的文明先驅者，並邀請物理學家諾貝爾獎得主楊振寧為評審會主席，每項獎金 100 萬美元，略高於諾貝爾獎。並於 2004 年 8 月他親臨為第一次獲獎者頒獎。邵逸夫還從上世紀八十年代開始至 2005 年捐助中國教育事業達 33 億港幣，他就是採用這些方式回饋社會的。

1957 年邵逸夫回到香港，他意識到影壇競爭對手不是左派公司，因為當時他們受國內政治運動影響，清理隊伍，製片要政治掛帥，效力已經不高。而是自由派中正在發展壯大的電懋（1956 年「永華」和「國際」合併）影片公司才是可怕的對手。於是他首先擴大拍片基地，更新設備，建立影城，1958 年掛牌「邵氏兄弟（香港）有限公司」。公司的宗旨是振興國語片，口號是：「邵氏出品，必屬佳作」。這對當時國語片不振的香港，有很大影響。邵逸夫意識到必須加強宣傳及建立影人隊伍。於是他用重金聘請了聰慧能幹的鄒文懷擔任公司的宣傳，鄒文懷多年後升任副總經理，地位僅次於邵逸夫。

鄒文懷，廣東大埔人，畢業於上海聖約翰大學新聞系，1949 年南下香港，在英文《南華早報》和《虎報》任記者，1951 年

進入美國新聞處《美國之音》電台任節目主持人，後轉美國新聞處工作。

　　鄒文懷到邵氏公司後，為了把邵氏影片公司辦成香港一流的影片公司，他首先分析了「電懋」電影公司的優勢，在於有名人張愛玲等編劇，同時，正在試行對演員的經紀人制度，積極性較高。那時香港影壇，導演和演員同電影製片公司的隸屬關係有兩種。

　　一是簽「長約」，即一簽幾年，像名導演李翰祥曾在邵氏父子公司時一簽就八年，（最初他尚未成名）等於「賣身契」。簽長約的大都新入行的或名氣小的演員，電影公司總把他們的待遇壓得很低，並作許多限制，如規定他們不要過早戀愛結婚，保持

對香港電影有巨大貢獻的邵逸夫。

「大眾情人」的公眾形象等。

一是叫「部頭約」，他（她）們只是極少的大腕明星，他（她）們不拿工資，但片酬很高，他（她）們是圈內令人羨慕的富裕階層。

邵逸夫堅持合約制，但他認同鄒文懷的建議，網羅名演員，用比「電懋」雙倍的片酬首先從「電懋」挖來當家花旦林黛，接著是名演員林翠，台柱導演岳楓、陶秦，從「長城」挖來名角樂蒂等。之後又把名旦李麗華、嚴俊請在邵氏旗下。使邵氏有了一個龐大的演員隊伍。

邵逸夫更明白要出品上乘電影，單有場地，人才還不夠，一部電影的成敗，劇本的好壞是關鍵。所謂劇本，一劇之本，所以，他發出以高價徵求劇本的公告。《貂蟬》是經過研究的首選，由當時尚未出名，但極有潛力的李翰祥執導，由林黛主演。更有宣傳奇才鄒文懷把《貂蟬》作為邵氏兄弟公司創業的作品，並揚言《貂蟬》是香港有史以來里程碑式的國語片。果然《貂蟬》1957 年 5 月 28 日上演，立即轟動全港，盛況空前，連演十五天，場場暴滿。後榮獲第五屆亞洲影展，五項大獎，李翰祥獲最佳導演獎、林黛獲最佳女主角獎。從此邵氏公司名聲大振。

邵逸夫獲得新建公司後的第一桶金，也給他帶來莫大榮譽。接著又是李翰祥導演，由林黛主演的《江山美人》古裝片，1959 年 6 月 29 上映，又一次轟動香港，再一次使邵氏獲最高票房紀錄。同時該片又獲第六屆亞洲影展中的「最佳影片獎」等十二個獎項。林黛第三次獲亞洲影后稱號。

再就是潘柳黛編劇的由陶秦導演，林黛主演的《不了情》，於 1961 年 10 月 12 日上映，再次使邵氏影片轟動了香港，好評如潮，使邵逸夫再創最高票收入。在第九屆亞洲影展上，林黛連獲四屆亞洲影后稱號。

潘柳黛自禦去《環球電影》督印人後，想輕鬆一點，1959 年她接受邵氏旗下的《南國電影》雜誌之邀任編輯（主編鄒文懷），

邵氏出版的《南國電影》雜誌第 84 期目錄。

潘柳黛在該雜發表多篇明星訪談，如《林黛暢遊黃金國歸來》、《和李麗華一席談》、《杜娟的一變再變》、《為什麼杜娟會有一股魅力？》、《銀幕大情人趙雷》、《從皇帝到大盜的趙雷》、《盧燕的客居生活》、《井莉是女性中的女性》、《陳厚說我爱南洋》、《張仲文是怎樣一個人？》、《丁紅的膚色特別美》、《由凌波談到方盈》、《范麗最迷人的地方》、《訪「鯉魚精」李菁》、《丁寧公開一項秘密》、《汪萍天真可愛》、《最會裝扮的顧媚》、《顧媚是怎樣一個人》、《我所認識的樂蒂》、《樂蒂喜歡什麼和不喜歡什麼》、《樂蒂滿懷心事憑誰訴？》、《樂蒂在家裡做些什麼？》及《婦人之言》等。

潘柳黛還在該畫刊上發表了一些談影星美容秘訣及髮型、服飾等新潮時尚短論，如《林黛告訴你：怎樣保護眼睛和皮膚》、

《莊雪芳談髮型》、《樂蒂自己設計新裝》等，頗受讀者的歡迎。

除外，潘柳黛創作了幾篇女性主義的短篇小說，也刊載香港《南國電影》雜誌，主要有《路燈下的女人》、《芳鄰》、《遭遇》、《歸宿》、《女人的故事》及刊載香港《國際電影》的、《相見不恨晚》等。《南國電影》雜誌是邵氏兄弟（香港）有限公司向香港及東南亞地區宣傳的重要喉舌。

這時期邵氏公司除獲獎電影外，出品的其他影片，也普遍獲得好評，占據了當時香港及東南亞的主要市場。而「電懋」公司只能節節退出，邵逸夫在獲得榮譽的同時也獲得滾滾財源，但他仍不願接納鄒文懷的改革方案，實行「分紅制度」，即讓演職人員分享部分經濟收益，而堅持他的合約制。以致出現名導演李翰祥的離去，他並帶走不少邵氏公司的骨幹。李翰祥走後在邵氏挑大樑的導演是胡金銓和張徹。

1964 年，「鳳凰」公司首先推出了武俠動作片《金鷹》，受到觀眾熱烈歡迎，另一左派公司「長城」推出武俠片《五虎將》，亦獲好評。這使香港電影的格局開始發生了變化。1966 年又出現了據梁羽生同名武俠小說改編的《雲海玉弓緣》，又吸引了觀眾的眼球。

邵氏公司導演胡金銓和張徹他們借鑑外國動作片結合中國武術傳統，於 1966 年 1967 年推出兩部功夫片《大醉俠》和《獨臂刀》，一舉成功。遂在香港、東南亞地區掀起武俠片的新熱潮。

邵氏勁敵「電懋」公司老闆陸運濤 1964 年空難，後雖經改組為「國泰」（香港）有限公司，幾年間也出品過近百部國語

片，但仍無法與原電懋公司相比。1971 年國泰公司息影。邵氏影業公司自然成為香港影壇霸主。

1971 年，正當邵氏影業公司走紅之際，潘柳黛受聘榮入邵氏兄弟公司任編劇，由於潘柳黛在五十年代已有多部劇本拍成電影上映，尤以《不了情》作為佼佼者，更使潘柳黛在香港成了受人敬重的劇作家之一。所以，邵氏公司向她發出邀請她也很樂意前往合作。因為早在她為環球出版社出版《環球電影》畫報時，及後在邵氏旗下《南國電影》任編輯時就常和邵氏公司員工打過交道，她認為邵逸夫是一奇才，邵氏公司也是一個很不錯的群體。辦公地點在清水灣，環境優美，每天上下班有班車接送。當時她住在九龍彌敦道 720A 13 樓，她爽快的接受了。由於邵氏公司無論是職員、導演和演員和她很熟悉又都是很好的朋友，也都尊崇她，他（她）們都親熱地稱她叫「潘姐」。她那種女性自然的親和力，一直就吸引著眾多影星向她傾訴自己的心思與苦惱。她也能誠懇地給他（她）破譯難題，排解心結，所以她成了大家的知心朋友，這是她後來給報社寫生活專欄的緣故。來港後她在用自己的正名外，在影刊上也使用過一個筆名：柳秋娘、秋娘。

在邵氏公司同事中有兩位是她原在上海的老朋友一位是陳蝶衣，一位是易文（原名楊彥

潘　柳　黛

香港九龍彌敦道720A號十三樓
12/F., 720A Nathan Road,
Kowloon, Hong Kong.

電話：3943452
傳真：852-3982500

潘柳黛在「邵氏公司」任職時的名片影本。

岐），江蘇吳縣人，也是報人、作家。他曾是上海《和平日報》總編輯，1949年南下香港，曾任《香港時報》文學副刊主編。在邵氏他倆因寫作取材多係戀愛、婚姻、家庭為主線，常在一起切磋。易文曾贈送潘柳黛一些作品，有短篇小說集《笑與淚》，中篇小說《情天夢歸》潘柳黛很珍惜他的贈書，帶往澳洲，曾借給朋友們傳閱。潘柳黛非常讚賞這位和她同齡的又同事的才子。

潘柳黛在邵氏公司還有兩位導演朋友——張徹和胡金銓。

張徹原名張易揚，浙江青田人，1923出生，上世紀四十年代，張徹曾一度在張道藩主持的「中央文化運動委員會」任秘書，但他不願意從政，而願致力於戲劇和電影的研究，1949年，他為台灣第一部國語片《阿里山風雲》編寫了劇本，他還和

青年演員和潘柳黛大姐（中）一起合影。

張英聯合導演，由張徹撰寫的主題歌歌詞《高山青》至今仍在傳唱，成了膾炙人可的一首民歌。1957 年張徹受邀來香港北斗影業公司編導《野火》未獲成功，後幾年專寫影評，他對當時香港只熱衷於吹捧女明星而忽略男明星的傾向給予嚴厲抨擊，多少觸動邵氏公司，而邵逸夫又是能接受新事物的人，因此對張徹的評論頗為讚賞，於是將張徹請進邵氏公司。

他在邵氏並非一帆風順，直至 1967 年《獨臂刀》轟動後，又一連串執導賣座影片，如《十三太保》、《大決鬥》、《馬永貞》、《少林五祖》等經典武俠片。1970 年第十六屆亞洲影展中，《報仇》一片使張徹榮獲導演獎。1973 年他離開邵氏。

張徹的《十三太保》是個大型武俠打鬥片，是個大製作，還特別將拍攝過程拍成一輯紀錄片，作為宣傳之用，當時張徹特別點名請潘柳黛為紀錄片寫解說詞，張徹很尊崇潘柳黛，他和大夥兒一樣稱呼她「潘姐」，潘柳黛對張徹武俠片獨樹一幟，印象也不錯。

若干年後潘柳黛在墨爾本家中和筆者及幾個來看望她的老朋友聊天，談起武俠電影時，她講了一些張徹的故事，她說：「張徹是一個具有藝術家風範的知識份子，知識淵博，為人坦蕩，待人真誠，且有容人的雅量，當年在邵氏公司他曾受李翰祥的壓制，但李翰祥離開邵氏公司後，他沒有說過李翰祥的一句壞話。張徹平時話不多話，他拍的電影多宣揚的是大仁大義，又能兼顧人之常情，有武有俠，看後令人心悅誠服。」

潘柳黛還講了個笑話說：「記得當年張徹導演《十三太保》

他跑到新界搭了一個三百英尺的高台，來俯拍攝姜大衛被五馬分屍的場面，正巧附近村裡剛好死了幾個人，香港人是很迷信的，村民認為煞氣太重，集中了 100 多號人舉著釘耙、鋤頭、洋鎬一齊擁上前來要趕走張徹，而這邊正巧因拍戲刀槍的道具多的是，一下子就把演職人員幾百號人集中起來以此對付村民，差點鬧出人命，幸好警方出動，我當時在場，嚇得不輕。」又說：「張徹的武俠片好是好看，但太血腥，什麼人頭落地啦，腸子挑出來啦，有些慘不忍睹，所以，他的片子，運到新加坡總是審查通不過，就是因為過於血腥和暴力。但是張徹改變了香港影壇長期以來陰盛陽衰的局面。使男影星地位大大提高了。」

當年，邵氏公司女職員中有最高、最矮、最胖、最瘦的四個人，大夥風趣地調侃她們，戲稱「四怪」，而潘柳黛是其中之一，因為她是胖子，她知道是開玩笑，從不生氣。

潘柳黛在邵氏公司頗受重視，邵逸夫知道潘柳黛有點酒量，聚會時少不了敬她一杯。但這時期武俠片盛行，潘柳黛不擅長，加上她總覺得在公司不自由，便辭職了。後來她在《東方日報》的「婦人之言」專欄以《自由萬歲》為題，寫道：

「在邵氏打工十一個月，五月份起，已辭工不幹。預備去離島小居數日，然後再重打鼓另開張。辭工之日，本擬高呼『我自由了』，想想太十三點，因而作罷論……」

（筆者注：離島指台灣；十三點為上海俚語，引申有傻子之意。）

· 主編嘉禾，贊李小龍 ·

1970 年，曾為邵氏公司立下汗馬功勞的副總經理鄒文懷離去了，他又帶走一批骨幹，隨即成立了自己的「嘉禾電影有限公司」。鄒文懷對邵逸夫的「家長式」領導不以為然，他實行了「股份式分紅制」，使參與者既是股東老闆，又是職工，所以全公司職工能齊心協力艱苦創業。

第一部《獨臂刀大戰盲俠》上映後，獲空前好評。但因主角王羽原是邵氏公司《獨臂刀》的主演者，又故事雷同。於是「邵氏公司」以侵權名義將「嘉禾公司」告上法庭，但因嘉禾公司外景在日本、台灣所拍，所以一審邵氏公司敗訴。邵氏公司不服上訴，二審「嘉禾公司」被判敗訴，「嘉禾公司」不服，再提出上訴，於是一場馬拉松官司正在進行。兩家公司矛盾也就越演越激烈了。

這時鄒文懷正面臨困難，他清楚辦好公司，除拍攝佳片外，還必須加強嘉禾公司的宣傳工作，於是決定創辦《嘉禾電影》雜誌，他認為曾在邵氏公司同事的潘姐是最合適的人選，於是打了個電話給潘柳黛，約她飲茶，香港人喜歡飲茶，這原是廣東人的傳統習慣，叫一盅兩件，實際不是兩件而是多件，有海鮮，魚、蝦、蟹、蠔和各色特殊風味的、鹹的、甜的小點。飲茶時、談工作、談生意、談家常。這次鄒文懷請潘柳黛飲茶，目的是請她出任《嘉禾電影》雜誌策劃兼副總編輯。潘柳黛一向敬重鄒文懷的

才華，也看中鄒文懷的人品，認為他是個實幹家，目前正遇困境，潘柳黛不好推辭，決定再出山為《嘉禾電影》雜誌出力。

經過一番準備工作之後，《嘉禾電影》雜誌於 1972 年 4 月問世，潘柳黛以一篇《四海一家》為題代表編輯室，既談創辦嘉禾雜誌的目的、宗旨，又把雜誌內容提綱挈領地作了介紹。其中她寫道：

「《嘉禾電影》創刊號問世，這是我們第一次與讀者見面。我不用那些庸俗的字眼兒向我們的讀者問候你好？我好？。但是我們既然相識了，我就希望我們越交越久，越交越深，用讀者的熱愛與鼓勵，來造成我們的進步與成功，有朝一日，果然《嘉禾電影》能夠站在出版社刊物的最前線，變成最暢銷，最權威的電影雜誌時，那不是我們的功勞，那是讀者給我們的力量。《嘉禾電影》，不是一份機關報，當然更不是一份宣傳品，它是一本趣味性，報導翔實的電影雜誌。報導所有的電影新聞和影人消息，不僅是香港或台灣出品的國語片，就是西歐片、日本片、韓國片，以及東南亞各國所拍攝的電影，只要有報導價值，只要是讀者喜歡知道的，我們都願意優先刊載。我們的園地是公開的，因為我們的工作目標是為讀者服務。……」

1970 年，是香港影壇最不景氣的一年，邵氏公司也不例外，直到 1971 年 10 月李小龍的出現才扭轉了整個局面，香港電業頓呈現出一派新氣象。

李小龍，原名李振藩，是粵劇名伶李海泉的兒子，1940 年

11 月 27 日出生於美國三藩市唐人街的中華醫院，出生後醫院給他登記時給他取了個英文名子叫布魯斯・李（Bruce Lee）稍大隨家人來香港，他在粵語片中做童星時，漫畫家袁步雲為他取了個藝名李小龍。他從小酷愛武術。1958 年李小龍回到美國讀書，就讀西雅圖華盛頓大學哲學系，課餘他創辦武館，並與美國姑娘琳達相識相戀並共築愛巢。1964 年他帶著新婚妻子遷往洛杉磯，他曾在多部電視劇中表演中國功夫，但無法得到美國影壇認可，更因為當年華人處於被排擠的狀態。因此，李小龍自然想回到香港發展，回港當然首選是影壇老大邵氏公司。沒想到邵逸夫竟以「李小龍要求價碼太高」而拒之門外。這時「嘉禾」公司得到這一資訊，鄒文懷立即委託了正在美國的羅維導演的夫人劉亮華，請她去好萊塢邀請李小龍來「嘉禾」公司。劉亮華是一位很出色的演員，又很會說話，她到好萊塢見到李小龍，首先說是代表「嘉禾」公司老闆鄒文懷來看他，並向他發出邀請，李小龍是位很講義氣的人，很爽快就答應了，儘管出價也只是好萊塢最低片酬 7500 美元一部。李小龍答應為「嘉禾」公司拍兩部片，但劇本必須要得到他的同意方可。

這時由香港著名武俠小說家倪匡編寫，由羅維以電影手法完成的《唐山大兄》劇本出爐，李小龍看到這個劇本，很滿意，因為他曾讀過許多倪匡的武俠小說，很崇拜倪匡。

《唐山大兄》影片由羅維導演，由李小龍、田俊、衣依、苗可秀主演。按照李小龍要求六十天拍攝完成了這部影片，李小龍扮演一個在曼谷製冰廠裡工作的華人青年，在經過多年的冤冤相

報之後，他已經發誓不再和別人交手，因此忍下了多次羞辱。但是當發現這個製冰廠實際上是個掩護壞人進行非法勾當的場所時，並且自己又被壞人羞辱到忍無可忍的地步時，他施展了自己的拳腳，徒手迎戰十幾個手持棍棒和刀劍的歹徒，最後大獲全勝。

1971 年 10 月 30 日，李小龍和夫人琳達參加了《唐山大兄》在香港舉行的首映式。香港各媒體用「震驚」來形容這部功夫片在香港的轟動，李小龍頓成傾倒香港的武打巨星，首輪票房 350 多萬元，使「嘉禾」公司，也一下子躍居為具有實力的電影公司了。

《唐山大兄》一片在台灣、澳門、新加坡上映的轟動也是空前的。中國功夫熱甚至熱到了羅馬和澳大利亞的悉尼（雪梨）。

有人說是羅維導演成就了李小龍，也有說是李小龍成就了導演羅維。

潘柳黛在主編的《嘉禾電影》創刊號上，刊載李小龍的巨幅照片，她又寫了《李小龍是何方神聖？》向讀者介紹李小龍。她寫道：

「是戲劇世家，已故諧星李海泉的愛兒？

是西雅圖華盛頓大學哲學系的高材生？

是美國華人武館的拳擊教頭？

是好萊塢有頭有臉的外籍明星？

是電視片集的螢幕偶像？

是香港嘉禾電影公司的擎天柱？

都是，但也都不是。

都是，是因為這些資歷和銜頭，對他來說都是真實的。

都不是，是因為這些資歷和銜頭，不過是個輪廓而已，並不能更深刻、更生動、更具體地把他描繪出來。

李小龍是一個個性明朗，直腸直肚，心裡有什麼，咀裡就說什麼的時代青年。」

潘柳黛接著生動而又詳細地介紹李小龍的家庭及在美國出生。談到李小龍拍電影並不是自《唐山大兄》開始，早在幼年就拍過好幾部粵語片，那時拍完《雷雨》和《人海孤鴻》後，更使他熠熠發光，變成了一顆極有前途的童星。當他長大已不合適再拍童星戲時，李小龍就定定心心地在學校裡念書了。直到1959年，離開香港飛回他的出生地——美國，考進西雅圖華盛頓大學，攻讀心理學和哲學，成為該校的高材生。儘管他父親在粵劇界名成利就，但小龍在美國，卻並不靠父親接濟。他半工半讀，先在報館做摺報紙的小工。後來他發現在美國教拳也是一種謀生的方法。由於他曾學過許多種武功，什麼詠春拳、空手道等，小龍把它們融會貫通，並創出自己獨特的拳術「截拳道」，從此他就決定以教拳為生……潘柳黛再後又寫道：

「當美國加州長堤舉行『美國空手道競賽』時，小龍也毅然決然地去參加了。那時他才只有24歲，還那麼年輕。但是就在那次競賽，憑他的毅力，他的意志和他熟練的技巧，結果他竟以他『截拳道』橫掃大會選手，立刻成為美國青年和華僑的崇拜偶

像。使美國人刮目相看，爭聘他到各地表演，並紛紛向他請教拳術。……

小龍才到美國一年，曾經和日本的一位空手道名家『講手』，那是因為小龍說了一句：『空手道起源於中國的。』那位名家不服，向小龍挑戰，小龍以十一秒的時間，把那日本人打倒，結果那日本人被送到醫院去縫了七針。不意小龍這次參加『美國空手道競賽』，獲得勝利，大出風頭之後，又惹了麻煩，那是三名空手道冠軍和柔道冠軍連袂去拜訪他，表面雖然很有禮貌，骨子裡卻帶著挑戰意味，小龍深知來者不善，善者不來，於是不動聲色，請他們一起聊天，互相切磋，研究武術。誰知經過幾小時的長談，那幾位冠軍不但改變初衷，不和他打了，而且反而要拜小龍為師，跟他學武功了。

這些還都是閒篇，小龍怎樣又回到電影圈的？雖說和他的武功高強有關，但也不可不承認和他小時拍過電影無關。如果他不是出身戲劇世家，如果他沒有做過童星，拍過那麼好幾部戲，可能這次霍士請他拍《陳查禮之子》及改拍電視片集的《青蜂俠》，他就因怯場而沒有膽子去拍了。李小龍拍電視片集《青蜂俠》由於種族關係，雖然在片中屈居第二主角，但他的英俊的外型，他的敏捷的身手，不但使華僑們為他而感驕傲，就是歐美人士，也為他所傾倒。以致男主角溫威廉絲的光芒，幾乎被小龍一個人搶盡了。」

潘柳黛在談到李小龍為何回香港為「嘉禾」公司拍《唐山大

兄》後，又說：

「寫到這裡，我想我還應該聲明一聲，我和李小龍並不算太熟，就是在《唐山大兄》的慶功宴上，我們第一次認識，在一塊兒吃過一頓飯。不過我看過兩次《唐山大兄》這部戲，一次是和我的大兒子，一次是和我的小兒子。在《唐山大兄》慶功會宴上，記者們邀請李小龍拍照，他靠牆站在那裡，我忽然發現李小龍的腰看來很軟，那當然不是楊柳細腰，但那是一條很性感的腰。……」

接著潘柳黛在《四海一家》的又一個編者按中，寫道：

「一部《唐山大兄》，拳打腳踢，打垮了多少部同期上演的巨片？踢倒了多少同期上演的大明星？相信讀者記憶猶新。如今《精武門》又上演了，又是這樣使觀眾如醉如癡地湧進戲院……

由羅維導演，由李小龍主演的第二部功夫片《精武門》上映了，它比《唐山大兄》更有賣座，李小龍在這部影片中，扮演天津名武師霍元甲的高徒陳真，他在師傅被害後回到天津，面對日本武道館譏諷中國人為『東亞病夫』的挑釁，他隻身孤膽深入武道館巢穴，以高超的『中國功夫』擊敗了俄國拳師和日本敵手，既為霍元甲報了仇，也維護了中華民族的尊嚴。最後，他面對武道館和巡捕房的圍困，他又挺身而出，在搏鬥中英勇犧牲，捨生取義。影片結尾陳真縱身一躍凌空迎擊子彈的鏡頭，表達出一種強烈的悲壯氣勢，是當年香港電影中的一個令人永遠難忘一的畫面。

它使香港影迷瘋狂了。僅兩個星期票房突破 400 萬元。在菲律賓連續上映六個月，仍舊火紅，打破了菲律賓放映記錄。在新加坡上演時，影院門口常掛出『客滿』牌子。在美國《唐山大兄》和《精武門》兩片公映，也賣出 600 多萬美元的票房收入，這在當時美國影壇也是屬於不多見。《精武門》是一部和日本人較量的影片，在日本上映照樣受到歡迎。主演李小龍出名了，導演羅維出名了。……」

接著李小龍又為美國華納公司拍攝了一部《龍爭虎鬥》及李小龍的突然過世而未拍完的《死亡遊戲》，幾部功夫片中，李小龍一方面通過他那高超的武藝向世界展示了「中國功夫」，另一方面又在影片中塑造了一系列的具有崇高民族氣節、要求平等尊嚴而不受歧視凌辱又疾惡如仇的「偉大的中國人」的英雄形象，正如當年李小龍在回答外國雜誌記者採訪時所說的，「七億中國人不再是東亞病夫」。這正是李小龍的功夫片的意義，也是能獲得人們些影片成功地打喜愛的根本。有人說李小龍的功夫為「中國人爭了光」。

在《嘉禾電影》雜誌上，潘柳黛又寫了一篇《「猛龍」如何「過江」？》把李小龍到義大利羅馬拍外景的情形，生動地展現在讀者的面前，不僅讓人對拍片有了一番了解，同時還能讓人能領略到異域的人情、風光，彷彿是一篇輕鬆有趣的遊記。

潘柳黛又在《嘉禾電影》另一期上，以編者的《電影圈的奇蹟》為題，再談李小龍，她這樣寫道：

「李小龍列入世界名家，是譯自美國權威雜誌。過去，李小龍在美國做拳師，他曾創出自己獨特的『截拳道』，教出許多大名鼎鼎的高徒，如大明星占士高賓與史提夫麥昆等。一個明星主演一部電影，創出電影圈中前所未有的票房紀錄，那簡直就是奇蹟了。而李小龍，就是造成這奇蹟的人，因此，《黑帶》雜誌又怎能不把他列為世界名家？」

李小龍在完成與「嘉禾」公司兩部片的合約後，自己在香港創辦了「協和影業」公司，並同嘉禾公司合作由李小龍自導自演的《猛龍過江》於 1972 年底在香港上映，觀眾像過節日一樣的歡騰，票房最終達到 530 萬之多。

李小龍不僅是華人圈中的「功夫皇帝」在好萊塢也掀起了李小龍熱和中國功夫熱。好萊塢「華納兄弟公司」和「嘉禾」、「協和」聯合製作了《龍爭虎鬥》影片，可惜該片尚未拍完，年僅 32 歲的李小龍卻不幸在逝世，一顆國際巨星隕落了。這是令世人惋惜不已的。

2007 年 9 月，筆者去香港拜訪潘柳黛女兒李茉莉時，在她家的書房裡，見到一個大鏡框，裡面相嵌著一張約 14 寸的李小龍與潘柳黛的黑白合照，潘柳黛穿著華麗的服飾端坐著，捲曲的燙髮，自然舒展，一雙大眼睛炯炯有神，佩戴著一副大眼鏡，笑容可掬，更顯示她那不凡的文人氣質。而李小龍帶著微笑穿著便服，親熱地稍側地站在她身後，仍然是一副英姿換發的神態。筆者驚異問潘柳黛女兒茉莉何時拍攝？茉莉說，就是拍《唐山大

兄》電影時拍的，這是我們家最最珍貴的紀會品了。這的確是件珍品，一個是上世紀四十年代上海的四大才女之一，也是香港的知名作家和劇作家，時任《嘉禾電影》的主編。一個是世界頂級拳手在香港的合影，怎能不珍貴！

· 叫好金銓，影刊留痕 ·

著名導演胡金銓是潘柳黛是同鄉，同為北京人，他比潘柳黛小十二歲。他們相識於上世紀的五十年代。較多接觸那是在1957年香港海燕影業公司拍攝《春色無邊》電影時，胡金銓是主演之一，而潘柳黛既是該片主題歌詞的作者又應邀任客串演員，從此，他們成了很好的朋友。

早在50年代初期潘柳黛在環球出版公司任編輯時，經常去邵氏公司採訪，那時胡金銓正入邵氏公司不久，為簽約演員兼編劇、助理導演，他是大導演李翰祥的摯友。他和眾人一樣稱潘柳黛為潘姐，他敬重潘柳黛的豪爽和寫情之動人的本領。他對潘柳黛的《不了情》評價極高，認為是不可多得的精品。後來他們一度同是《翡翠週刊》的專欄作家。潘柳黛讚賞胡金銓的鑽研精神和才氣，早在上世紀五十年代潘柳黛就同朋友說過：「胡金銓是個很有才華的青年，將來一定會成為著名的大導演」。

胡金銓，1932年4月29日出生於書香門第。北平國立藝術專科肄業。1949年去香港，初為廣告師及畫電影廣告，後與李翰祥相識1958年進入邵氏公司任演員兼編劇、助導及副導演。

1966年胡金銓導演的《大醉俠》由鄭佩佩主演，導演、主演兩人同時成名。1967年張徹一部《獨臂刀》由王羽主演，公映後好評如了潮。因此《大醉俠》和《獨臂刀》被認為開創了香港武俠片的新紀元，更有影評人評價是劃時代的武俠經典中的

「雙璧」，胡金銓與張徹被尊稱為國語武俠片開山立派的「絕代雙驕」。

邵逸夫畢竟是商人，他認為《大醉俠》評價雖高，但票房不夠理想。胡金銓立即絞盡腦汁寫出一部初稿《龍門客棧》劇本送邵逸夫審閱，想以此作為彌補，誰知邵逸夫粗粗地翻了一下，向桌上一扔，要他好好修改，顯然是對導演的不尊重，胡金銓不久即離開邵氏公司赴台灣求發展了。

胡金銓讓這部未被邵逸夫看中的《龍門客棧》，1967年在台灣製成電影公映，結果大破票房紀錄，單賣拷貝就得了個滿堂紅，接著又破在南韓、在菲律賓的票房紀錄。這使邵逸夫後悔莫及。但邵逸夫靈機一動，想到胡金銓是合約未滿離開的，屬於違

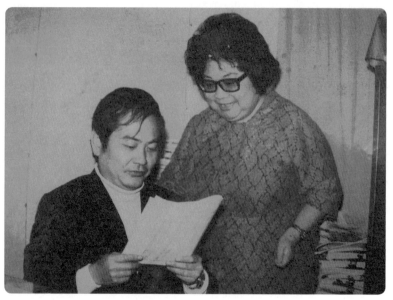

時任《嘉禾雜誌》副總編輯的潘柳黛與大導演胡金銓切磋文章。

約，於是一張狀紙將胡金銓告上了法庭。這樣，胡金銓無可奈何地將《龍門客棧》的香港發行權一次性地以十六萬元廉價賣給邵氏公司，而邵氏公司憑藉發行權在香港公映，竟突破 400 萬元的票房價值，創造了邵氏公司最賣座影片紀錄。

潘柳黛在邵氏公司被同事們親熱地呼為潘姐，小弟弟胡金銓也是其中的一位。胡金銓敬重潘柳黛的豪爽性格和寫情之技巧。尤其是對潘柳黛的《不了情》評價極高，他認為是不可多得的精品。後來他們一度同是香港《翡翠週刊》特約的專欄作家。潘柳黛讚賞胡金銓的鑽研精神和才氣，早在上世紀五十年代潘柳黛就同朋友說過：「胡金銓是個很有才華的青年，將來一定會成為著名的大導演」。

1971 年胡金銓從台灣重返香港，並成立金銓影業公司，開展他的老舍研究，並出席了多次國際學術會議。1972 年胡金銓與嘉禾公司合作拍攝由他執導的《迎春閣之風波》，他得知潘柳黛正在主持《嘉禾電影》雜誌時，立即趕到編輯室看望久別的大姐潘柳黛，兩人交談甚歡，潘柳黛當然不忘抓住機會向他約稿，那時胡金銓已經是個大忙人，實在擠不出多少時間來寫稿了，但胡金銓清楚潘姐的要求豈能違拗，所以他只好他將自己的工作筆記兩則交給了潘柳黛，想聽取潘柳黛意見時，朋友為他們拍下了珍貴的一瞬間。之後，潘柳黛將《胡金銓工作筆記兩則》安排在《嘉禾電影》第二期上。並加上她寫的編者按，她寫道：

「胡金銓導演，個子不高，而腦袋特大，毋怪其才氣縱橫，藝高識博。在《唐山大兄》、《精武門》之前，一直是導演賣座

最高紀錄的保持者，胡導演讀書最多，學問淵博，而惜墨如金，不輕易為文，現經本刊編者再三敦請，始惠《工作筆記兩則》，彌足珍貴，用敢特別介紹。」

潘柳黛從胡金銓長相到他出色的成就，寥寥數語，把胡金銓作了全面概括。後又在另一期《嘉禾電影》上，以編輯室寫的《是屬於讀者的》一文中，再寫道：

「胡金銓向以工作認真，聞名於電影圈，有人以為胡導演出品太慢，但是慢工出細活，由於他不肯粗製濫造，所以他才能夠拍出超水準的巨片，如今胡金銓的《忠烈圖》開鏡了，我們且看他怎樣把他心血注入這部新片裡。」

同樣，潘柳黛簡明扼要地描繪了胡金銓的敬業精神。

胡金銓編導的《迎春閣之風波》及《忠烈圖》等片獲好評後，他編導的《俠女》參加康城影展，獲得綜合技術大獎。1978年，胡金銓被英國出版的《國際電影指南》選為該年度世界五大導演之一。

胡金銓為了他構思多年的《華工血淚史》及《利瑪寶傳》兩片籌款，奔波於香港、台灣和美國之間，1985年，香港電影文化中心舉辦了胡金銓足跡展。1991年回國籌拍《畫皮之陰陽法王》。1992年獲香港導演協會頒贈「終身榮譽大獎」，1997年心臟病逝世於台北，享年六十五歲。

・ 筆下生花，喝采燕妮 ・

在《嘉禾電影》雜誌上，潘柳黛生動地推出了一批嘉禾公司的影星訪談錄，有《李小龍是何方神聖？》、《這就是胡燕妮的世界》、《苗可秀的新姿》、《徐楓具有魔術感》、《衣依像霧裡的花》、《恬妮夠勇氣，要愛就愛》、《柯俊雄冷落了李湘》、《甄珍心事誰曉得？》、《李小龍是何方神仙》、《且看猛龍如何過江》、《汪萍最得男人歡喜》、《迎春閣上訪徐楓》、《秦萍會複出嗎？》、《誰說李行變了？》、《茅瑛好事近？》、《恬妮和她的戀愛》等。她以清新、優美、犀利的筆調，把當時一個個著名影星，從螢幕活動到生活逸聞，介紹給觀眾，展現他（她）們的人格魅力和甜蜜生活。

潘柳黛在眾多走紅的女影星中對胡燕妮是情有獨鍾的，她在《東方日報》「花花世界」專欄中，以《我愛胡燕妮》為題，寫道：

「在這一代電影女明星中，我最喜歡胡燕妮。或問胡燕妮有什麼好？我說：論演戲，不火不瘟，不造作，不灑狗血。論作人，雍容大方，不亢不卑，不刁鑽刻薄，不小家子氣。至於天生麗質，不必我說，那是盡人皆知了。」

在《嘉禾電影》雜誌上，潘柳黛又以《各人頭上一方天！這就是：胡燕妮的世界》為題，寫道：

「胡燕妮從台灣拍完《輕煙》外景回來之後沒幾天，我到她太子道的家裡去看她。

從《嘉禾電影》的編輯部到胡燕妮的家很近，乘的士去，只要轉兩個彎就到了。門鈴一響，使我了眼睛一亮，原來給我開門的，就是胡燕妮本人。似乎胡燕妮並沒有化妝，不然就是她的化妝術太高明了，那纖秀的眉，那大大的眼睛，那淡紅色的口唇，那嬰兒也似的晶瑩細緻的皮膚，掩映在蓬鬆的秀髮裡、潔淨、自然，使人找不出粉底的影子，也找不出胭脂的影子……胡燕妮真是一個天生美女。……

『這次你在台灣住了多久？』

『一共七天？』胡燕妮說：『三天為《輕煙》拍外景，其餘的四天，就探望一下住在台灣的親戚朋友。』

『為什麼不多住幾天呢？』

『不行，一則要趕回來拍戲，二則留康威和小兒子在家，我一個人在外面玩兒也不好意思。』

『你倒是個標準的賢妻良母，對兒子又好，對老公又好。』我笑說道。

『賢妻良母談不上，但是我覺得做人應該公道。』胡燕妮也笑說道。」

　　……

談到這裡，我忽然想起，康威在從尹建平為名時，在台灣也是屬於中影公司計畫中力捧的小生，但後來他進了邵氏，再後來他娶了胡燕妮為妻，以致使邵氏一怒而炒他魷魚，使他事業上大

受打擊，一蹶不起。之後，胡燕妮一天比一天紅了，康威就變成了『胡燕妮先生』，作為一個大明星的丈夫，康威對於這種稱呼的感受如何呢？

我冒味地提出了這個問題問康威。

康威沒有答覆我，卻忍不住先做了一個苦笑，他說：『當年我和珍妮結婚時，珍妮還不是大明星，只在邵氏賺四百元一個月，以後為了撫育我們的孩子』，胡燕妮說：『這也就是我們想自己能夠拍片的最大原因，因為我了解康威的抱負與才能，我希些他有機會展露才華』。……

康威說：『我不生氣，也不怪別人，因為我想作為『胡燕妮先生』的感受，也許正是對我將來事業的最好的磨練──我懂得怎樣忍耐，我也嘗到了被誣衊的滋味』。……

『對不起，是我不好，』我抱歉地說：『也許我不應該提出這問題。』

『沒有關係』，胡燕妮說：『因為在我的世界裡，我愛我的丈夫和我的兒子，在我的家庭裡，尹子洋是傳家之寶，康威是一家之主』。……

『康威，你真的娶到了一個賢妻！』我為胡燕妮喝采，忍不住對康威說。

康威說：『就因為燕妮太好，所以我才寧願忍受這份誤解，讓她發展她的事業，做她所喜歡做的事。』人人都知道電影圈是最功利的，想不到也有這樣的夫妻，難怪胡燕妮上演的愛情戲，要使觀眾掉眼淚了。」

當年他倆堪成影壇模範夫妻，潘柳黛十分看中這對夫妻正確的家庭價值觀。

潘柳黛主持《嘉禾電影》雜誌不足一年，她嫌工作太緊張於是又辭職了。正如香港作家白雲天在《潘柳黛此生最尷尬的事》一文中，說道：

「嘉禾創業之初，官方刊物的《嘉禾電影》由潘姐主編，但她做不多久便辭職了，享受慣自由的人，怎可能過那種刻板的生活？」

・改編《迷惑》，尹氏上映・

潘柳黛離開《嘉禾電影》雜誌後，她和康威、胡燕妮夫婦仍保持著密切的聯繫。這時康威和胡燕妮決定重新創業，經過一番籌備，終於成立了自己的尹氏電影公司。他倆誠懇地邀請潘柳黛幫忙，潘柳黛也因朋友之情，而接受了《迷惑》的改編任務。1973 年初，由潘柳黛、李敬祖編劇，由康威導演，胡燕妮、謝賢、關山及康威小兒子尹子洋主演，尹氏公司的首部影片《迷惑》，在香港、新加坡同時上映。

原來，康威看《迷你》雜誌，看到一篇名為《白太太自述》的短篇小說，認為很合適拍成電影，便把故事告訴了太太——胡燕妮。胡燕妮也認為很好，於是立刻請李敬祖（編劇家）根據原著改編，加枝添葉，使更適合於電影情節，而且使原來外國化的背景，變成為中國化。後來還請女作家潘柳黛參與編劇工作，使劇本更為完美。

《迷惑》主要敘述了一位謝船長有一個幸福的三口之家，一天賓客盈門前來慶賀謝家小孩子生日，謝太太正焦急地等待船長回家時，忽然接得醫院通知其夫謝船長，為救一位船員，不幸被重貨櫃壓成重傷，正在醫院搶救。後經搶救雖保住性命，但下肢癱瘓，從此喪失性功能。妻子對丈夫百般體貼，照顧周到。但這時候曾為她丈夫治病的年輕醫生，狂熱地追求她，於是她就徘徊在情和欲的邊緣上，一面為對不起自己丈夫的被叛行為而自責，

一面又為情欲所致，不願放棄英俊的醫生。反映了那無性婚姻的矛盾心態。

《迷惑》上映後頗獲好評。香港《星島日報》有魯風所寫題為《「迷惑」導演態度認真》一文，其中他寫道：

「以『並非色情電影，卻是床上故事』為題材的影片《迷惑》是前邵氏男演員康威執導的作品，以初執導筒的尺度來衡量，《迷惑》可算得是一部超水準之作。」

「沒有一般文藝片所共有的『婆婆媽媽』的通病，這是值得讚許的。」

「《迷惑》這部影片最好的地方，就是它的片名。片中主要人物的心理狀態，確是與片名非常貼切。」

《迷惑》上映廣告。

胡燕妮、康威夫婦請潘柳黛出任《迷惑》電影編劇。

1974 年 6 月，由邵氏兄弟影業公司

出品的《別了親人》，是潘柳黛編劇的封筆之作。多少個春秋消失了，潘柳黛和胡燕妮夫婦也失去了聯繫……。

筆者閱讀 2006 年 1 月 6 日《人民日報》（海外版）的「海外星蹤」專欄，發表盧威所寫《「封面女郎」胡燕妮》，筆者發現此胡燕妮正是三十四年前潘柳黛筆下的活躍人物。作者對這對明星夫婦寫道：

「香港的中老年，對上世紀六七十年代在香港影壇大紅大紫的女影星胡燕妮一定記憶猶新。當年艷麗動人的胡燕妮，她的美姿可與索菲亞、羅蘭，奧黛麗、赫本齊名。香港的電影雜誌及娛樂雜誌紛紛把她的玉照搬上封面，封面成功率多達上百幅，是影壇名副其實的「封面女郎」。

1965 年 3 月，中德混血兒胡燕妮一進入香港影藝圈，就成了「邵氏電影王國」旗下一顆炙手可熱的新星。當年她與最紅影星陳厚、張沖主演《何日君再來》，她演女主角歌星，打動了成千上萬觀眾的心。胡燕妮第一次上銀幕就獲得耀眼成績，並產生轟動效應。

胡燕妮出生在廣州市，一歲半即隨父母去了台灣。她的父親是位留德的化學學者，母親是地道的德國人。

在德國住了四年，十八歲的胡燕妮已是如花似玉的青春美女，她渴望有朝一日能當上藝人，演戲拍片，甚至能變成明日之星，心中對未來充滿憧憬。

她與電影有不解之緣，當年香港國藝電影廠公司老闆秦劍，偶然的機會看到她一張玉照，他竟破天荒地僅憑這一照片，與這

在德國的胡燕妮簽下五年拍片合約，這大概在香港電影史上所罕見。

1965年胡燕妮從德國飛抵香港，秦劍正歸依邵氏兄弟公司。初到香港，她被安排在邵氏影城宿舍「落戶」。

胡燕妮從影十六年，共拍了三十九部電影，在香港電影史上留下光輝的一頁。1982年，胡妮燕拍完影片《殺人玫瑰》不久，即淡出香港影壇，偕夫婿康威，帶著兩個寶貝兒子移民美國。在美國生活比起香港覺得比較枯燥，她便與朋友一起在洛杉磯『新中國城』──聖蓋博市原國華電影院舊址旁開設一家『麗晶珠寶店』。她說：『珠寶也是藝術，商店是窗口，每天可與客人交往很有意思！』2004年3月，他們夫婦返回闊別多年的香港，胡燕妮在息影二十二年後又與劉德華、鄭秀文等著名影星一起主演《龍鳳鬥》，這是2004年香港最佳導演獎獲得者杜琪峰執導的輕鬆浪漫片，胡燕妮依舊光彩照人，照樣受歡迎。……」

更使康威和胡燕妮夫婦欣慰和驕傲的是，他們的兩個兒子，當年潘柳黛採訪時僅是五歲小娃娃的尹子洋，如今已長大成才了，他是洛杉磯的一位律師。而小兒子尹子維繼承了父母衣鉢，現在已是香港影藝的一顆新星。

· 開闢專欄，為君解結 ·

1973 年至 1986 年期間，潘柳黛先後接受在香港《新報》、《港九日報》、《快報》、《東方日報》等報紙之邀，開闢了語絲性的專欄，《新報》是〈花花世界〉；《快報》是〈婦人之言〉；《港九日報》是娛樂版；《東方日報》是〈你、我、他〉和〈南宮夫人信箱〉（為君解情結）等專欄，開創了微型專欄的歷史先河，受到香港廣大讀者的喜愛，一時各報紛紛效仿。因此，潘柳黛又成了飲譽香港的專欄作家及戀愛、婚姻、家庭的生活顧問。每天她都收到許許多多的來信或電話，向她詢問或求助。她也樂意為他（她）們作解答。

在〈花花世界〉專欄以《忌你三分》為題，潘柳黛寫道：

「一位太太常疑心她丈夫在外邊搞七撚三。我說一個有信心的女人，決不會動不動就對自己丈夫吃醋。因為吃醋就是長他人志氣滅自己威風。所以與其瞎吃醋，亂吃醋，何不如把那份吃醋的心，充

中年的潘柳黛。

實自己？你如真有一兩手拿得住他，男人不是傻瓜，也會忌你三分。」

又以《時代青年》寫道：

「一少年在一出版機構工作。因將赴加拿大留學，乃於月尾上書該機構老闆曰：『我不久將赴加讀書，留香港之日有限，為享受人生，稍事遊樂，乃於即日辭職，本月份貴公司薪金於三天前發放，為表示無功不受祿，謹退回若干元（即相等於三日之工資）請予查收為何。……』老闆收信後，以東主一場，區區數十元，囑相熟同事送還他算了。誰知昨日又收到少年一函曰：『謝謝你把我退還你的錢又給了我，我既不要，你又不收，現在我用你的名字，把這筆錢捐給公益金了。附上收據一紙。……』老闆見信，為之啼笑皆非，此乃『公事公辦』『臨財不苟』，雖不通人情，但已經是『時代青年』中『最佳少年』了。」

以《試片自說自話》中寫道：

「許多才看過三、四部電影的人，就對別人說，哼，我也會編劇。或者說，哼，我也會導演。但重要的是你編，你導出來的電影，是否有人看？有人讚？如果自編自導自看，那麼當然全世界的人，個個都可以做編劇，做導演了。」

以《一身是假》為題寫道：

「美容整形術，愈來愈發達，電影女明星乃趨之若鶩，紛紛

以填高補低，改頭換面為榮。暴力片與暴露片風行一時，男明星以主演『一身是膽』為時尚，不知女明星中，亦有人夠膽以『一身是假』來示人否？」

以《喇叭花歌后》為題寫道：

「翻開報紙一看，夜總會歌后多多。楊燕一首『蘋果花』成名，於是便被稱為『蘋果花歌后』。或有人問如果楊燕擅長『喇叭花』呢？潘柳黛曰：『那當然就是喇叭花歌后了』。」

以《自封為后》為題寫道：

「據此，有人被稱為『雷夢娜歌后』，有人被稱為『負心的后』，有人被稱為『再回頭也不要你歌后』，有人被稱為『一見你就笑歌后』。」一個女朋友問：『大街小巷，只要會哼兩聲的便算歌后，以後歌后在人眼中值錢嗎？』潘柳黛曰：『你真是長他人志氣，滅自己威風，男人既可以自立為王，女人怎麼不可以封后』。」

以《黑吃黑》一題寫道：

「有人問高寶樹：你是女導演，為什麼要拍《黑吃黑》這類戲？高寶樹謂然嘆曰：在這人吃人的的世界，拍《黑吃黑》，不是已經算客氣的了？」

以《何犯著》寫道：

「和一個女朋友聊天，我說：不要和那些有婦之夫亂搭訕，因為想吃野食的男人多，肯真正為外面的女人和家裡老婆離婚的男人少。用自己的生命，去點綴別人的生命，何犯著？」

在《預支快樂》一文中，潘柳黛提到當年上海文友蘇青，說道：

「平生最不喜歡守財奴，當年在上海時，女友蘇青問我，柳黛，你為什麼那麼喜歡花錢？我說，錢是身外之物，生不帶來，死不帶去，我只知自己何時生，不知自己何時死，而花錢做點快樂事，預支快樂而已，不願意快樂欠我的，死後留下快樂結餘。」

〈婦人之言〉專欄，潘柳黛以《誰先壞心》為題寫道：

「某甲對朋友說：『我太太對我不忠，她瞞著我儲私房『那你怎麼辦呢？』某乙問，『幸而我夠聰明，因為從結婚那一天開始，我就沒把我每月實際收入告訴過她。』」

又《女人脾氣》為題，寫道：

「三缺一，有人邀錢多多打麻將。錢多多曰：不行，不行，我已經斬手指。前天打牌，輸了一百塊，我想：這一百塊錢我可以買一對來路皮鞋；或者買一套相當不錯的套裝；或者買一隻戒指；或者買一瓶香水；或者請幾個好朋友喝一次茶；或者買五十張政府獎券；或者分期付款交首期買個電唱機；或者……結果沒

有做，坐在麻雀抬上，平白無故，勞民傷財的輸了一百塊。潘柳黛曰：看！這就是標準女人脾氣，如果你沒有輸這一百塊錢你什麼事也不會做，在就因為你輸了，才想起了那麼多用處好派。」

又《英雄與狗熊》為題，寫道

「有人問我，英雄與狗熊怎麼分？潘柳黛曰：凡自命為英雄的人，十、九是狗熊，只有那些不肯買狗熊帳的人，才是真正的英雄」。

又《武俠與偵探》為題，寫道：

「據說：胡適博士在世時，贊成青年看偵探小說，不贊成青年看武俠小說。我聞之，與有同感。鑑偵探小說，描寫的是勾心鬥角，可幫助青年理解現實社會。而武俠小說描寫的飛簷走壁，八丈以外，可用力把對方震退十里，根本是胡說八道也。」

又《看樣學樣》為題，寫道：

「古人說：老不看《三國》，少不看《水滸》或問其故？曰：已經是老奸巨滑的人了，再給他《三國志》看，那還了得？正在少年氣盛的當口，還讓他看《水滸傳》，豈非火上加油？正如今之打鬥片風行一時，殺人、搶劫，又怎能說與看暴力電影無關？」

又《大戰回憶錄》為題，寫道：

「難得家居閱讀，忽朋友來訪，問我所讀何書？我說：《邱吉爾大戰回億錄》。朋友為武俠小說迷，聞之，沖口而曰：兩人誰輸誰贏？」

在〈你、我、他〉專欄中，潘柳黛以《出洋相》為題寫道：

「女朋友看完時裝表演，回來和我說：『潘姐，你有沒發現，現在的設計出來的時裝，總是把女人打扮得人不像人，鬼不像鬼？』我說：『我早已發現了，而且機器人不像機器人，太空人不像太空人。女朋友問：『為什麼他們要這樣作賤女人呢？穿上那些不倫不類的衣服，連走路也不會走了，還要伸手伸腳，一跳一跳的？我說：『你不知道那些設計家是男人，他們故意要女人出洋相嗎！』」

又如在《臨嫁贈言》一文中說：

「有位侄女將要結婚，臨嫁贈言，我對她說：『不要對丈夫話太多，他會覺得你太煩。不要對丈夫要求太多，因為要求太多，他會打你回票，使你感到失望與無趣。不要刺探丈夫的秘密，他肯講的必然會講給你聽，不然，講給你聽的也是假話。而且一個男人，如果對妻子毫無秘密，那麼也便不成其為男人。最後，也是最重要的一點，不要妄想改造丈夫。因為婚姻只是一種關係，在不同的家庭，不同的環境，不同的教養方法之下長大的兩個人，誰也不能了改變誰。」

潘柳黛用幽默、辛辣的筆觸，窺測著人們的心靈，以日常生活的點點滴滴、一事一議、道出真諦，指點迷津，啟迪人生。

潘柳黛的〈南宮夫人信箱〉是在《東方日報》上又一專欄，主要為青年解答婚戀中的各種問題，頗得青睞，每天潘柳黛都會接到許多求助的信。2007年9月筆者赴香港，會見潘柳黛女兒李茉莉，談及〈南宮夫人信箱〉時，李茉莉告訴筆者她曾幫助母親整理這些信件。並說：「當年一部電視劇的台詞中講道：『你去請教請教《東方日報》的〈南宮夫人〉吧』！從此以後，報紙銷量特好。」〈你、我、他〉專欄同樣引起廣泛注意，甚至當時有一家新開的服裝店也取店名為『你、我、他』了。」

1986年，《東方日報》又開闢了〈潘柳黛看世界〉的新專欄，給這位女作家增添了一個敘述國內外風情、掌故、趣聞和時事的陣地，這個新專欄裡的袖珍作品，仍然博得群眾的喜愛。如以《吝嗇老翁》為題，寫道：

「美國有一名八十九歲老人，兩年前要求當局截斷屋內暖氣供應，後被發現僵斃床上。床旁有只箱子，卻塞滿了二十萬美元現鈔。這樣富有，這樣吝嗇，誰會同情他？」

又一篇《特別部隊》，寫道：

「西德哈諾瓦城裡的員警隊，是全世界最特別的保安部隊，除警犬鴿之外，還有警豬。笨豬都能變成聰明豬，笨人應該有救了」。

又一篇《按本子辦事》，寫道：

「姬老訪港後魯平又來，港府及港人非常關注，寄希望於他們來日制訂完善的基本法。看來，大家都是『按本子辦事』了。」

（筆者注：姬老即時任中國外交部長的姬鵬飛。）

在《顯赫囚徒》一文中，潘柳黛說：

「已故英國首相邱吉爾侄孫布蘭福特侯爵，因藏有海洛因，被判入獄三月，法官說：你這個英國最富有及最有權勢的人，現在已成為罪犯。縱然有財有勢，到底法網難逃！」

筆者有幸獲得潘柳黛贈送的，她保存了三十多年已經發黃變脆的專欄小剪報，上面還有她親自用紅色筆、綠色筆、黑色筆注明發表的報刊及日期，大都在專欄文章上畫了叉叉作了記號。潘柳黛的三言兩語，言簡意賅，富予哲理，寓意深刻，耐人尋味。

‧ 生性好強，也得罪人 ‧

潘柳黛在幾家報紙寫專欄時，由於身體進一步發福，她把寫稿量也就壓了又壓，長篇都不寫了，因為，她不想把自己搞得太緊張，太辛苦。

有一次香港作家沈西城向潘柳黛進行採訪，交談中，潘柳黛說她已不寫小說了，只寫幾個專欄，她對沈西城說：「回答讀者的信，趣味無窮，記得有一趟，竟有個男妓寫信給我說遭遇到戀愛問題，問我如何解決，過程的曲折，真可以寫成一部小說，同時也是上佳拍電影的題材。」她剛講完，沈西城立即想起了她編過不少劇本，問她為何不寫劇本了？潘柳黛帶住笑說：「在邵氏這麼多年，還編得不夠嗎？我編劇，有我的主意，最怕那些夾纏不清的導演，囉囉嗦嗦的一大堆，又說不出所以然來。屠光啟便給我罵過。」一席對白，又不難看潘柳黛的耿直，豪爽，不怕得罪人。

其實屠光啟是位老資格導演，也是潘柳黛早年在上海時相識的多年的老朋友之一，且他們關係不錯，潘柳黛編劇的《歌女紅菱艷》電影，就是由屠光啟導演的。可她照樣不客氣，因此潘柳黛在香港也得罪了一些人，其中包括當年她的頂頭上司——南京《京報》的採編主任，上海《平報》社長和《海報》的總編輯三度同事的金雄白。

金雄白抗日勝利後因是汪偽國民黨中央委員，漢奸罪判刑三

年 1948 年釋放。1949 赴香港，著有《汪政權的開場與收場》。1973 年他受朋友姚立夫（資深報人，香港《春秋》雜誌創辦人）夫婦之邀，在開辦不久的《港九日報》任副社長、總編輯、總主筆。但他並無實權，當時香港有七十多家報紙，為使報紙能在競爭中獲得一席之地，報社決定擴大娛樂版，又苦於沒有人選。

金雄白在他的《記者生涯五十年》一書中，有這樣一段記載：

「忽然想起我在上海辦理《平報》時的一位女將，目前在香港影圈中還很活躍，我提出讓她試試的意見，他同意了，要我立時與她接洽確定。她見到我，談了一些往事，大部份的時間是告訴我她怎樣忙碌，又怎樣從多方面發展而有可觀的收入，無非要表示出接受我的邀請是給我面子。她在《平報》服務過很多年，她第一次結婚還是我做的證婚人，但今天，我既已不是當年的我，她也更非當年的她了，我只有連聲表示感謝。當時商定娛樂版每天五欄，用包帳性質，每月付編輯費與稿費共四千元，也承她看在過去的關係上而勉強接受了。我還清楚記得，當我回社與立夫伉儷在汽車中向他提出報告時，等我一說到每月四千元的數字時，那位太座就譁然大叫，立夫當然順著她的意思向我表示太多，要我交涉減少。想不到作為一個總編輯，竟然對外決定稿費的權也沒有，這樣就讓我對外既失信於人，而且是失信於一婦人，使我感到莫大的痛苦。終於為了得人錢財，為人消災之故，我幾乎以哀求的口吻，再約她開恩減讓，也許她見我可憐，得以每月三千元的代價成交。」

又一段寫道：

「那位娛樂版的編輯，事忙，也許她還不屑為此，因此從不到社，在家裡編好了就直送字房，把照片與題目放得特別大，這樣文字自然就相應減小而稿費也可以少付了。讀者對此，固來函表示不滿，社長也向我嘖有煩言。那位編輯偶爾來社遇見了，我就把這方面的情形與她商量，她卻乾脆對我說：『不滿意盡可另請高明，而且我也預定最多只能幫忙一兩個月。』在夾縫中的我，受不了雙方的呵責，不得不被迫另作易人考慮。」

金雄白在十五年後出版這本書時，其所以沒有直接點潘柳黛的名字，他顧忌到他們是從南京，上海到香港多年朋友的面子，因為當時發生的畢竟是一件不愉快的事。也反映出潘柳黛生性好強，儘管當年金雄白和她是上下級關係，平時相處也不錯，金雄白還曾是潘柳黛第一次結婚的證婚人，而潘柳黛全然不在乎多年朋友的情誼，不給半點面子。也可看出她那不小的脾氣。

· 翡翠園地，散文如花 ·

1982 年 10 月，香港《翡翠週刊》問世，這是一部文藝性的綜合週刊。創辦人是作家沈西城，他邀請了一批香港名家胡金銓、李洛霞等撰稿，潘柳黛也是其中之一。《翡翠週刊》的〈翡翠園〉版內，設有〈有情世界〉、〈獨腳戲〉、〈書窗閒話〉、〈俏妙集〉、〈筆緣〉、〈小東西〉等欄目。潘柳黛負責的欄目是〈有情世界〉，她寫了《典型家庭》、《值得讚美》、《你怎樣安排自己》、《何必愁容相對》、《男人的煙酒味》、《丈夫何故變心》、《旗袍頌》、《且談接吻》等。每篇 800 字左右，潘柳黛用輕鬆、犀利而優美的散文，深入淺出地闡述家庭日常生活瑣事，指導讀者如何做人；如何造就和諧美好的家庭，真可謂美文如花。

如其中一篇：《丈夫何故變心》為題，寫道：

「太太治家之道，首先受到影響的是丈夫。許多太太，固執成性，更有許多太太，好潔成癖，她們要求丈夫，對每一種事物，都照她的意思去做。每一秒鐘，都要保持清潔，東西不許亂動，不能弄髒，娶到這樣的太太，也使人受不了。當然，一個家庭是應該整潔的，但是比整潔更重要的，還有舒服。男人在外面忙了一天，回到家以後，總希望能輕鬆一下，不想再被人管手管腳了。但如果偏偏太太還是那麼嘮叨，這日子怎麼過？我在某報主持一個信箱，曾經有一個丈夫寫信給我，向我訴苦說：我簡直不能忍受太太對於傢俱的愛護了，如果我和孩子把東西放在沙發

上，或者把手放在台子的玻璃板上，她就會尖聲大叫。孩子們永不許帶小朋友回家，怕他們弄髒了她的地毯。我也不可以帶朋友回家，因為她怕洗茶杯和酒杯。縱然就是我說，凡是我朋友弄髒的東西，都由我來收拾，但她嫌我弄得不乾淨，也是不可以。一個男人，除了工作時間以外，一天二十四小時，幾乎要有三分二的時間，都視之和太太共處的。如果這麼長的時間，都在管制狀態下，這也不許，那也不許，永遠在提心吊膽的情況下生活，試問誰能忍受。許多丈夫厭惡太太，不想和太太在一塊兒，或者不想回家，為什麼？就是因為有些太太實在太煩了。她們固執，刻板，好潔，儉省……在她們還以為這些都是自己的美德，殊不知就是這些美德，把丈夫趕到老遠老遠地想離開她了。『冰凍三尺非一日之寒』，別以為這些都是雞毛蒜皮的小事，就是這些小事，往往會導致丈夫對太太變心。」

　　潘柳黛這時期為《翡翠週刊》固定供稿，和《東方日報》、《新報》等報刊是同時進行的，她所獲得的稿酬也是很高的。作家沈西城曾寫《為君解情結的潘柳黛》一文中說：

　　「……潘姐現在只為兩家報紙寫稿。……以潘姐的才華，大可以多寫兩三張報紙。我向潘姐提出這個問題。潘姐回答得很妙：『寫這麼多幹嘛，不是把自己煩死了。所以，我訂出一條個人規矩，就是提高稿費，少寫稿子。』潘姐的稿費是很高的，別的不說，去年十月，我搞《翡翠週刊》請潘柳黛寫雜文，八百字四段，月付稿費一千港幣，平均每段二百五十元，香港女作家

中，大概要算她的稿費最高了。」

香港作家白雲天在她的《潘柳黛此生最尷尬的事》中，也說：

「潘柳黛在香港是講稿費的，不是以字數計，而是以篇計，算得上是香港作家中，稿酬最高的作家之一。」

白雲天還寫了潘柳黛的一節趣聞：

「潘姐雖在文壇和娛樂界負有盛名，但對任何人都和藹可親，常主動和人打招呼。由於她的熱情，有一回碰到了一樁令他畢生難忘的尷尬事。那一天，她和一班行外朋友在酒家吃飯，埋單離開時，看到電視紅星呂有慧小姐亦在座；她和呂有慧小姐有過數面之緣，於是上前打招呼。不料呂小姐貴人善忘，竟把潘姐當影迷，令潘姐在好朋友臉前，大大地丟了一次臉。經過那次之後，潘姐發誓說：『以後我再碰到藝人，若不是對方先和我招呼，打死我也不敢主動和對方招呼了。』話雖然這樣說，以潘姐隨和豁達的性格，她無論如何做不到『眼高於額』的地步。」

白雲天的筆下勾劃了潘柳黛隨和友善的一面。

・ 香港筆會，榮任理事 ・

　　由於在香港有許多中國作家，大家很樂意組織起來，成立一個群眾團體，以便有機會相互切磋，因此香港中國筆會誕生了，它成立於 1956 年，得到國際筆會的承認，並在香港政府註冊。參加者是包括詩歌、戲劇、小說、散文的作者和報刊的編者。

　　香港中國筆會遵照國際筆會會章，其中提及，「應有不受拘束的思想交流。筆會擁護出版自由，並反對平時的專橫的檢查制度，筆會相信如要使世界進入更高度組織的政治經濟秩序，必須對政府、執政者及各種制度有自由批評權。然而，自由之含義既包括自製，筆會會員保證反對出版自由之惡弊，例如虛謊之出版物、有意作偽及為政治的與個人的目的而歪曲事實。」等。

　　香港中國筆會會員有丁望、丁淼、于肇怡、王世昭、王光逖、王韶生、朱志泰、沙千夢、朱振聲、朱夢曇、李琰、李影、李璜、何敬群、宋淇、林友蘭、招鴻鈞、易君左、姚立夫、徐東濱、唐碧川、熊式一、鄭郁郎、潘柳黛、潘重規、胡欣平、馬義、陳子雋、陳風子、陳蝶衣、黃也白、費子彬、賈訥夫、劉海澄、熊式一、趙聰、簡又文、饒宗頤、羅香林等等。這些成員中有些是潘柳黛當年在上海的文友，如陳蝶衣、黃也白等，也有新文友沙千夢、費子彬等。會長羅香林（1906 ～ 1978）是著名學者，著作等身。1926 年入清華大學史學系，後為香港大學中文系主任。也是潘柳黛在港有往來的朋友之一。

潘柳黛是 1963 年應邀參加香港筆會，1965 年填寫表時，她正在新加坡南洋商報婦女版任編輯，家仍住香港九龍柯士甸路二A號。當時《香港中國筆會通訊錄》記載潘柳黛當時自己填寫的部分作品是：

《退職夫人自傳》1948 年新奇出版社

《明星小傳》1952 年新奇出版社

《路柳牆花》1957 年環球圖書雜誌公司

《陌生的新娘》1958 年虹霓出版社

《兒女情》1959 年虹霓出版社

《如花美眷》1959 年環球圖書雜誌公司

《紅塵淚》1962 年環球圖書雜誌公司

《張三李四》1962 年環球圖書雜誌公司

《歌女紅菱艷》（電影劇本）1950 年新華影業公司

《愛情與法律》（電影劇本）1951 年新華影業公司

《冷暖人間》（電影劇本）1959 年太平洋影業公司

《不了情》（電影劇本）1961 年邵氏製片公司

《真假情人》（電影劇本）1963 年光藝製片公司人

（筆者注：潘柳黛填寫作品《歌女紅菱艷》為 1950 年，新華影業公司。據香港電影資料館記載為 1953 年香港遠東影業公司出品。）

由於潘柳黛喜歡飲酒，並有一定的酒量，有一次因胃痛難熬，她便到筆會文友、名中醫費子彬診所求救，此時已是下班時間，但費醫師一見是文友，熱情地接待了她，為她搭脈後，和顏

悅色地安慰潘柳黛要她不要緊張，吃兩帖中藥就行，當時潘柳黛似不太相信，但兩帖中藥吃後，果真胃不再痛了。於是潘柳黛揮筆寫了一篇《胃痛遇仙記》，刊登在香港《快報》上，表示感謝。

費子彬五代名中醫，是清末江南名醫費伯雄的曾孫，除醫術享有盛譽之外，他的詩詞歌賦亦為精湛。

香港中國筆會曾出版《文學世界》季刊，後改為日報副刊型的《文學天地》，彙編《香港當代文選》。曾每月有一次文藝座談會後改為學術講座。每年新年、春、秋三次舉辦茶室或郊外的筆會雅聚，潘柳黛大都參加。

香港筆會每年召開一次會員大會，選舉會長、秘書、理事等。連選連任。1966年第十二屆會員大會上，選舉羅香林先生任會長，並選出於肇怡、王世昭、左舜生、李秋生、李璜、李輝英、沙千夢、何家驊、易君左、冒季美、徐東濱、焦毅夫、裴有明、盧幹之、胡菊人、張贛萍、寅思騁、鄭郁郎、潘柳黛等，為理事及候補理事。理事會分工潘柳黛負責康樂組。她主持了一次規模較大的香港中國筆會春遊演唱聯歡會。在會上潘柳黛唱了一首由她填詞的《不了情》電影主題歌《忘不了》，獲得了經久不息的掌聲。

・支持控訴，代筆成卷・

1978 年 11 月，加拿大、美國、墨西哥及歐洲一些國家的報紙，和分佈在這些國家的華文報刊及電視台均報導了一條震驚世人在加拿大發生的一起凶殺案，當時香港各報及電視台也迅速把這起凶殺案轉達給市民。為什麼要這樣做？因為凶殺案的無辜受害者，卻是一個品學兼優的香港留學生馮文禧。當馮文禧在加拿大正值學術上大有作為的時刻，他為幫助別人，卻無端慘遭殺害，結果凶犯只被判誤殺，僅以判監禁八年抵罪，亦可服刑三年即辦假釋出獄，這顯然暴露了一個文明國家司法的不公正。對這起慘案，全世界的華人、華僑及全香港同胞憤慨萬分，為什麼在一個法制的國家竟會包庇凶犯？這不是種族歧視又是什麼呢？也使大批香港有留學生在外的家人感到憂心忡忡。

潘柳黛見報上披露了這位香港優秀學生在加拿大遇害的報導後，她對受害者馮文禧的母親林馬惠賢表示了極大的同情。原本她因身體發福，行動已不很利索，加之胃部常有不適之感，把寫稿的任務已壓縮到只寫幾個專欄，千字散文而已。見到這則報導後，潘柳黛挺身而出，根據受害人母親林馬惠賢之口述，以滿腔的熱情，用嚴謹而流暢的筆法，系統地、完整地記錄整理成一部十八萬字的名曰《我要控訴》的書，也是一部優美的紀實文學作品。並協助於 1982 年 12 月由香港天聲出版社出版。

這本書是林馬惠賢，由於愛兒馮文禧遭受無辜殺害後的血淚

控訴。此書記述從 1951 年 1 月 28 日愛兒在香港誕生後尚不足周歲時，丈夫離婚而去，她放棄了金錢補償，爭取到一女一兒的撫養權。從此她含辛茹苦，從早到晚兼兩份工作，終於把兩個孩子撫養成人。那份辛勞是難以想像的，兒子似也懂得心疼媽媽，學習成績總是名列前茅。心地善良的兒子，曾把媽媽給他上學時遇下雨天搭車用的車費全部給了乞丐。一次他生病到免費的香港貝夫人健康院就診，在那醫院他見到許許多多很窮很窮的人排著長隊候診，回家對媽媽說：「將來我最好能做醫生，專替窮人看病，實在貧苦的不收費。」後來他去加拿大留學攻讀了醫科，除第一年學費靠母親資助外，之後，學費、生活費全靠自己半工半讀，完成了細菌學和免疫學碩士學位，後進入 University of Westesn Ontario 附屬的大學醫院腎臟移殖所工作，這是加拿大最權威的研究中心。他工作努力，研究論文深得學者好評。

正當他在繼續攻讀博士學位時，經常和同住的朋友去一家名叫「玉宮」的中國餐館用餐，他發現一位在飯店女侍應生常遭丈夫毒打遍體鱗傷面臨離婚，向他求援找房搬家時，馮文禧出於憐憫和同情，他和同屋的同學商量後，就答允她搬進他們的空屋居住，誰知女應侍生丈夫知道後，便帶著獵槍不問青紅皂白，便無端地將其妻槍殺，同時又連放數槍使馮文禧倒於血泊之中。形成一樁令人髮指的凶殺案。

凶手是黎巴嫩人，無業遊民，但由於凶手背後站著一個有勢力的大家族，有恃無恐。從而獲得法庭偏袒將這起蓄意謀凶殺案，判為誤殺，量刑僅為入獄八年，被告可於服刑期三年之後申

請假釋。即兩年多即可假釋。顯然這個判決是極不公正的，這裡包含著種族歧視。這件無端慘案曾轟動一時，使華人華僑社會大為悲憤！報刊、電台也連連譴責、聲援。馮文禧的母親用撕裂心肺的哭聲，提出控訴：「法理何在？天道何存？……」

潘柳黛帶著病軀為受害人的母親因痛失愛子的全部過程而記錄、整理出版的《我要控訴》一書，反映了一個女作家的良知和同情的高尚情愫，同時向全世界揭露了一個民主國家司法中的陰暗面。

・ 廣受好評，美文長存 ・

　　潘柳黛在香港是文壇矚目的現代作家，她的散文被多位作家編選出版成書。如由春風文藝出版出版，由于逢春、胡躍華選編的《港澳台散文精品》計選有林語堂、梁實秋、席慕蓉、柏楊、余光中、林海音、張愛玲潘柳黛等 26 位作的散文作品，張愛玲是《談音樂》，潘柳黛則是《淑女典型》。

　　1982 年，香港科華圖書出版公司出版，由鐘文娟策劃的《捕蝶・香港名家散文集（一）》，選入潘柳黛的作品有：《女人的謊言》、《男女不同》、《變化多端》、《大情人》、《明星與總統》、《歲月不居》、《到時方知》、《貨真價實》、《長壽之道》、《母與子》、《時裝》等。

　　在《捕蝶・香港名家散文集（二）》，選入潘柳黛的作品有：《不妨一試》、《理由多多》、《狗公仔》、《有何不對》、《夫婦之道》、《先進經驗》、《作孽》、《淑女典型》、《當心後悔》、《千面巨星》等。

　　1989 年，武漢出版社出版，喻大翔編《台港散文選真》，選入潘柳黛散文是：《男女不同》、《變化多端》、《大情人》、《不妨一試》、《淑女典型》等。

　　2000 年，珠海出版社出版，趙洪林策劃的《台港海外華文女作家小語》一書，也選入潘柳黛作品有：《有何不對》、《夫婦之道》、《先進經驗》、《作孽》、《淑女典型》、《當心後悔》等，

現摘幾篇如下。

《有何不對》寫道：

「一日，我有兩個女朋友問我：

潘姐，有人說你孤寒，你承認不承認？

我說：我承認。

女朋友又問：

既然承認孤寒，你一定很愛錢了？

我說：是，但是我只愛我自己的錢，並不愛別人的錢。所以我量出為入，量入為出。知道自己每個月必需要多少開銷，就去賺夠多少錢。知道自己賺多少錢，就儘量以那個範圍之內的錢去開銷。不想賣命去多賺，也不想拚命去亂花，這樣的人生觀，有什麼不對？」

（筆者注：孤寒為廣東俚語，小氣之意。）

《夫婦之道》她寫道：

「有人問我：夫婦之道難不難？

我說：說易就易，說難就難。

或曰：願聞其詳。

我說：如果丈夫在婚後，還肯對老婆像對情人一樣，又接又送，又惜又愛。情人節送卡，生日時送禮，結婚紀念日帶她去旅遊，逢年過節，所有的約會都回掉，專心誠意在家陪老婆，老婆還有什麼話好說？

如果妻子在婚後，肯把老公當波士看待，只點頭，不搖頭，

只說 Yes，不說 No，老公不是樂死了？還會嫌妻子不賢慧嗎？」

（筆者注：波士為廣東話老闆之意，源自 BOSS 一字。）

《作孽》寫道：

「擅拍武戲的導演，拚命要戲裡的男主角打、打、打，男配角打、打、打，龍虎武師打、打、打得人仰馬翻，手折腳斷。

因為導演要求一句話：要打得逼真。

擅拍黃戲的導演，拚命要戲裡的女主角脫、脫、脫，女配角脫、脫、脫，女特約脫、脫、脫得寸縷不留，毫毛必現。

因為導演也要求一句話：要脫得精光。

如果有一天，有人要武戲導演的兒子去打，要黃戲導演的老婆去脫，那時就不知他們心裡的滋味如何了。」

她的《淑女典型》被四本書選中，她這樣寫：

「一個少女問我：怎樣才能算是淑女？

我說：一個真正的淑女，必然謙恭有禮。她麻煩到別人時，必先說『對不起』。別人幫了她的忙，她必會說：『謝謝』。

她不會仗著自己是女性，而要求許多特權。她也不會因為自己年輕貌美，而以為個個男人都想追求她。

她絕不會賣弄，也不逞強，不會話太多，也不會不理人。更不會諸多做狀，故意引人注意。

總之，真正的淑女，只是一個平平常常的女性而已，但那種氣質，使人難以形容。」

　　潘柳黛用真心寫和寫真心的特色，用直接的敘述，直接的抒懷，在充滿生活氣息的文字裡，讓人們從中獲得的啟迪，夠得上是潘柳黛散文中的佳篇。

・ 重組家庭，痛失夫君 ・

潘柳黛自 1945 年 1 月在上海結婚，不足一年便離婚，之後，她將女兒寄養在南京妹妹家中，自己則孤身一人埋頭寫作，為時長達七年之久，直至 1952 年才在香港重組幸福家庭。她的第二任夫君叫蔣孝忠，是蔣經國先生的侄輩，蔣孝忠和潘柳黛早年上海相識，多年後在香港相逢，其時蔣孝忠在港經商，從事茶葉生意。由於他夫人病逝，而潘柳黛已離異多年，他們便自然地走到了一起。

潘柳黛像所有離異的女人一樣，一方面渴望有位男士走進她身邊，給予她一絲溫暖，給予她一絲慰藉，最好是一種不變的愛，可以依靠，可以沉醉，彼此許諾，永不分離，白頭不負。一方面她又無法擺脫的那失敗婚姻的隱隱陰霾，寧可忍受寂寞的煎熬。儘管她經常出入社交場合，儘管也常獲得一些男士的青睞，而她卻不敢也不願意去跨越這道曾受過心靈創傷的門檻。可蔣孝忠一副男子瀟灑的氣派，善解人意的等待和

1957 年潘柳黛與夫婿蔣孝忠及長子蔣友威。

對女人細緻入微的體貼，加上不斷殷勤地送上潘柳黛所喜愛的玫瑰花，終於讓這位女作家接納了他，1952年，他倆終於在香港步入婚姻殿堂。

隨後潘柳黛曾多次陪同夫君去台灣看望蔣孝忠的哥哥，一位退役軍官，她也受到蔣氏家族的熱情接待，在蔣經國先生官邸，她曾品嚐了一次家宴，她曾說：「蔣先生和你交談既沒有官架子也沒有長輩的架子。」潘柳黛對寶島的風光，和小吃更是讚不絕口。

蔣孝忠是位正派、責任心很強的男子，是位善於呵護妻子的好丈夫。他們時常出雙入對參加社交活動，他們的恩恩愛愛引來了無數人的仰慕目光。幸福在時光中流淌，正當潘柳黛創作進入高峰期的1962年，她正應新加坡《南洋商報》之邀，在新加坡《南詳商報》主編「婦女版」時，突聞夫君患病，急急匆匆趕回香港照料，不料，1963年蔣孝忠因患腦炎不治而逝。這突如其來的打擊，猶如晴天霹靂，潘柳黛深感被拋進了痛苦的深淵。她曾說過：「很長一個時期，我就變得像入蟄的冬蟲一樣，那兒也沒有心思走動，後來直到我又能執筆恢復我的寫作生涯時，才開始又和許多朋友見面。」潘柳黛清醒地意識到她不能被命運所捉弄，她要勇敢地挑起家庭重擔，因為她和蔣孝忠已育有兩個可愛的兒子蔣友威、蔣友文，當時大兒子十歲、小兒子才八歲。她還不時惦念著留在大陸由她妹妹撫養的女兒茉莉。

1978年她將女兒李茉莉接到香港，同母異父的姊弟相處極好，引來不少朋友的羨慕。茉莉小時在南京姨媽身邊長大後，一

度在祖母身邊生活，十歲起便回到父親身邊讀書。其父李延齡正在湖北華中工學院任教授。在李茉莉身上，具有繼承了父親理工學科的抽象思維一面，喜愛理工學科，所以，大學選擇了湖北師範學院數學系，畢業後從事中學數學教學多年，但她又具有母親形象思維的一面，又

潘柳黛與女兒茉莉及幼子蔣友文（蔣金）。

極愛文學藝術。來香港後母女重逢，分外喜悅，那時，正是潘柳黛給幾家報紙寫專欄和信箱，因此，每天總有大批讀者來信，有讚揚感謝的，有肯求幫助解決情感糾紛的，有請求幫助就業的……。茉莉自然成了媽媽助手，她幫助媽媽整理信件，並按媽媽意見給讀者一一解答。並陪伴媽媽參加社交活動。之後，茉莉在商務印務館工作，直至退休。

李茉莉如今已擁有一兒一女，兒子謝航是理工碩士、文學學士、工商管理學士，現任香港海關督察。謝航又極敬孝道，曾陪母親去歐洲各地旅遊，餘業喜寫文章並在網上用中文介紹外國飲食文化，用英文介紹中國飲食文化，而媽媽茉莉則是他寫作的導師和參謀。謝航對外祖母潘柳黛也十分敬愛，由於謝航喜歡看功夫影片，崇拜李小龍，外婆潘柳黛就把自己和李小龍合影的照片

贈送給他。真是一番祖孫情！

茉莉女兒謝婷婷學工商管理，現正隨夫經商。1997 年謝婷婷結婚時，潘柳黛特從澳洲趕回香港參加外孫女在半島酒店舉行的婚禮，當時潘柳黛身著入時的服裝，頗引人注目，當然，最主要是因為她在香港的知名度。當今這位跨進花甲之年的茉莉，已經是兩個在小學讀書的小外孫女，最最喜愛的外婆了。

潘柳黛長子蔣友威，1953 年生於香港。畢業於香港大學，現在李嘉誠長實集團服務。妻陳安妮。他倆育有一子一女，長子蔣德俊和女兒蔣德美均在澳洲墨爾本大學讀書。

次子蔣友文，1955 年生於香港。七、八歲即登台演出即獲好評，成了一顆躍眼的童星，後入無線電影業訓練班學習，藝名蔣金。後進入邵氏等影片公司，上世紀七、八十年代在電影《下

少兒時代的潘柳黛長子蔣友威。

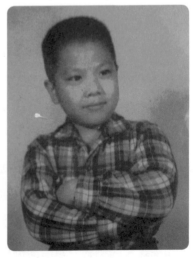

當年的香港小童星蔣金——潘柳黛次子蔣友文。

流社會》、《林世榮》、《扮豬吃老虎》、《南北獅王》、《雙辣》、《卒仔抽車》、《花心大少》、《撞到正》、《滿天神佛》、《神經大俠》、《六指琴魔》、《蛇貓鶴混形拳》等近 30 部影片中，擔任主要演員，其中有喜劇片、故事片、武打片。

1976 年，由羅維導演並出品的《新精武門》，蔣金是著名演員成龍的主要搭擋之一。在《師弟出馬》影片中成龍飾演阿龍，元彪飾四哥……蔣金飾僕人。這是嘉禾公司十周年紀念作第一百部片，是 1980 年賣座冠軍。在明威影業公司出品的《師爸》中周潤發飾阿傑……蔣金飾老鼠。在新藝城影業公司出品的《倩女幽魂》中，演員有張國榮等，蔣金也是主要演員。除外，他在嘉禾公司發行的《老襯當旺》及邵氏兄弟（香港）有限公司出品的《廣東靚仔玉》兩片中蔣金擔綱主角。又邵氏出品的《樑上君子》影片中蔣金和董驃等主演的喜劇片，已由洲立影視有限公司製成 DVD/VCD 數位影碟。

筆者購得《樑上君子》影碟，全片幽默、詼諧，對貪官的諷刺達到極限令人捧腹。而蔣金活龍活現的演技讓人佩服。難怪上世紀七、八十年在香港沒有人不知道演員蔣金這個名字。也難怪在 2001 年潘柳黛去世後，11 月 7 日香港《明報》、《太陽報》等報導潘柳黛逝世消息的大標題，也寫著《蔣金母親潘柳黛澳洲病逝》，可見蔣金的名氣了。

蔣金移民澳洲後息影，與妻吳美珠住悉尼，曾從事旅遊業，不幸一次車禍腿部嚴重負傷，潘柳黛特前往悉尼探視照料。潘柳黛曾對筆者坦言：「過去工作忙，對孩子照顧不夠，大兒子聽話

比較偏愛，小兒子調皮，卻缺乏耐心，對他批評指責多於鼓勵，今天想來是不應該的。」這是一個老年母親對子女教育中的偏愛引發的愧疚之情。作為小兒子蔣友文雖對母親的嚴苛仍記憶猶新，但養育之恩他不會淡忘，他還是很盡孝道的一個。

上世紀八十年代，潘柳黛回鄉探親，去北京看望了離別多年的哥哥潘樹仁，他是位已退休的著名甲狀腺專家，現已離世，在上海看望了姐姐潘碧濤，現已離世。在南京她看望了妹妹潘瓊英後患老年癡呆，在武漢又會見前夫李延齡，彼此友好相待，李延齡後是華中工學院教授、力學專家，上世紀八十年代李延齡曾先後兩次赴香港大學講學，潘柳黛亦熱情接待。他們恩怨已隨時光而消失，姻緣雖盡但友誼長存。1996 年李延齡教授在武漢病故。

·別離香江，移居澳洲·

　　1988 年 2 月，潘柳黛在兩個兒子的陪同下，離開了繁華喧囂的香港，離開了她工作、生活三十多年的東方明珠，尤其離開了她的一大批難以割捨的朋友。她曾依依不捨，但當飛機穿過雲層，把她帶到了一個被世界公認的最適宜居住的花園城市——澳大利亞墨爾本時，她很快也就愛上了這個異鄉。因為這是一塊如今地球上少有的沒有經過戰爭踩躪的土地，這塊土地，既帶有濃濃的原始穎味，又是西方先進的縮影。

1997 年潘柳黛回香港在半島酒店前留影，77 歲的她仍雍容華貴、風采依舊！

澳大利亞是世界上最小的洲、最大的島。建國只有二百多年歷史,是一個移民的國家,有英國人、德國人、希臘人、義大利人、印度人、中國人、越南人等。華人移民已有一百五十多年的歷史,據 2006 年 8 月人口普查,全澳有華人移民近 67 萬人,大多居住在悉尼和墨爾本,而墨爾本約有 17 萬華人。

由於澳大利亞近多年來奉行多元文化政策,對中國友好,華人已獲得了參政、議政的權利,上屆墨爾本市市長蘇震西就是第三代華人,2006 年他榮獲全世界市長殊榮,2007 年又獲影響世界華人的傑出代表人物的殊榮。

墨爾本是從十八世紀中葉,在淘金熱潮中建立起來的澳洲第二大都市,是維多利亞州首府,人口 374 萬(2006 年人口普查統計)城市規模僅次於悉尼,有人比喻悉尼是南太平洋上的紐約,而墨爾本則是倫敦。這是一座帶有濃濃歐洲風情的城市,城內有多處公園,秀麗的亞拉河從市中心穿過,由於墨爾本地處澳洲南部海濱,所以空氣清新、城市寧靜、環境優雅,具有一派田園風光。

潘柳黛很快就愛上了這塊土地,她在離市中心不算遠的華人集中的 BOX HILL 區(博士山)購買了一小套公寓房(JOHN STREET 7/1)這是一幢三層樓的樓房,第一層為各戶用的停車場,二、三樓為住戶,計八戶人家,潘柳黛住二樓一室,居房為二室一廳。

潘柳黛家客廳約 20 平方米,陳設簡單,兩張沙發,一張餐桌,四把椅子,一隻 18 寸彩色電視機,牆上有兩幅油畫,記得

那年筆者和朋友一道拜訪她,她見筆者凝視油畫時,她便風趣地笑說:「別看了,那是贋品。」大廳朝南有一排大窗,窗外綠色盎然,長青樹似也構成一幅優美的畫面,大廳的兩側左側的前半是潘柳黛臥室,內有衛生間,她的住房簡單,除一張小號大床之外,一張床頭櫃,還有一張小書桌和兩把椅子,牆角堆放了不少書籍,她住房後面即客廳左側的後半間為廚房。客廳右側的前半是另一住房,也有一張小床,那是準備接待遠道來客備用的,後成了她堆放什物的房間,這間房的後身,即客廳右側的後半間為洗衣房。整個房屋佈局合理。潘柳黛在這座公寓裡單身整整度過了十二個春秋。

潘柳黛住宅臨近 BOX HILL 購物中心,火車站、汽車站、

潘柳黛在墨爾本喜看的華文報紙報頭。

都在購物中心裡面，電車站也不過半公里的距離（電車站係2003年建）。她出門不遠處即有各色餐館，西式、中式、日式、韓式、越式、泰式、新加坡、馬來西亞等，中餐館還有粵菜、川菜、上海菜、台灣小吃及各色麵點小吃舖、茶室，為數也不少。還有理髮店，中藥舖，中國的南北貨商舖就更多了，大小有十多家，真可謂應有盡有，假如不是店舖招牌上夾著一些外文，真就像身處於母邦之中。

潘柳黛公寓巷口有一家「新聯發食品中心」，就是潘柳黛每天必去買《星島日報》的商店，筆者曾拜訪過店主，店主是位中年婦女，操一口廣東話，她告訴筆者：「潘老是個絕頂的好人，她每天都來，有時也在我店裡坐坐，因為她訂了《星島日報》，潘柳黛曾說：「《星島》既可見到澳洲資訊，亦可了解到香港的動態。」（該報屬香港星島報業集團，是澳洲最大的華文報之一。）「新聯發」老闆一家人都很尊重她，視她為老客戶，老闆娘曾告訴筆者：「潘老有時同我們聊聊天，記得幾年前有一次下雨天又黑了，她忘了帶鑰匙急匆匆找我，是我送她回家，找人開門換鎖的。」

附近「太陽城」餐廳是她經常光顧的地方，她喜歡吃該餐廳的越南雞牛粉。還有一家「新新食品店」是她每週購買食品的老店，「名匠髮廊」也是她固定理髮、燙髮和修指甲的場所。她雖已高齡，仍注意適當修飾自己，她認為這屬禮儀，同時也能煥發精神和活力。

· 享受福利，頤養天年 ·

　　澳洲是個很重視福利的國家，每年 3 月有一個星期為「老人周」，所有老人均憑「老年卡」獲免費乘火車、汽車、電車的優待（平時憑老年卡亦有優惠），動物園等也免費優待。近幾年每星期日老人也憑卡免費乘車。

　　失去勞動力或失業的澳籍公民、永久居民均可獲得政府根據不同情況，每兩周發給一定津貼（按每週計算），潘柳黛當然也不例外，由於她屬高齡又是單身，除補貼略高於其他老人外，經審核批准還享受政府委託「華人社區服務中心」給予的適當照顧，如每週由「華人社區服務中心」派人為她打掃房屋、吸塵、拖地、洗衣服等家務勞動，政府補貼服務費用的 50%，她自己負擔 50%。

　　筆者曾走訪「華人社區服務中心」潘女士，她談及對潘柳黛的印象是：「潘老是一位極和善的老人，尊重清潔工，我們每次為她打掃時，她總會客氣地說，這點留我自己做吧！你們休息吧！」

　　「華人社區服務中心」還派護理人員定期上門服務，為她測量體溫、督促她按時服藥，因為她患有糖尿病。其費用全部由政府支付。除外，「華人社區服務中心」每週四上午九時派車接她前往維多利亞州「高齡老人活動中心」參加保健、康樂、用餐等活動，潘柳黛在話動中心，喜歡踩踩那固定的自行車，練練腿下

A Guide to Participat
by Older Vi
Developed for People who Work with and

1999 年潘柳黛（執拐杖者）在《維多利亞州老人福利指南》中，成為封面人物。

功夫。因為當年在上海她是騎車好手。活動中心下午四時結束，再由「華人社區服務中心」派車送她回家（大車一路接送參加活動的高齡老人）。

「高齡老人活動中心」是地方政府創辦的福利機構，符合條件，經過審核批准享受特殊照顧的老人方可參加，較多的是西方人，潘柳黛和他們相處亦好，由於他們後來知道她曾是上海、香港作家，又熱心公益，關懷他人，所以，她被選做維多利亞州老人福利中心出版的《維多利亞州老人福利指南》一本宣傳刊物的封面人物，不僅如此，她和朋友合照還被選做每頁書角插花。

潘柳黛一生不想做公眾人物。早年她在香港名氣很大，有一次香港電視台邀請她出鏡採訪，她婉言謝絕了，記者還在繼續勸說她接受採訪時，她幽默地笑問記者「我不是什麼大明星、大歌星，何苦一定也要我去亮相？」可記者是有使命來的，繼續在央求她，這時潘柳黛卻直率地說：「如果你換我，你會怎樣做？去出鏡一顯尊容嗎？」記者只好退卻。 她曾對一家報社要採訪她的記者說過：「我不喜歡被傳媒機構採訪，因為我不想做公眾人物，怕在街上被人家指指點點，哎，那就是女作家潘柳黛？」所以她一貫低調。但潘柳黛在澳洲，近 80 高齡時還是成了澳洲的公眾人物。

潘柳黛除參加「高齡老人活動中心」外，還參加 BOX HILL 老人會（今改為 BOX HILL 耆英會），這是維多利亞州 BOX HILL 區政府認可的群眾團體，政府資助少量經費供老人活動之用，如每週三上午在固定活動地點的場地租金及活動所需的圖

書、棋類、樸克、麻將、球類等器材費用，還有每次活動時中餐的部分補貼等。

老人會會長及理事等民主選舉產生，兩年一次，熱心公益者可連選連任，現任會長陳甯先生即是一位連任了幾屆的會長，20多年前來他自新加坡，2007年並榮獲聯邦政府頒授的OAM勳銜。

老人會設有英語輔導、不定期的健康講座、醫藥諮詢、文娛活動、生日聚會等。有世界上著名賭場之一的皇冠賭場，定期驅車至各區老人會，來接老人去參觀遊玩，並以免費自助餐招待（近年已改為簡餐）。老人們也樂意結伴前往，一面參觀那豪華的、琳琅滿目的遊戲場面，一面也想試試自己的運氣，高檔次的豪賭是沒有他們份的，他們大都坐在一分、兩分、五分的遊戲機前，敲打敲打那些花樣百出的遊戲機，運氣好的個別老人，也能贏上幾十上百澳元，絕大多數皆是空手而歸，但大夥兒也屬心甘情願。畢竟是一次小小的娛樂活動。

1999年春，有一次老人會組織去皇冠賭場，潘柳黛也高興地打打遊戲機，一下輸了50澳幣，朋友李正然是個能手，幫助潘柳黛幾下一敲撈回了95澳元，潘柳黛笑說：「還是你手氣好，今晚我請客，吃雞牛粉」。李正然是個頑皮老頭，不屑一顧地說：「一碗雞牛粉可不行。」潘柳黛笑說：「那就十碗唄，讓你撐個夠。」把在場的老人都逗樂了。在老人會她也喜歡搓搓麻將，她雖是老手，但牌藝並不算精通，故輸多贏少。凡老人會組織的活動，她都參加。

潘柳黛屬高齡單身，得到華人社區服務中心特殊照顧，圖為服務中心門景。

潘柳黛偶爾與朋友一道去墨爾本皇冠 (CROWN) 賭場消遣，圖為皇冠門景。

潘柳黛還略懂一點《易經》，常常為會友看看面相、手相，她採用報喜不報憂方法，用幽默的語言常把老人逗得樂呵呵的。所以大夥兒都喜歡她，相處都很好。

老人會還在春秋二季，組織老人赴外地旅遊，所以，老人會是老年華人、華僑喜愛的群眾組織。每星期三大夥兒聚一聚，聊聊天，分外高興，正如有位老華人說得好：「BOX HILL 老人會不是家，勝似家。」

潘柳黛喜歡與朋友聊天，新加坡來的劉先生尤喜愛聽她講文藝作品。有一次她和幾個愛好文藝的朋友在談李清照的詞時，潘柳黛脫口背誦了李清照的《孤雁兒》，並講述了這詞是李清照將《詠梅》與悼念亡夫揉合一起，真摯地寄託了她對亡夫的一片哀思，詞人運用通俗的語言凄婉音調，通過藝術手法一點點地勾畫了一個孀婦悲苦的內心世界，纏綿悱惻。當時在座的人無不被她的良好記憶而驚異，無不為她對李清照的詞的深刻理解而折服。

她本是一顆明珠，可她來澳洲後，卻用「泥土」把自己才華掩埋，以至於多年來很多人並不知道她曾是上海文壇赫赫有名的女作家，是香港名作家、劇作家、專欄作家，此番詞解，終使大家刮目相看。

在墨爾本潘柳黛除參加老人會活動外，也經常相約幾個朋友在她家小聚，筆者是其中之一，偶搓麻將，她會提前準備好茶和咖啡，也會準備點西瓜子、南瓜子或葵花子、花生米，還會準備不含糖份的薄荷糖，如是夏天她會準備可樂等飲料，每週又一起在館餐飲茶，多採用 AA 制。潘柳黛有糖尿病，所以她不能多

吃，有時她會自我侃侃：「都怪我年輕時貪嘴好吃，現在不能吃了，只能看你們吃唄。」逗得大夥一樂。偶而也會幾個人約好各自帶點麵包、水果去公園、海邊坐坐聊聊天，用麵包餵餵鴿子和海鷗。

澳洲街道兩旁多種植 JACARANDA 樹，中文叫蘭花楹，這是澳洲特有的樹種，樹姿舒展優美，每年 8 月中下旬南半球開春，粗細相間的黑線條枝椏上開滿了淡紫色的小花，除市中心外，街道兩旁頓時形成紫色長廊，不須綠葉陪襯，花兒開了又落，落後又開，花期長達一個多月，這種蘭花楹在山坡上、公園裡，甚至家庭前後院，到處可見一排排，一叢叢，像紫霧縈繞，像紫色螢幕，令人陶醉在這獨特的自然景觀中，潘柳黛和五、六位較好的老人對這景致似有共同的偏愛，常在蘭花楹盛開時相約乘車賞花。

一次潘柳黛和筆者等六人去公園欣賞蘭花楹等車時，她講述了電影明星蝴蝶的故事，她說：「蝴蝶晚年很悲慘，她沒有孩子，帶著在香港領的養子、媳婦遷居溫哥華後，過著並不富裕的生活。有一天，一位從日本移居溫哥華的老華僑找她，她不認識，老華人講了又講，原來在上紀三十年代，蝴蝶在上海大舞台演出的一個晚上，老華人當時是負責拉幕的小工，不知是什麼原因，幕布拉不起來，弄得演員在台上僵場，台下觀眾起哄。事後老闆發火訓斥拉幕小工，蝴蝶看不慣地挺身而出，責問老闆：『為什麼那樣凶！他還是個孩子』老闆見大明星發話，也就不說什麼了，這件小事蝴蝶早忘了。可這位小工已暗下決心，

『等將來我發達了一定要報答蝴蝶』。之後，這名小工到了日本從打工、開餐館後成了富翁，上世紀七十年代，他移居溫哥華終於找到蝴蝶，當他知道蝴蝶生活狀況，知道送錢她是不會收的，於是在離蝴蝶住處不遠的地方，以蝴蝶的名義購了一套高級公寓贈送她。老華人了卻心願後不久離世。蝴蝶養子嗜賭，把蝴蝶的一點積蓄全賭光了，最後要賣公寓，這時蝴蝶已重病，不久即離開人世，葬入公墓，連碑也沒有立，後來由朋友出資才立了一塊碑。」潘柳黛又說：「我曾經說過中國明星可以寫傳的人一是蝴蝶，一是白光。」潘柳黛講這故事時已近八十高齡，講得繪聲繪色，令人佩服。

潘柳黛移民澳洲時已是一位臨近古稀之老人，基本上不再寫稿，不是健康不佳，也不是文思苦竭，而是因為澳洲華文報刊向不付稿酬。澳洲華文媒體除 SBS 設有中文廣播電台外，也有十多家華文日報或週報，其中《星島日報》《澳洲新報》每日出版銷售外，大都是免費週報，其中也有少數週報是銷售的，不過這些報紙多以廣告為主，良莠不齊，偶有報刊派點稿酬，也只是一點點慰問費而已。這對來自香港拿最高稿酬的潘柳黛來說，當然是難以接受的，她曾風趣地說：「沒稿酬的事我是不幹的。」

・ 婚戀指南，發人深思 ・

潘柳黛到達澳洲後，有了較富裕的時間，她應香港眾多讀者、訪者的要求，在墨爾本家中，用了近兩年時間，將她已載報刊的散文語絲及與來訪者交談的婚戀答疑，做了條理化的整理，以她豐富的閱歷和淵博的知識，並以深邃的目光，把自己生活積澱下的經驗，用通曉古今中外的事例，採用洗鍊、清新的文字，像說故事那樣輕輕鬆鬆地闡明做女人的哲理，她用一顆愛心給廣大青年尤其女青年指點了幸福之路。

她認為美好和諧的夫妻生活，必須有妥協和寬容作為基石，婚姻中不可能都是靚麗的彩虹，推出了從理性上昇華的、嶄新的內容生動且具趣味性的《五分鐘兩情相悅要訣》和《五分鐘女性擇友指引》兩本姊妹篇力作，兩書各約 18 萬字。於 1992 年 4 月由香港萬里機構得利書局出版發行，潘柳黛在她這兩部書的「寫在前面」中，親切、衷懇地寫道：

「《五分鐘女性擇友指引》與《五分鐘兩情相悅要訣》是姊妹作。過去，我曾經應各報刊雜誌之邀，撰寫過不少這方面的文章，似乎形成了對女性在生活上、精神上、事業上……的指標，獲得了不少讀者的熱愛與喜悅。而且在一定程度上，更對某些讀者，產生了很深刻的啟示。

當前急劇變化多端的社會中，人與人之間的關係非常複雜，尤其是女性，無論在婚前婚後，都很需要有個正確的引導才不致

滑下斜坡，或跌入陷阱；我這兩本書，正是為此而編寫的。

我把少女當作我的女兒，把少婦當作我的妹妹，出於女人「母愛」的天性，因而我關心她們的成長，更關心她們在家庭、在社會上面臨的種種問題，憑我所見所聞和所知所學，以及我個人的經驗，來愛護她們，提醒她們，我相信凡是我向她們指出的問題，或提供的方法，多是非常切合實際需要的，只要弄懂了其中竅門，能夠靈活運用，便不難解決許多自身感到迷惘的問題。這就是我出版此書的目的所在。」

《五分鐘兩情相悅要訣》、《五分鐘女性擇友指引》和《解情結》的封面。

《五分鐘女性擇友指引》一書的目錄是：

一、理想的對象

怎樣找理想的對象；選擇對象十誡；誰是你的理想對象；女孩子如何選擇配偶；嫁給什麼人最好；汽車上選對象；當你選擇婚姻對象時；應該娶誰為妻。

二、戀愛須知

少女戀愛十誡；給正在戀愛中的少女；有四種男人不能嫁；婚前別和男人太接近；不受男士歡迎的少女；女人的十大誡條；怎樣追求女朋友。

三、儀表與風度

怎樣做淑女；當你答應男友的約會時；第一次到他家；女士的起坐姿態；你怎樣才能迷人；社交儀態秘訣；不要忽視微笑的魅力；培養美麗的表情；寫給小姐太太們；女人的魅力；眼睛的悲劇；發胖是美麗的大敵；盡信醫生不如無醫。

四、現代少女

懦弱的女性不適合這時代；一對小情人；愛情的故事；我是一個女人；大表弟為何不結婚；如何歡度蜜月；戀愛與結婚；要不要跟他同住。

《五分鐘兩情相悅要訣》書目是：

一、成功的婚姻

怎樣與丈夫相處；丈夫信任你嗎？你信任丈夫嗎？幸福婚姻十誡；為什麼不敢愛；丈夫四大典型；夫妻相敬如賓未必是幸福；如何留住青春；婚姻幸福的決定因素；丈夫越幫越忙。

二、拴住他的心

丈夫為何「視歸如死」；別趕男人往外跑；馭夫有妙術；老婆的催眠曲；非人生活；太太的秘密；忍到白頭偕老。

三、現代的女人

女人究竟有多少類型；太太別恃美而驕；海棠春睡之外；夫妻吵架，誰是誰非；女人心中事誰曉得；多少錢才夠養妻子；別使你太辛苦；你贊成丈夫喝酒嗎？

四、婚姻亮起紅燈

不是冤家不聚頭；假如丈夫有了外遇；三招兩式奪回丈夫；當丈夫盯著女人看的時候；「暴君式」的丈夫；為什麼紅顏多薄命；多妻的男人；且談再婚這件事。

潘柳黛的姊妹篇，洋洋灑灑計三十六萬字。她真誠地希望天下少女都能選上如意郎君，她殷切地企盼所有夫婦之間都能相互包容、諒解，她把包容、諒解視為一種修養、一種美德、一種境界，就像人類需要陽光、空氣一樣，有了包容、諒解，家庭就能和平、安寧、幸福。潘柳黛的封筆力作，正是反映了我們民族的正確的家庭價值觀。

與此同時，潘柳黛又整理出南宮夫人著《解情結》三個單行本，於 1992 年夏，由香港環球出版社出版，在香港和新加坡與馬來西亞發行。頗受讀者歡迎。

· 入基督教，浮華消褪 ·

潘柳黛移民澳洲後，由於受到香港和台灣好朋友的影響。不久便受洗基督教，成了一名虔誠的基督教徒。每星期日她總是由 BOX HILL 老人會會長陳甯夫婦驅車接她去 Bvrwood 區華人長老會生命堂做禮拜。她曾為華人長老會生命堂寫了《父親頌》詩一首：

「請讓我恭恭敬敬的稱呼您一聲

父親大人

不管我現在有多高多大

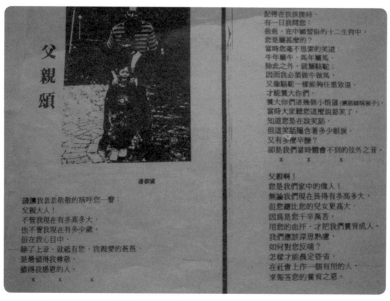

《父親頌》，1997 年潘柳黛在墨爾本的封筆之作。

每週日潘柳黛做禮拜的華人長老會生命堂。

潘柳黛每週三參加 BOX HILL 老人會活動的會址。

也不管我現在有多少歲

但在我心目中

除了上帝，就只有您

我親愛的爸爸

是最值得我尊敬

值得我感恩的人

記得在我孩提時

有一日我問您

爸爸，在中國習俗的十二生肖中

你是屬什麼的

當時您毫不思索的笑道

牛年屬牛，馬年屬馬

除此之外，就屬駱駝

因而我必須做牛做馬

又像駱駝一樣能夠任重道遠

才能養大你們

養大你們這幾個小悟猻（滬語謔稱猴子）

當時大家聽您這麼說都笑了

知道您在說笑話

但這笑話隱含著多少眼淚

又有多少辛酸

卻是我們當時體會不到的弦外之音

父親啊

您是我們家中的偉人

無論我們現在長得有多高多大

但您總比您的兒女更高大

因為是您千辛萬苦

用您的血汗，才把我們養育成人

我應該深思熟慮

如何對您反哺

怎樣才能晨定昏省

在社會上作一個有用的人

來報答您的養育之恩」

　　這是七十七歲的潘柳黛 1997 年在詩歌領域的封筆之作。早在上世紀四十年代，潘柳黛的抒情詩《無題》、《在我心上》、《低訴》、《流雲》等就頻頻發表於南京的《作家》季刊和上海的《平報》與《海報》的副刊上。那些詩篇表達了對愛的渴望與忠貞，纏綿悱惻，讀之令人有親切之感。四十多後她的《父親頌》寫在父親節，既表達了她對父親的懷念之情，又表達了她對上帝的感恩。

　　潘柳黛是一個極重情誼的人，來澳後每隔一段時間，總要去香港探親、訪友兼旅遊。而每次從香港回來，總要找幾個朋友一道聚聚，然後她會喋喋不休地讚揚香港的變化，談她的孫輩，流露出的天倫之樂，也令聽者仰慕。

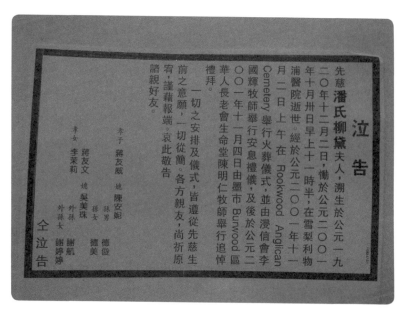

刊於《星島日報》的訃文

2001年10月是旅遊的黃金季節，潘柳黛就在這個月下旬的一天和BOX HILL老人會會長陳甯夫婦一道，乘飛機去了香港。也許是她旅途疲勞，也許是她舊地重遊所引發的感慨太多，她到達香港後，糖尿病發作，住進醫院，當小兒子蔣友文從澳洲悉尼趕往香港，姐弟研究決定將母親接回澳洲治療，後住悉尼利物浦醫院，10月30日終因搶救無效而謝世，享年八十一歲。

11月6日潘柳黛逝世的噩耗，由澳洲《星島日報》刊登的訃告傳開，現將其訃告全文刊列於下：

泣告

先慈潘氏柳黛夫人，溯生於西元1920年12月2日，慟於

西元 2001 年。10 月 30 日早上 11 半，在雪梨利物浦醫院逝世。
經於西元 2001 年 11 月 2 日在 Rookwood Anglican Cemetery 舉行
火葬儀式，並由浸信會李國輝牧師舉行安息禮儀，及後於西元
2001 年 11 月 4 日由墨市 Burwood 區華人長老會生命堂陳明仁牧
師舉行追悼禮拜。

一切之安排及儀式，皆遵從先慈生前之意願，一切從簡。各
方親友，尚祈原宥，謹藉報端。哀此敬告

諸親好友。

孝子 蔣友威　媳 陳安妮

孫男　　德俊

孫女　　德美

蔣友文　媳 吳美珠

孝女 李茉莉　　外孫　　謝航

外孫女　謝婷婷

仝泣告

隨後，香港《東週刊》，香港《明報》和《太陽報》等報，
也發佈了潘柳黛逝世的消息，並刊有悼念文章。

2001 年 11 月 7 日，香港《東週刊》在〈非常人物〉專欄
內，發表悼念她的文章，從上海四大才女之一，談到在香港文壇
和電影界的貢獻。

澳大利亞悉尼《星島日報》專欄作家紅姑，在《星島週刊》
撰文《一代才女》，回顧與潘柳黛在香港相識的過程，讚揚潘柳

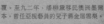

太陽報 2001.11.7

「南宮夫人」潘柳黛病逝澳洲
上海四大女作家 感情信箱迷眾生

《本報訊》二三十年前在報章上解答不少少男少女青春期感情煩惱的著名專欄女作家「南宮夫人」潘柳黛，上月三十日在澳洲雪梨病逝，享年八十二歲，其女兒李莉娓露，母親死前曾回港探親，惜身體突然暈倒送返澳洲，昏迷十二天後終告不治。

潘柳黛的名字與張愛玲、蘇青及關露並齊名，當時被上海文壇譽為上海四大女作家。

編《不了情》林黛主演

潘出生於北京一個旗人的家庭，十八歲變身到南京進入報館擔任繕稿員，不久即晉升為記者，她那曾在日文報章《每日新聞社》工作，十九個月後再返上海發展，現即成為上海的著名記者。

潘柳黛於六十年代由內地獨自來港發展，從事電影攝影及宣傳工作，撰寫一套由林黛主演的《不了情》，更一度哄倒萬千戲迷。至七、八十年代從事報章專欄的寫作，其中「南宮夫人信箱」、「你、我、她」及《婦人之言》等更是膾炙人口，深受讀者推崇。

潘的女兒李莉娓憶起，乃每當年每天平均收三十多封讀者來信，由於讀者的感情真摯，其母每封回信也親自閱讀，原望在專欄給讀者一個誠懇的答

夏，至九二年，潘柳黛移民澳洲墨爾本，曾任亞視藝員的兒子蔣金居雪梨。

兒子蔣金車禍切右腳

潘柳黛於上月十二日隨朋友回港探女兒，但至十八日突然昏迷，其女兒十天後把她送回澳洲雪梨，由蔣金代為照顧，惟兩天後潘終告不治，撒手塵寰。蔣金較早前在雪梨發生嚴重的交通意外，右腳須切斷，應急未愈，再丁母喪，心情大受打擊，潘柳黛的遺體已在雪梨火化，蔣金期望母親的骨灰留在雪梨俱葬。

明報 2001.11.7

蔣金母親潘柳黛 澳洲病逝

著名劇作家潘柳黛上月三十日於澳洲雪梨病逝，享年八十二歲。潘柳黛亦是前亞視藝員蔣金的母親，九二年移居澳洲已居住多年。

潘柳黛是著名女作家，她出生於北京一個旗人家庭，畢業於女子師範學校。

十八歲時她隻身到南京報館工作，由繕稿員晉升至採訪記者。其後轉到日本大阪《每日新聞社》工作

十九個月，繼而回到上海成為著名記者。當時她與張愛玲、蘇青及關露並稱上海四大女作家。

五零年來她來到香港，從事電影編劇及電影宣傳工作，其中最膾炙人口是《不了情》的劇本及插曲。七、八十年代她從事報章專欄寫作，以《南宮夫人信箱》、《你、我、她》及《婦人之言》最深受讀者喜愛。

前亞視藝員蔣金的母親潘柳黛於澳洲病逝，享年八十二歲。

香港各報均刊載女作家潘柳黛離世消息。

黛是開闢超短專欄之先河。

　　凡熟悉潘柳黛的人，包括墨爾本 BOX HILL 老人會會友，無不為她倉促離去而惋惜，筆者尤為悲慟！好多老人帶著惋惜的口吻異口同聲地說：「如果她不去香港，就不會那麼快離去」、「沒想到她走得那麼快」………

　　浮華已褪、音容宛在；佳作縷縷慰芳魂，絕唱追念潘柳黛。

香港《東週刊》刊載潘柳黛逝世的消息。

· 採兒訪女，再現生平 ·

　　筆者懷著對潘柳黛的崇敬和思念之情，曾向她在悉尼的幼子蔣友文進行了多次電話採訪，之後又與在香港的女兒李茉莉及長子蔣友威進行了電話採訪，他們都非常友好地與筆者進行了交談。

　　2007 年秋，筆者專程去香港訪問了潘柳黛的女兒李茉莉。她住在香港東涌的一所雅致的公寓裡，筆者按約好的時間前往，一按門鈴，只見已是花甲之年的李茉莉前來開門，她給筆者的第個一印象，她長像與她母親潘柳黛一模一樣，胖胖的身材，只是個頭比母親高了不少，一雙會說話的眼睛炯炯有神，笑容可掬，她的熱情好客，她那爽朗的笑聲也和母親完全相似。

　　在她西式客廳裡，卻陳列著許多古玩，有彩色福祿壽星搪瓷塑像，有四幅嵌羅甸掛屏，廚內還陳列著小巧玲瓏的各式古玩，琳瑯滿目，使客廳具有古色古香的穎味。她見筆者好奇，便興奮地告訴筆者，她喜好古玩，並指著這些古董詳細介紹地敘述著她一次次淘寶的經過，儘管大都是膺品，但她喜愛它的造型或者是獨特的藝術魅力。她更愛讀書、藏書，她書櫥內擺滿了古今中外的書籍，有精裝《古文觀止》、《紅樓夢》，有辭典或工具書。還有不少音樂書籍，也藏有母親少量的作品，如《明星小傳》、《紅粉金剛》、《張三李四》、《冤家喜相逢》、《解情結》、《五分鐘女性擇友指引》、《五分鐘兩情相悅要訣》等。

更吸引筆者眼球的，是書櫥裡放著的一張約30×20公分的潘柳黛與李小龍的合照，她告訴筆者：「這是我們家最珍貴的紀念品了，是當年李小龍拍《唐山大兄》時拍的。」

接著李茉莉把母親留給她的紀念品，也一一搬了出來，其中有幾本照相簿。及一只有蓋子的小口

彩色水晶花瓶，香港著名歌星潘迪華贈送給潘柳黛的紀念品。

徑腰鼓形的白色小瓷罐，比一隻茶杯略大一點，精緻可愛，上面是彩釉童戲圖。她告訴筆者這是她母親珍藏多年的清代文物。還有彩色水晶花瓶一只，造型優美，色彩豔麗，茉莉興奮地問我：「你知道潘迪華嗎？」我一時愣住了，因為我對香港影視、歌壇明星，實在是知之甚少，接著她說：「那就是當年顯赫一時的香港歌星嘛，潘迪華和媽媽很要好，這是她臨走時送給我媽媽的。」接著她熱情地慷慨地將她母親的部份的照片提供給我拍照，因為這些照片和她收藏的物品都很珍貴，所以，我非常高興。

李茉莉又非常熱情地將她珍藏多年的父母親的私章給我拍照，這兩枚圖章，一直珍藏在黑色牛角的盒子裡。她告訴筆者：

「這是當年爸爸媽媽在上海結婚時，錢瘦鐵為他們刻的，是一對，作為贈送爸爸媽媽的結婚禮品。他們分手後，各人保留一枚。後來爸爸就把他的一枚給了我」。我頓感一驚，因為錢瘦鐵可是中國篆刻大名家呀！圖章是上等石材，一枚為小篆陰文「潘柳黛」三個字清晰可見，側面刻有「瘦鐵刻贈」五個小字也清清楚楚。另一枚也是小篆陰文「李延齡」同樣清晰。這時茉莉找來了印泥，因為這也屬幾十年前的舊貨，印泥也已乾硬，茉莉見在普通紙上印得不清楚，她又翻箱倒櫃找來了已很陳舊的一張宣紙，這樣使我獲得了極其珍貴的印鑑資料。

錢瘦鐵（1897～1967），江蘇無錫人、字苑崖，別署芋香宧主、天地龍泓研齋主、老鐵，齋號為天池泓齋、數青峰館、翦松圖，中國畫會創始人之一，參加上海題襟館金石書畫會，27歲即赴日本舉辦個人畫展，曾執教上海美專，後為上海中國書畫篆刻研究會會員，中國美術家協會會員，上海中國畫院畫師。出版有《錢瘦鐵畫集》、《錢瘦鐵印譜》等。

茉莉談及父母離異是很公正的，她懷著深深的敬意說：「我爸爸媽媽都是極具有才華的人，他們也彼此欣賞、讚揚對方的才華，爸爸曾說媽媽聰明，是看一本書能寫出兩本書的人，而媽媽也說爸爸博學，我爸爸是力學家，八十年代他兩次到香港大學講

學，一口流利的英語，人家說他是沒出過國的洋人，到底是聖約翰大學出來的嘛。我爸興趣廣泛，愛好西洋音樂，能彈一手好鋼琴，我從幼受他薰陶，至今只要聽到播放西洋音樂，馬上即能說出是貝多芬第幾交響曲，或是莫札特還是蕭伯納的第幾樂章，連我兒子聽我說出樂曲名字，都感到驚異。我爸又愛京劇，他唱老生如〈空城計〉等。他喜愛文學，是紅學的愛好者，當年在武漢家中的飯桌上總是談《紅樓夢》，全家都討論，我也就在那時愛上《紅樓夢》的，我到香港後還給我爸寄過一套《紅樓夢》精裝本。接著她不無感慨地說，兩個有才華的人是搞不到一起的，但不管怎麼說，他們分手那是我爸不對，連我奶奶也說過是爸不對。你知道嗎？媽媽在《不了情》中寫的《忘不了》主題歌歌詞其中有一句『忘不了，忘不了雨中的散步……』，寫的就是我爸，因為我爸爸真的喜歡在雨中散步，我小時也曾陪他在雨中散過步。」

　　2001 年 10 月，潘柳黛去香港時，她的長子蔣友威因為常期駐廣州南方航空公司，無法分身回香港照料母親，而女兒李茉莉恰巧隨旅遊團在去了上海等地，茉莉為未能在香港很好地接待母親而內疚，談時眼圈濕潤了。李茉莉還告訴我，她母親過去從墨爾本來香港時就住在這房子裡，她隨即引導我們參觀了潘柳黛曾住過的臥室，立刻，一代才女的形象浮現在眼前，真想不到，潘柳黛離開我們卻已經是長長的六個年頭了。

　　李茉莉對我和老伴來自墨爾本她母親的老友，分外熱情，她特意做了維揚口味八道大菜，款待我們，未料她還是一位廚藝不

錯的能手。從過去多次電話及這次面談，我發現她是一位很健談的人，尤其談起她的兒女，那種做母親的驕傲全流露在笑容上，她兒子曾陪她去歐洲旅遊。女兒女婿也極盡孝道，談起兩個小外孫女更是喜上眉梢。顯然她現在正陶醉在天倫之樂中。我們近四個小時的交談，似乎我們已成了很好的朋友。

筆者曾在深圳見到從悉尼回國的潘柳黛幼子蔣友文，儘管我們幾年來在電話裡曾有過多次交談，知道他也是一位豪爽、坦誠，極易親近的人，他小時候喜愛繪畫並曾獲獎，而母親未予重視，仍記憶猶新，多少還有一點小小的心結，但他畢竟也是很敬孝道的兒子，尤其對母親生病及後事的操辦都很周到。由於筆者要匆匆趕回墨爾本，因而未能與潘柳黛長子蔣友威進行面談，是很大的遺憾，我們只在電話中進行了交談，他曾一往深情地說：「母親這一生是很不容易的。」這使筆者想起了一段往事，記得有一年潘柳黛欣喜地告訴筆者，說他大兒友威回墨爾本看望她，並給了她一筆錢，這是兒子的心意，也是對老人的安慰。我們交談中深感他也是一位彬彬有禮的中年人。

・斯人離世，餘音繞梁・

上世紀九十年代，我和老伴移民南半球的澳大利亞墨爾本。記得那是 1996 秋天，我們同去 BOX HILL 老人會。上海老鄉李正然在一位老人坐位前給我介紹說：「這位就是潘柳黛女士。」當時我驚奇地問他：「就是當年上海知名的女作家？」老李說：「正是呀！她就是當年名揚上海的四大才女之一！」這時，潘柳黛一面熱情地和我們握手打招呼，一面又笑嘻嘻地阻止老李：「別扯遠了。」

那時潘柳黛是位個頭不高體態胖胖的古稀老人，滿頭鬈曲的白髮，圓圓的臉蛋上有一雙炯炯有神的大眼睛，清亮透人，鼻樑上架著一副造型別致的老光眼鏡，（當時她正在看資料）略施淡粉，衣著整齊，紫紅小花襯衫外罩一件米色合體的、式樣別致的外套，黑色長褲，素雅大方，半時新的黑色背包搭配得體，卻另有格調，儀容端莊，談吐幽默，溫文爾雅，一口正宗京腔，悅耳動聽，一個內心從容外表儀態不凡的潘柳黛依舊光彩照人，第一次見面筆者心中平添了由衷的敬意。

但由於我曾讀過一些《張愛玲傳記》，其中有的作家在著作中提及潘柳黛妒忌張愛玲，我無法排除這些作家給予我的先入為主的印象，儘管我初次和潘柳黛見面時，她的親和力給我留下深刻印象，仍然不願意多接近她，更何況我本身有個毛病，從來不喜歡攀名人呢！所以，很長一段時間，我和她雖同在一個老人

會，但接觸並不多。再由於老人會內廣東人居多，有時我也難得去參加活動。

後來在一次無意的閒談中慢慢地知道潘柳黛曾在南京工作、生活過，她是離開北京先到南京工作，然後赴日本再去上海的，而我又恰恰是家在上海，然後到南京讀書直到在南京工作、成家的，一種濃濃的鄉情和同為移居海外的炎黃子孫的情結，和她對祖國深深的眷戀把我們慢慢拉近了。

改革開放後的八十年代，她曾回國探親，目睹幾十年來國內的變化，她感慨萬千。她懷念那些她熟悉且熱愛的地方，談起南京的中山陵、明孝陵、夫子廟、新街口、鼓樓她滔滔不絕，甚至不讓你插話；談起她在南京甫入社會的艱辛和步入新聞媒體時的歡樂，她對自己的初戰告捷，成果斐然也充滿自豪。當她談起上海的城隍廟、里弄、風情、小吃和上海俚語，她似能把你帶回那一片園地，談她在《平報》等小報的記者生涯和創作的甘苦，她津津樂道，使筆者感同身受。她用京片子談她的見解，喜愛，也能讓你引起遐思共鳴。她告訴筆者她在南京的那一年多的時間裡就住在鼓樓，而筆者的南京住地則靠近鼓樓；她說她在上海曾住在威海衛路的成都路口，恰巧我家也曾住在成都路，後遷往極司菲爾路（現名萬航渡路）。她從老李那裡知道我曾在南京的中學工作三十多年，她也會和我攀談她當年在師範的教書心得。就這樣和她越談越親近了而成了好友。

她給人的感覺像北方的秋天，透著一種清爽、明亮，說話的語氣和笑聲都沒有一般女人的矯情。我這才發現她是一位隨和、

豪爽、坦誠、健談且具高深閱歷、知識淵博的老人，她長我十歲，我視她為前輩、大姐，一位令人敬重的女作家。我這時深深感到自己心底裡對她那種誤解的愧疚。這才發現那些作者，在寫張愛玲的書中對潘柳黛的貶意，是不公正的。

後來我們常常小聚，有時飲茶（一壺茶，加上廣式的各色小點心）輪流請客，實為 AA 制，有時相約在她公寓，有時去海邊，借此機會聊聊天。天南地北談山海經，有時談電影，曾斷斷續續讀聽她談過北京的老家，她小時的調皮及讀書、教書，在南京謀生及談她不幸的婚姻，甚至談到在墨爾本有個朋友曾向她借錢，多年未歸還，這使她很傷心等。

在她家裡我閱讀過她的少量散文，劇本，又閱讀過她女兒從香港寄來的她作品的影本。《如花美眷》、《紅塵淚》等多篇小說。及她向我推薦的她的朋友易文及陳蝶衣等作品。我還獲得潘柳黛贈送的一些專欄剪報《婦人之言》、《花花世界》等，上面有她親筆用黑色筆、綠色筆、紅色筆劃的叉叉，及寫著東、新、真的字樣，顯然是指發表的那一家報紙，同時還注明年、月、日，說明了她的細心，那些發黃的、變脆的，保留了三十年多的剪報，如今成了我思念她的唯一的紀念品了。

每當我出於好奇，詢問她輝煌的過去及作品時，她又總是謙和地淡淡一笑說：「沒啥成就。」後來經過我多次要求，她允諾與我聊聊她過去的故事，但必須等她從香港探親回來。記得那次約定，是 2001 年 8 月底的一個下午在她的公寓裡。

10 月是澳洲旅遊的黃金季節，潘柳黛同 BOX HILL 老人會

會長陳甯夫婦一同乘飛機去了香港。我企盼她早日歸來，等待她能細說她的創作生涯和生活故事，重現歷史回流的時刻。

不幸的是 2001 年 11 月 6 日，潘柳黛逝世的噩耗從澳洲《星島日報》上刊登的訃告攤在我們面前，我頓感驚愕，呆呆地站在報紙前，曾懷疑是不是同名同姓？曾懷疑是否在夢中……？然而白紙黑字，每個字都那麼清晰，潘柳黛確實走了，永遠地走了……我久久浸沉在悲慟之中。不僅因為從此失去了一位老友，也使我失去了聆聽她詳細敘述家世和更多故事的良機。更遺憾的是多年交往竟連相機也沒帶上，否則也會留下許多我們會面、聚餐、遊玩的寶貴的畫面，究其根源是我的疏忽，幾乎忘卻她是位不尋常的著名的上海四大才女之一。還因為我們是一群老人，對拍照等事已無多大興趣，所以，當年那麼多活動誰也沒帶相機，如今想來真感到莫大的遺憾了。

之後，每當我路過潘柳黛曾住過的那所公寓，似又想起她那矮矮胖胖的身影，出現在公寓門前送別我們的情景，難忘她在這所公寓聊天時那爽朗的笑聲，和幽默的京片子，難忘她搓麻將每每輸後那沮喪的表情……

每當我去 BOX HILL 購物中心購物時，只見一切景物依舊，卻永遠地消失了潘柳黛的蹤影，在這購物中心留下了她十二個春秋的無數足跡。她給朋友留下的思念真是綿綿無絕期呀！

我是一個無神論者，也曾竟然幻想有個天國、有個極樂世界。我虔誠地希望潘柳黛能在她的基督教的那個極樂世界裡享受那份歡樂！

　　回顧往事，緬懷故人，深深地感到潘柳黛留給人們的最後印象是：親切、隨和、率真、超脫。她是當年四大才女中最長壽的一位，也是最幸福的一位。

後記

　　我滿懷著對潘柳黛的敬意，飽含著對這位大姐的思念之情，根據平時了解的點點滴滴寫了多篇追思她的文章，先後發表在澳大利亞的《星島日報》、《華人日報》及《漢聲雜誌》上，另在中國《新文學史料》和台灣的《傳記文學》雜誌上，均簡略地介紹過她，2005 年 1 月由黑龍江人民出版社出版了我的《文壇四才女——關露、潘柳黛、蘇青、張愛玲的淒美人生》，以及由天津百花文藝出社出版了《歷史的履痕》（與郭存孝合著），在這兩本書中都簡要地介紹了潘柳黛的生平和成就，以寄託哀思。但是又深深地感到我的作品只是冰山一角，尚不能概括她長達六十年的多姿多彩的創作生涯的全貌。

　　由於時空跨越了七十個年頭，有些資料已經散失，有些仍在塵封中，因此我決定利用餘熱，沿著潘柳黛生前的主要足跡，在澳大利亞墨爾本，在中國南京、上海、在香港等地尋覓她散落在人間的作品。終於使塵封已久的她當年任記者時的採訪報導，及其創作的小說，散文，新詩和歌詞以及電影劇作等資料被發掘出來，有幸地得以讓一個真實的新文藝作家和傑出的女性主義作家潘柳黛回歸社會，從而填補了一段歷史的空白。

　　潘柳黛從 1936 年十六歲在北京中學生時，為世人留下她的獲獎處女作《賞月》為起點，到 1997 年七十七歲時，在澳大利

亞墨爾本留下他的宗教詩《父親頌》的封筆之作，在這漫長的六十一個春秋裡，她筆耕不輟，在新聞媒體、新文學和電影事業，及社會學領域的貢獻是功不可沒的。為此，我在書中引用了不少入了潘柳黛在不同時期，各種體裁的佳作，旨在讓讀者從原汁原味中了解她的人生觀、婚戀觀及其女性主義的本質。

最後要說的話，我首先要感謝潘柳黛女兒李茉莉，兒子蔣友威、蔣友文的支持和幫助；承蒙他們提供了珍貴資料和照片；感謝我的侄女呂邦慧為我尋覓了許多塵封資料；感謝上海華東師範大學英語學院侯敏躍教授在百忙中為我查找資料；同時感謝我的老伴郭存孝研究員的支持和幫助。

限於水準、限於時間，尚有一些已知的潘柳黛作品，如1944 年在上海時所寫《論胡蘭成論張愛玲》雜文，1945 年所著之《搜腸集》，以及上世紀五十年代在香港時的已刊作《路柳牆花》等，均未能尋到，我當須繼續努力。本書不足之處，敬請讀者指正。

周文傑

2009 年 3 月於墨爾本

生平著作年表

西元年月日 / 年齡	事　　件
1920 年 12 月 2 日	出生於北平市（今北京市）東城區一個殷實的旗人後裔家庭。
1934 年 / 14 歲	隨父去上海，在某女子中學讀書。
1935 年 / 15 歲	考取河北省高級女子師範學校。
1936 年 / 16 歲	處女作小小説《中秋》刊於北平《北京新報》。
1938 年 7 月 / 18 歲	河北省高級女子師範學校畢業。
9 月	河北女子師範學院教育系。
1939 年 7 月 / 19 歲	河北女子師範學院教育系肄業；後任河北寶坻縣立小學教員。
1940 年 2 月 / 20 歲	河北順德簡易師範任國文教員；同年秋赴南京謀職。
11 月	南京《京報》見習記者、記者。
11 月 25 日	《年輕的妻》載《京報》。
30 日	《電車》載《京報》副刊。
12 月 15 日	《桃花江在南京，長毛大衣柴草披肩》載《京報》副刊。
18 日	《九十年來了鮑頌生之趣味》載《京報》。
19 日	《雜碎》載南京《京報》副刊。
1941 年 / 21 歲	南京《京報》記者、編輯。
2 月 4 日	《徘徊在廟前的報童們》載《京報》副刊。
5 日	《舞女生活——一篇總帳》載《京報》副刊。
7 日	《簡》載《京報》副刊。
10 日	《創設在三百前的南京的一家老菜館》載《京報》副刊。

15 日	《老太太的哲學》載《京報》副刊。
18 日	《菜市雜寫》載《京報》副刊。
3 月 2 日	《你走後》載《京報》副刊。
8 日	《小趙》載《京報》。
12 日	《娶個鄉下姑娘》載《京報》。
18 日	《年輕人不能太荒唐》載《京報》。
19 日	《痛改前非跪在父母面前》載《京報》。
20 日	《一個年輕的女人薄命花與顧蘭君》載《京報》副刊。
26 日	《充實自己，只當一場春夢》載《京報》。
4 月 9 日	《向陌生男子一笑，絕不是良家婦女》載《京報》。
10 日	《生活高壓下小學徒的悲哀》載《京報》〈新都會〉。
25 日	《一顆暗淡了的明星，夏佩珍來京獻藝》載《京報》副刊。
30 日	《不滿意於現實生活》載《京報》。
5 月 4 日	《寫給一般父母》載《京報》〈新都會〉。
7 日	《為了愛不妨入贅》載《京報》〈新都會〉。
9 日	《銅琶鐵板大江東，北平書場玩意多》載《京報》副刊。
14 日	《朝秦暮楚，是最大的錯誤》載《京報》〈新都會〉。
15 日	《夫妻間不是權利義務問題》載《京報》〈新都會〉。
1942 年 / 22 歲	東渡日本，任大阪《每日新聞》的《華文每日》報文藝副刊助理編輯。
	年末任上海《華文每日》報記者，短暫時間，停刊離去，之後失業。
1943 年 / 23 歲	上海《平報》記者、編輯。
1 月	《我家》載南京《人間味》雜誌創刊號。
2 月 1 日	《前年》載《人間味》雜誌二月號。
3 月 1 日	《海風》載《人間味》雜誌三月號。

21 日	《窮》載上海《海報》。
4 月 4 日	《我與白玉薇》於《平報》連載兩天。
16 日	《流雲》（詩）載《平報》。
17 日	《文化人的鏡子》於《平報》連載兩天。
	《黑瞳》載上海《雜誌》第十卷第一期。
29 日	《天堂裡的紫色繪卷》、《「風化區」漫步》於《平報》〈新天地〉連載兩天。
30 日	《在我心上》（詩）載《平報》〈新天地〉副刊。
5 月 17 日	《一朵褪了色的牡丹！訪「半老佳人」荀慧生》載《平報》〈新天地〉。
21 日	《低訴》（詩）載《平報》〈新天地〉。
30 日	《未、是、草》載《平報》。
6 月 2 日	《雜譚顧蘭君的演技》載《平報》〈新天地〉。
3 日	《夢見母親》載《平報》。
6 月 14 日	《「吳苑」風光》載《海報》。
15 日	《坐車子的煩惱》載《海報》。
18 日	《認錯了蘇州的秋海棠》載《海報》。
28 日	《救災恤難，漫畫家當仁不讓》載上海《平報》〈新天地〉。
7 月 4 日	《無、弦、琴》載《平報》。
10 日	《閒話一句》載《平報》。
16 日	《黯、然、篇：懷念北歸的白玉薇》，《海報》連載三天。
24 日	《夏夜風》載《平報》。
27 日	《生活壓迫下的哀號，江棟良賣畫！》載《平報》〈新天地〉。
9 月 30 日	《搜腸集》一書，載《平報》廣告。
1943 年下半年	上海《文友》半月刊記者、編輯，後轉《海報》任編輯。

8 月	《寫在清鄉兩周年》載《文友》。
1944 年 / 24 歲	上海《海報》記者、編輯。
1 月	《離戀之歌》載上海《春秋》雜誌第一卷 5 期。
3 月 16 日	參加上海《新中國報》社舉辦的女作家聚談會。
4 月	《無題》（詩）載南京作家》季刊。
	《昨日之戀》載上海《大眾》雜誌第 6 號。
	《站在街頭》長詩載上海《語林》第一卷第 4 期。
7 月 4 日	《風言風語》專欄《海報》連載四十五天。
9 月 21 日	《家書》載《海報》。
10 月 9 日	《醉酒》載《海報》
20 日	《魅戀》載上海《力報》連載四十六天。
11 月	《秋興集》載《大眾》雜誌第 9 號。
12 月 24 日	《從上海到蚌埠》載《海報》連載八天。
1945 年 / 25 歲	繼任《海報》編輯。
1 月	在上海與上海聖約翰大學教授李延齡結婚；育一女李茉莉，後離異。
	《我結婚了》載上海《語林》第一卷第二期。
	《雨》、《酒》載《語林》第一卷第三期。
4 月	參加《新中國報》社在華懋飯店舉辦的上海女作家為歡迎朝鮮女舞蹈家崔承喜的會晤；參加者除潘柳黛外尚有張愛玲和關露等。
5 月 15 日	《春從我家起》載上海《海報》連載四天。
5 月	《站在街頭》（長詩）載《語林》第一卷第 4 期。
6 月 30 日	《何以為報》載《海報》。
7 月 4 日	《需要著友情的撫慰》載《海報》。
1946 年 / 26 歲	上海《新夜報》的〈夜明珠〉副刊主編；她曾向蘇青約稿。

		蘇青的《月下獨白》及小說《九重錦》在《夜明珠》連載；同時期她和蘇青同時受聘於汪尹蔚恢復的抗戰前的《女聲》雜誌，為特約記者。
	5月12日	《戀》載《新夜報》的〈夜明珠〉副刊，連載十六天（未完）。
1947年 / 27歲		繼續在上海《新夜報》〈夜明珠〉副刊任主編。
1948年 / 28歲		上海《上海月報》編輯。
	5月	《退職夫人自傳》（十五萬字的代表作），上海新奇出版社出版，被譽為「中國女性主義小說經典」的蘇青名作《結婚十年》堪稱「雙璧」。
	12月	《小姨》載《上海月刊》創刊號
1949年 / 29歲		繼任《上海月刊》編輯。
1950年 / 30歲		孤身赴香港。
1952年 / 32歲		在香港與蔣孝忠結婚。後育二子：蔣友威與蔣友文（藝名蔣金）。
		曾與夫君赴台灣探親並遊覽。
		《明星小傳》香港新奇出版社出版。
		《婦人之言》香港時代出版社出版。
		《一個女人的遭遇》澳門園園出版社出版。
1953年1月 / 33歲		《歌女紅菱艷》（電影劇本）香港新華影業公司，邵氏影業公司及新加坡萬里影業公司製片出品上映。
		《明星小傳》香港時代出版社再版。
		《退職夫人自傳》新奇出版社再版。
	6月	《無冕皇后》（原著：女記者，別名：生死戀）香港閩江影業公司製片出品，分別在台灣和香港上映。
	8月	《怨女情痴》（電影劇本）香港萬里影業公司出品，分別在新加坡和香港上映。
		為《戀歌》電影的主題歌《到我夢中》作詞（梁樂音作曲，張伊雯主唱）。

	為《碧血黃花》電影插曲《你已改變》作詞（王福齡作曲，劉琦主唱）。
	為《百花齊放》電影主題歌《青春的愛》作詞（莫然作曲，張伊雯主唱），以及插曲《似水流年》作詞（莫然作曲，柔雲主唱）。
1954 年 / 34 歲	香港環球圖書雜誌出版公司編輯。
1955 年 / 35 歲	香港亞洲影業公司宣傳工作。
1956 年 / 36 歲	作為亞洲影業公司發言人、經理人身份，同影星劉琦赴泰國、新加坡、馬來西亞等地，宣傳由劉琦主演的《半下流社會》電影及歌舞演出，長達三月。在沙勝越電台演講婦女問題。
2 月	《劉琦這一個女人》載香港《亞洲畫報》第 34 期。
6 月	《劉琦轟動馬來亞》載《亞洲畫報》第 38 期。
11 月	《南遊記》載香港《亞洲電影》第 43 期，連載四期。
12 月	《記上海幾位女作家》連載香港《上海日報》12 月 12 日至 27 日。
	《大大月報》第 3、4 期刊登《記張愛玲》，1957 年香港《南北極》第 58 期再轉載。
1957 年 / 37 歲	《路柳牆花》（中篇小說），香港環球圖書雜誌公司出版。
4 月	《滿庭芳》電影，客串演員。
8 月	《春色無邊》電影，客串演員，並為插曲《有情意》作詞（王福齡作曲），以及《春色惱人》作詞（李義之選曲）。
1958 年 / 38 歲	香港《環球電影》畫報督印人。
	《陌生的新娘》（中篇小說）香港虹霓出版社出版。
	《風流冤家》電影，客串演員。
1 月	《剔銀燈》載香港《環球電影》第 1 期。
4 月	《君子好逑》（大明星小銀幕）編導。
5 月	《學貫中西的銀壇才女——秦羽》載第 5 期。

	《伉儷情深》（大明星小銀幕）編導。
6 月	《林黛在美國》、《麥玲來去匆匆》；《釘梢的故事》編文，丁岡圖，載第 6 期。
7 月	《朱纓紅鸞星動》、《牛仔與飛女》編文，丁岡圖；《王萊的家庭生活》編文，陳浩然圖，載第 7 期。
8 月	《香港捧紅了張仲文》載第 8 期。
10 月	《黃曼這個人》載第 10 期。
1959 年 / 39 歲	香港《南國電影》雜誌編輯（屬邵氏兄弟影業公司）。
	《兒女情》（中篇小說）香港虹霓出版社出版。
	《冷暖人間》（電影劇本）香港太平洋影業公司製片出品上映。
10 月	《莊雪芳談髮型》、《我所認識的樂蒂》、《樂蒂喜歡什麼和不喜歡什麼》載《南國電影》第 20 期。
12 月	《林黛暢遊黃金國歸來》載第 22 期。
1960 年 4 月 / 40 歲	《路燈下的女人》（短篇小說）載《南國電影》第 26 期。
5 月	《張仲文是怎樣一個人？》載第 27 期。
10 月	《從皇帝到大盜的趙雷》載第 33 期。
1961 年 1 月 / 41 歲	《芳鄰》（短篇小說）載《南國電影》第 35 期。
2 月	《陳厚說：我愛南洋》載第 36 期。
5 月	《杜娟的一變再變》載第 39 期。
9 月	《和李麗華一席談》、《顧媚是怎樣一個人》載第 43 期。
10 月	《遭遇》（短篇小說）載第 44 期。
11 月	《訪問天王巨星李麗華》載第 45 期。
12 月	《為什麼杜娟有一股魅力？》載第 46 期。
	《如花美眷》中篇小說（丁岡插畫），原載香港《小說報》第 149 期，後由香港環球圖書雜誌公司出版。

1962 年 / 42 歲	新加坡《南洋商報》〈婦女版〉編輯。
1 月	《林黛怎樣保護眼睛和皮膚》、《銀幕大情人趙雷》載《南國電影》第 47 期。
2 月	《李香君的中國式美容術》載第 48 期。
3 月	《樂蒂的美容新論》載第 49 期。
4 月	《丁紅的膚色特別美》載第 50 期。
5 月	《最會裝扮的顧媚》載第 51 期。。
6 月	《范麗最迷人的地方》載第 52 期。
8 月	《女人的故事》（短篇小說）載第 54 期。
9 月	《丁寧公開一項秘密》載第 55 期。
	《冤家喜相逢》（中篇小說）原載香港《小說報》第 152 期，後由虹霓出版社出版。
11 月	《紅粉金剛》（中篇小說）載《小說報》第 158 期，後由虹霓出版社出版。
1963 年 / 43 歲	加入香港中國筆會（會長系著名史學家羅香林）。
	丈夫蔣孝忠在香港病故。
9 月	《張三李四》（中篇小說，董培新插畫）環球圖書雜誌出版社出版。
10 月	《紅塵淚》（中篇小說，董培新插畫）環球圖書雜誌出版社出版。
	《真假情人》（電影劇本）香港環球電影公司出品上映。
	《一后三王》電影主角之一。
1964 年 6 月 / 44 歲	《你喜歡凌波嗎？》載《南國電影》第 76 期。
9 月	《由凌波談到方盈》載第 79 期。
10 月	《訪「鯉魚精」李菁》載第 80 期。
	《但願林黛還活在我們心裡》載香港《銀河畫報》第 79 期。
	《相見不恨晚》（短篇小說）載香港《國際電影》第 109 期。

1965 年 / 45 歲	新加坡《南洋商報》〈婦女版〉編輯。
2 月	《歸宿》（短篇小說）載《南國電影》第 84 期。
4 月	《顧媚是怎樣一個人》載第 86 期。
5 月	《亞洲影后凌波》載第 87 期。
1966 年 / 46 歲	新加坡《南洋商報》〈婦女版〉編輯。
	當選香港中國筆會理事並任康樂組負責人。
1969 年 / 49 歲	《胃痛遇仙記》原載香港《快報》，後收入《費子彬文集》。
1970 年 / 50 歲	邵氏兄弟影業公司編劇。
9 月	《焦姣喜歡那一類角色？》，載《南國電影》第 151 期。
11 月	《舒佩佩報「大內高手」》載第 153 期
12 月	《玉女陳依齡》載第 154 期。
1971 年 2 月 / 51 歲	《凌波扮什麼似什麼》載《南國電影》第 156 期。
3 月	《施思潛力驚人》載第 157 期。
4 月	《盧燕的客居生活》、《井莉是女性中的女性》載第 158 期。
5 月	《婦人之言》專欄、《汪萍天真可愛》載第 159 期。
1972 年 / 52 歲	香港嘉禾影業公司所屬《嘉禾電影》雜誌，策劃兼副總編輯。
4 月	《李小龍是何方神聖》、《四海一家》載《嘉禾電影》創刊號。
5 月	《胡金銓工作兩則筆記》（按語）、《秦萍會復出嗎？》載第 2 期。
6 月	《嘉禾三路大軍啟行》、《各人頭上一方天，這就是胡燕妮》、《我愛夏日長》載第 3 期。
7 月	《徐楓具有魔術感》、《苗可秀的新姿》、《迷人的季節》、《且看猛龍如何過江》載第 4 期。
8 月	《衣依像霧裡的花》、《誰說李行變了？》載第 5 期。

9 月	《影圈奇蹟》、《柯俊雄冷落了李湘》、《孩子的心情》載第 6 期。
10 月	《迎春閣上訪徐楓》載第 7 期。
11 月	《汪萍最得男人喜歡》載第 8 期。
12 月	《我所認識的樂蒂》載第 9 期。
1973 年 / 53 歲	為香港《新報》開闢《花花世界》專欄。
	為香港《快報》開闢《婦人之言》專欄。
	為香港《東方日報》開闢《你、我、他》專欄及南宮夫人信箱；為《港九日報》主編〈娛樂版〉。
1 月	《甄珍心事誰曉得》、《茅瑛好事近？》載《嘉禾電影》特大號。
2 月	《誰說李行變了》載第 8 期。
3 月	《恬妮和她的戀愛》載第 9 期；《迷惑》（電影劇本，與李敬祖合作）由香港尹氏影業公司出品上映。
1974 年 / 54 歲	繼續為《新報》、《快報》、《東方日報》專欄寫稿。
6 月	《別了親人》（電影劇本）邵氏兄弟影業公司出品上映。
1975 年 / 55 歲	繼續為《新報》、《快報》、《東方日報》專欄寫稿。
1976 年 / 56 歲	同上。
1977 年 / 57 歲	同上。
1978 年 / 58 歲	同上。
1979 年 / 59 歲	繼續為《東方日報》專欄。
1980 年 / 60 歲	《東方日報》設〈青春圈〉開闢兩個欄目：〈你、我、他〉和〈為君解情結〉（仍以南宮夫人署名）。
1981 年 / 61 歲	同上。
1982 年 / 62 歲	同上；曾回故里——北京和上海、南京、武漢探親兼遊覽數月。
2 月	《我要控訴》香港林馬惠賢口述，潘柳黛筆錄整理（十萬字），香港天聲出版社出版。

10 月	香港《翡翠週刊》設《翡翠園》內置潘柳黛負責的〈有情世界〉專欄。
	《典型家庭》載《翡翠週刊》創刊號。
	《母子夜話》載第 2 期;《何不上床》載第 3 期;《值得讚美》載第 4 期。
11 月	《你怎樣安排自己》載第 5 期;《愛是獨占的》載第 7 期;《何必愁容相對》載第 8 期;《丈夫何故變心》載第 9 期;《太太是別人的好》載第 10 期。
12 月	《旗袍頌》載第 11 期;《且談接吻》載第 12 期;《男人的煙酒味》載第 13 期;《為何怕老婆》載第 14 期。
1983 年 / 63 歲	繼續為《東方日報》和《翡翠週刊》專欄供稿。
1 月	《誰打來的電話》載第 15 期;《太太八誡》載第 16 期;《看午夜場》載第 17 期;《丈夫的煙酒味》載第 18 期;《夫妻的年齡》載第 19 期。
2 月	《我喜歡散步》載第 20 期;《女人的魅力》載第 21 期;《一家之主》載第 22 期;《代溝》載第 23 期。
3 月	《多說不如少說》載第 24 期;《誰嫁給他?》載第 25 期;《吃醋》載第 26 期;《太太為何不樂》載第 27 期;《女人與數目字》載第 28 期。
4 月	《你是妒婦嗎?》載第 29 期;《別和丈夫吵架》載第 30 期;《你有時哭嗎?》載第 31 期;《愛美》載第 32 期。
5 月	《珍珠》載第 33 期;《女人與笑》載第 35 期;《被男人追求時》載第 36 期;《且談老夫少妻》載第 37 期;《太太們閒談》載第 38 期。
6 月	《一手好菜》載第 39 期;《藥補不如食補》載第 40 期。
12 月	《替男人想想》載第 63 期;《太太的生日》載第 64 期。
1984 年 / 64 歲	繼續為《東方日報》、《翡翠週刊》專欄撰稿;一月後《翡翠週刊》停刊。

1 月	《是誰騙了誰了》載第 65 期；《惡夢》載第 67 期；《自私的動物》載第 68 期。
1985 年 / 65 歲	繼續為《東方日報》專欄撰稿。
1986 年 / 66 歲	《東方日報》改版，設《潘柳黛看世界》專欄。
1987 年 / 67 歲	同上。
1988 年 / 68 歲	在兒子蔣友威、蔣友文陪同下，移民澳大利亞墨爾本。
1989 年 / 69 歲	開始整理修改過去部分作品並潛心編撰新著作。
1990 年 / 70 歲	同上。
1991 年 / 71 歲	同上。
1992 年 / 72 歲	在墨爾本完成《五分鐘女性擇友指引》和《五分鐘兩情相悅要訣》，均 18 萬字，野人插圖。
4 月	兩書由香港萬里機構，得利書局出版。香港發行。
7 月	《解情結》香港環球出版社出版，在香港、新加坡、馬來西亞發行。
1997 年 / 77 歲	《父親頌》（詩）載墨爾本 Bvrwood 區華人長老會生命堂刊物。
1999 年 / 79 歲	成為《澳大利亞維多利亞州老人福利指南》封面人物。
2001 年 / 81 歲	10 月 30 日在澳大利亞悉尼利物浦醫院謝世。

參考書目

【報刊】

南京《京報》：1940 年～ 1941 年。

南京《人間味》雜誌：1943 年。

南京《作家》季刊：1944 年。

上海《平報》：1943 年。

上海《海報》：1944 ～ 1945 年。

上海《力報》：1944 ～ 1945 年。

上海《新夜報》：1946 年。

上海《鐵報》：1945 年 5 月。

上海《東方日報》：1944 年。

上海《雜誌》雜誌：1944 年～ 1945 年。

上海《語林》雜誌：1944 年～ 1945 年。

香港《華僑日報》：1973 年。

香港《東方日報》：1973 年～ 1986 年。

香港《快報》：1973 ～ 1978 年。

香港《新報》：1973 ～ 1978 年。

香港《翡翠週刊》：1982 年～ 1984 年。

香港《大成雜誌》：1987 年。

香港《東週刊》：2001 年 11 月。

香港《南北極》雜誌：1975 年 2 月。

香港《亞洲畫報》：1956 年～ 1957 年。

香港《南國電影》雜誌：1961 年～ 1962 年。

香港《環球電影》雜誌：1958 年。

誰是潘柳黛？

香港《嘉禾電影》雜誌：1971 年～1974 年。

香港《銀河畫報》：1958 年～1964 年。

香港《國際電影》：1962 年。

澳大利亞《星島日報》：2001 年。

【書籍】

潘柳黛：《退職夫人自傳》，2003 年新世紀出版社。

潘柳黛：《明星小傳》，1953 年香港時代出版社。

潘柳黛：《婦人之言》，同上。

潘柳黛：《五分鐘女性擇友指引》，1992 年香港萬里機構，得利書局出版。

潘柳黛：《五分鐘兩情相悅要訣》，同上。

祝春亭、祝敏娟：《邵逸夫傳》，2008 年湖北人民出版社。

艾　以：《電影大王——張善琨》，2007 年 4 月上海人民出版社出版。

金雄白：《記者生涯五十年》，1988 年台北躍升文化事業有限公司出版。

楊嘉右：《上海老房子的故事》，2006 年 1 月上海人民出版社出版。

卓　影：《民國上海婦女之生活》，2004 年 1 月古吳軒出版社出版。

孟兆臣：《中國近代小報史》，2005 年 10 月北京社會科學文獻出版社。

李　楠：《晚清民國時期上海小報》，2006 年 9 月人民文學出版社出版。

唐文標：《張愛玲研究》，台北遠景出版社。

鄭逸梅：《文苑花絮》，2005 年 7 月中華書局出版。

鄭逸梅：《近代名人叢話》，同上。

程思遠：《李宗仁晚年》，廣西人民出版社出版。

鐘文娟：《捕蝶‧香港名家散文集》，1982 年香港科華圖書出版公司出版。

宋小荷：《香港女作家風采》，1986 年 1 月香港奔馬出版社。

喻大翔：《台港散文選真》，1989 年 3 月武漢出版社出版。

于逢春、胡躍華：《港澳台散文精品》，春風出版社。

大都會文化圖書目錄

●度小月系列

路邊攤賺大錢【搶錢篇】	280 元	路邊攤賺大錢 2【奇蹟篇】	280 元
路邊攤賺大錢 3【致富篇】	280 元	路邊攤賺大錢 4【飾品配件篇】	280 元
路邊攤賺大錢 5【清涼美食篇】	280 元	路邊攤賺大錢 6【異國美食篇】	280 元
路邊攤賺大錢 7【元氣早餐篇】	280 元	路邊攤賺大錢 8【養生進補篇】	280 元
路邊攤賺大錢 9【加盟篇】	280 元	路邊攤賺大錢 10【中部搶錢篇】	280 元
路邊攤賺大錢 11【賺翻篇】	280 元	路邊攤賺大錢 12【大排長龍篇】	280 元
路邊攤賺大錢 13【人氣推薦篇】	280 元		

● DIY 系列

路邊攤美食 DIY	220 元	嚴選台灣小吃 DIY	220 元
路邊攤超人氣小吃 DIY	220 元	路邊攤紅不讓美食 DIY	220 元
路邊攤流行冰品 DIY	220 元	路邊攤排隊美食 DIY	220 元
把健康吃進肚子— 40 道輕食料理 easy 做	250 元		

●流行瘋系列

跟著偶像 FUN 韓假	260 元	女人百分百—男人心中的最愛	180 元
哈利波特魔法學院	160 元	韓式愛美大作戰	240 元
下一個偶像就是你	180 元	芙蓉美人泡澡術	220 元
Men 力四射—型男教戰手冊	250 元	男體使用手冊– 35 歲⁺♂保健之道	250 元
想分手？這樣做就對了！	180 元		

●生活大師系列

遠離過敏—打造健康的居家環境	280 元	這樣泡澡最健康—紓壓 · 排毒 · 瘦身三部曲	220 元
兩岸用語快譯通	220 元	台灣珍奇廟—發財開運祈福路	280 元
魅力野溪溫泉大發見	260 元	寵愛你的肌膚—從手工香皂開始	260 元
舞動燭光—手工蠟燭的綺麗世界	280 元	空間也需要好味道—打造天然香氛的 68 個妙招	260 元
雞尾酒的微醺世界—調出你的私房 Lounge Bar 風情	250 元	野外泡湯趣—魅力野溪溫泉大發見	260 元
肌膚也需要放輕鬆—徜徉天然風的 43 項舒壓體驗	260 元	辦公室也能做瑜珈—上班族的紓壓活力操	220 元

別再說妳不懂車— 　男人不教的 Know How	249 元	一國兩字—兩岸用語快譯通	200 元
宅典	288 元	超省錢浪漫婚禮	250 元
旅行，從廟口開始	280 元		

●寵物當家系列

Smart 養狗寶典	380 元	Smart 養貓寶典	380 元
貓咪玩具魔法 DIY— 　讓牠快樂起舞的 55 種方法	220 元	愛犬造型魔法書—讓你的寶貝漂亮一下	260 元
漂亮寶貝在你家—寵物流行精品 DIY	220 元	我的陽光 ‧ 我的寶貝—寵物真情物語	220 元
我家有隻麝香豬—養豬完全攻略	220 元	SMART 養狗寶典（平裝版）	250 元
生肖星座招財狗	200 元	SMART 養貓寶典（平裝版）	250 元
SMART 養兔寶典	280 元	熱帶魚寶典	350 元
Good Dog—聰明飼主的愛犬訓練手冊	250 元	愛犬特訓班	280 元
City Dog—時尚飼主的愛犬教養書	280 元	愛犬的美味健康煮	250 元
Know Your Dog—愛犬完全教養事典	320 元		

●人物誌系列

現代灰姑娘	199 元	黛安娜傳	360 元
船上的 365 天	360 元	優雅與狂野—威廉王子	260 元
走出城堡的王子	160 元	殤逝的英格蘭玫瑰	260 元
貝克漢與維多利亞—新皇族的真實人生	280 元	幸運的孩子—布希王朝的真實故事	250 元
瑪丹娜—流行天后的真實畫像	280 元	紅塵歲月—三毛的生命戀歌	250 元
風華再現—金庸傳	260 元	俠骨柔情—古龍的今生今世	250 元
她從海上來—張愛玲情愛傳奇	250 元	從間諜到總統—普丁傳奇	250 元
脫下斗篷的哈利—丹尼爾 ‧ 雷德克里夫	220 元	蛻變—章子怡的成長紀實	260 元
強尼戴普— 　可以狂放叛逆，也可以柔情感性	280 元	棋聖 吳清源	280 元
華人十大富豪—他們背後的故事	250 元	世界十大富豪—他們背後的故事	250 元
誰是潘柳黛？	280 元		

●心靈特區系列

每一片刻都是重生	220 元	給大腦洗個澡	220 元
成功方與圓—改變一生的處世智慧	220 元	轉個彎路更寬	199 元
課本上學不到的 33 條人生經驗	149 元	絕對管用的 38 條職場致勝法則	149 元

從窮人進化到富人的 29 條處事智慧	149 元	成長三部曲	299 元
心態—成功的人就是和你不一樣	180 元	當成功遇見你—迎向陽光的信心與勇氣	180 元
改變，做對的事	180 元	智慧沙	199 元（原價 300 元）
課堂上學不到的 100 條人生經驗	199 元（原價 300 元）	不可不防的 13 種人	199 元（原價 300 元）
不可不知的職場叢林法則	199 元（原價 300 元）	打開心裡的門窗	200 元
不可不慎的面子問題	199 元（原價 300 元）	交心—別讓誤會成為拓展人脈的絆腳石	199 元
方圓道	199 元	12 天改變一生	199 元（原價 280 元）
氣度決定寬度	220 元	轉念—扭轉逆境的智慧	220 元
氣度決定寬度 2	220 元	逆轉勝—發現在逆境中成長的智慧	199 元（原價 300 元）
智慧沙 2	199 元	好心態，好自在	220 元
生活是一種態度	220 元	要做事，先做人	220 元
忍的智慧	220 元	交際是一種習慣	220 元
溝通—沒有解不開的結	220 元		

● SUCCESS 系列

七大狂銷戰略	220 元	打造一整年的好業績—店面經營的 72 堂課	200 元
超級記憶術—改變一生的學習方式	199 元	管理的鋼盔—商戰存活與突圍的 25 個必勝錦囊	200 元
搞什麼行銷— 152 個商戰關鍵報告	220 元	精明人聰明人明白人—態度決定你的成敗	200 元
人脈＝錢脈—改變一生的人際關係經營術	180 元	週一清晨的領導課	160 元
搶救貧窮大作戰？ 48 條絕對法則	220 元	搜驚 · 搜精 · 搜金—從 Google 的致富傳奇中，你學到了什麼？	199 元
絕對中國製造的 58 個管理智慧	200 元	客人在哪裡？—決定你業績倍增的關鍵細節	200 元
殺出紅海—漂亮勝出的 104 個商戰奇謀	220 元	商戰奇謀 36 計—現代企業生存寶典 I	180 元
商戰奇謀 36 計—現代企業生存寶典 II	180 元	商戰奇謀 36 計—現代企業生存寶典 III	180 元
幸福家庭的理財計畫	250 元	巨賈定律—商戰奇謀 36 計	498 元
有錢真好！輕鬆理財的 10 種態度	200 元	創意決定優勢	180 元
我在華爾街的日子	220 元	贏在關係—勇闖職場的人際關係經營術	180 元
買單！一次就搞定的談判技巧	199 元（原價 300 元）	你在說什麼？— 39 歲前一定要學會的 66 種溝通技巧	220 元
與失敗有約— 13 張讓你遠離成功的入場券	220 元	職場 AQ —激化你的工作 DNA	220 元

智取—商場上一定要知道的 55 件事	220 元	鏢局—現代企業的江湖式生存	220 元
到中國開店正夯《餐飲休閒篇》	250 元	勝出！—抓住富人的 58 個黃金錦囊	220 元
搶賺人民幣的金雞母	250 元	創造價值—讓自己升值的 13 個秘訣	220 元
李嘉誠談做人做事做生意	220 元	超級記憶術（紀念版）	199 元
執行力—現代企業的江湖式生存	220 元	打造一整年的好業績—店面經營的 72 堂課	220 元
週一清晨的領導課（二版）	199 元	把生意做大	220 元
李嘉誠再談做人做事做生意	220 元	好感力—辦公室 C 咖出頭天的生存術	220 元
業務力—銷售天王 VS. 三天陣亡	220 元	人脈＝錢脈—改變一生的人際關係經營術（平裝紀念版）	199 元

●都會健康館系列

秋養生—二十四節氣養生經	220 元	春養生—二十四節氣養生經	220 元
夏養生—二十四節氣養生經	220 元	冬養生—二十四節氣養生經	220 元
春夏秋冬養生套書	699 元（原價 880 元）	寒天—０卡路里的健康瘦身新主張	200 元
地中海纖體美人湯飲	220 元	居家急救百科	399 元（原價 550 元）
病由心生— 365 天的健康生活方式	220 元	輕盈食尚—健康腸道的排毒食方	220 元
樂活，慢活，愛生活—健康原味生活 501 種方式	250 元	24 節氣養生食方	250 元
24 節氣養生藥方	250 元	元氣生活—日の舒暢活力	180 元
元氣生活—夜の平靜作息	180 元	自療—馬悅凌教你管好自己的健康	250 元
居家急救百科（平裝）	299 元	秋養生—二十四節氣養生經	220 元
冬養生—二十四節氣養生經	220 元	春養生—二十四節氣養生經	220 元
夏養生—二十四節氣養生經	220 元	遠離過敏—打造健康的居家環境	280 元

● CHOICE 系列

入侵鹿耳門	280 元	蒲公英與我—聽我說說畫	220 元
入侵鹿耳門（新版）	199 元	舊時月色（上輯＋下輯）	各 180 元
清塘荷韻	280 元	飲食男女	200 元
梅朝榮品諸葛亮	280 元	老子的部落格	250 元
孔子的部落格	250 元	翡冷翠山居閒話	250 元
大智若愚	250 元	野草	250 元
清塘荷韻（二版）	280 元		

● FORTH 系列

印度流浪記—滌盡塵俗的心之旅	220 元	胡同面孔— 古都北京的人文旅行地圖	280 元

尋訪失落的香格里拉	240 元	今天不飛─空姐的私旅圖	220 元
紐西蘭奇異國	200 元	從古都到香格里拉	399 元
馬力歐帶你瘋台灣	250 元	瑪杜莎艷遇鮮境	180 元

●大旗藏史館

大清皇權遊戲	250 元	大清后妃傳奇	250 元
大清官宦沉浮	250 元	大清才子命運	250 元
開國大帝	220 元	圖說歷史故事─先秦	250 元
圖說歷史故事─秦漢魏晉南北朝	250 元	圖說歷史故事─隋唐五代兩宋	250 元
圖說歷史故事─元明清	250 元	中華歷代戰神	220 元
圖說歷史故事全集	880 元（原價 1000 元）	人類簡史─我們這三百萬年	280 元

●大都會運動館

野外求生寶典─活命的必要裝備與技能	260 元	攀岩寶典─ 安全攀登的入門技巧與實用裝備	260 元
風浪板寶典─ 駕馭的駕馭的入門指南與技術提升	260 元	登山車寶典─ 鐵馬騎士的駕馭技術與實用裝備	260 元
馬術寶典─騎乘要訣與馬匹照護	350 元		

●大都會休閒館

賭城大贏家─逢賭必勝祕訣大揭露	240 元	旅遊達人─ 行遍天下的 109 個 Do & Don't	250 元
萬國旗之旅─輕鬆成為世界通	240 元	智慧博奕─賭城大贏家	280 元

●大都會手作館

樂活，從手作香皂開始	220 元	Home Spa & Bath ─ 玩美女人肌膚的水嫩體驗	250 元
愛犬的宅生活─ 50 種私房手作雜貨	250 元	Candles 的異想世界─不思議の手作蠟燭 魔法書	280 元

●世界風華館

環球國家地理 · 歐洲（黃金典藏版）	250 元	環球國家地理 · 亞洲 · 大洋洲 （黃金典藏版）	250 元
環球國家地理 · 非洲 · 美洲 · 兩極 （黃金典藏版）	250 元	中國國家地理 · 華北 · 華東 （黃金典藏版）	250 元

中國國家地理 · 中南 · 西南（黃金典藏版）	250 元	中國國家地理 · 東北 · 西東 · 港澳（黃金典藏版）	250 元
中國最美的 96 個度假天堂	250 元		

● BEST 系列

人脈＝錢脈—改變一生的人際關係經營術（典藏精裝版）	199 元	超級記憶術—改變一生的學習方式	220 元

● STORY 系列

失聯的飛行員—一封來自 30,000 英呎高空的信	220 元	Oh, My God! —阿波羅的倫敦愛情故事	280 元
國家寶藏 1—天國謎墓	199 元	國家寶藏 2—天國謎墓 II	199 元

● FOCUS 系列

中國誠信報告	250 元	中國誠信的背後	250 元
誠信—中國誠信報告	250 元	龍行天下—中國製造未來十年新格局	250 元
金融海嘯中，那些人與事	280 元	世紀大審—從權力之巔到階下之囚	250 元

● 禮物書系列

印象花園 梵谷	160 元	印象花園 莫內	160 元
印象花園 高更	160 元	印象花園 竇加	160 元
印象花園 雷諾瓦	160 元	印象花園 大衛	160 元
印象花園 畢卡索	160 元	印象花園 達文西	160 元
印象花園 米開朗基羅	160 元	印象花園 拉斐爾	160 元
印象花園 林布蘭特	160 元	印象花園 米勒	160 元
絮語說相思 情有獨鍾	200 元		

● 精緻生活系列

女人窺心事	120 元	另類費洛蒙	180 元
花落	180 元		

● CITY MALL 系列

別懷疑！我就是馬克大夫	200 元	愛情詭話	170 元
唉呀！真尷尬	200 元	就是要賴在演藝	180 元

●親子教養系列

孩童完全自救寶盒(五書＋五卡＋四卷錄影帶) 3,490 元(特價 2,490 元)		孩童完全自救手冊─ 這時候你該怎麼辦(合訂本)	299 元
我家小孩愛看書─ Happy 學習 easy go！	200 元	天才少年的 5 種能力	280 元
哇塞！你身上有蟲！─學校忘了買、老師 不敢教，史上最髒的科學書	250 元	天才少年的 5 種能力(二版)	280 元

◎關於買書：

1. 大都會文化的圖書在全國各書店及誠品、金石堂、何嘉仁、敦煌、紀伊國屋、諾貝爾等連鎖書店均有販售，如欲購買本公司出版品，建議你直接洽詢書店服務人員以節省您寶貴時間，如果書店已售完，請撥本公司各區經銷商服務專線洽詢。
   北部地區：(02)85124067　桃竹苗地區：(03)2128000
   中彰投地區：(04)27081282 或 22465179　雲嘉地區：(05)2354380
   臺南地區：(06)2642655　高屏地區：(07)2367015
2. 到以下各網路書店購買：
   大都會文化網站(http://www.metrobook.com.tw)
   博客來網路書店(http://www.books.com.tw)
   金石堂網路書店(http://www.kingstone.com.tw)
3. 到郵局劃撥：
   戶名：大都會文化事業有限公司　帳號：14050529
4. 親赴大都會文化買書可享 8 折優惠。

誰是潘柳黛？

作 者	周文傑	
發 行 人	林敬彬	
主 編	楊安瑜	
編 輯	蔡穎如	
美 術 編 排	帛格有限公司	
封 面 設 計	Chris' Office	

出　　版　　大都會文化事業有限公司　行政院新聞局北市業字第89號

發　　行　　大都會文化事業有限公司

110台北市信義區基隆路一段432號4樓之9

讀者服務專線：(02)27235216

讀者服務傳真：(02)27235220

電子郵件信箱：metro@ms21.hinet.net

網　　　　址：www.metrobook.com.tw

郵 政 劃 撥　　14050529 大都會文化事業有限公司

出 版 日 期　　2009年11月初版一刷

定　　價　　280元

I S B N　　978-986-6846- 78-6

書　　號　　98026

First published in Taiwan in 2009 by Metropolitan Culture Enterprise Co., Ltd.
4F-9, Double Hero Bldg., 432, Keelung Rd., Sec. 1, Taipei 110, Taiwan
Tel:+886-2-2723-5216 Fax:+886-2-2723-5220
E-mail:metro@ms21.hinet.net Web-site:www.metrobook.com.tw

Copyright © 2009 by Metropolitan Culture Enterprise Co., Ltd.

國家圖書館出版品預行編目資料

誰是潘柳黛？ / 周文傑著.-- 初版.-- 臺北市：大
都會文化, 2009.11
　　面；　公分.--（人物誌；98026）
參考書目：面
ISBN 978-986-6846-78-6（平裝）

1. 潘柳黛　2. 傳記　3. 中國

782.887　　　　　　　　　　　　　98017204

誰是

潘柳黛？

北 區 郵 政 管 理 局
登記證北台字第9125號
免 貼 郵 票

大都會文化事業有限公司

讀 者 服 務 部 　　　收

110台北市基隆路一段432號4樓之9

寄回這張服務卡〔免貼郵票〕
您可以：
◎不定期收到最新出版訊息
◎參加各項回饋優惠活動

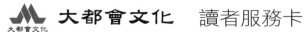

大都會文化　讀者服務卡

書名：誰是潘柳黛？

謝謝您選擇了這本書！期待您的支持與建議，讓我們能有更多聯繫與互動的機會。

A. 您在何時購得本書：_____年_____月_____日

B. 您在何處購得本書：_____書店，位於_____(市、縣)

C. 您從哪裡得知本書的消息：

　　1.□書店　2.□報章雜誌　3.□電台活動　4.□網路資訊

　　5.□書籤宣傳品等　6.□親友介紹　7.□書評　8.□其他

D. 您購買本書的動機：（可複選）

　　1.□對主題或內容感興趣　2.□工作需要　3.□生活需要

　　4.□自我進修　5.□內容為流行熱門話題　6.□其他

E. 您最喜歡本書的：（可複選）

　　1.□內容題材　2.□字體大小　3.□翻譯文筆　4.□封面　5.□編排方式　6.□其他

F. 您認為本書的封面：1.□非常出色　2.□普通　3.□毫不起眼　4.□其他

G. 您認為本書的編排：1.□非常出色　2.□普通　3.□毫不起眼　4.□其他

H. 您通常以哪些方式購書：(可複選)

　　1.□逛書店　2.□書展　3.□劃撥郵購　4.□團體訂購　5.□網路購書　6.□其他

I. 您希望我們出版哪類書籍：（可複選）

　　1.□旅遊　2.□流行文化　3.□生活休閒　4.□美容保養　5.□散文小品

　　6.□科學新知　7.□藝術音樂　8.□致富理財　9.□工商企管　10.□科幻推理

　　11.□史哲類　12.□勵志傳記　13.□電影小說　14.□語言學習（_____語）

　　15.□幽默諧趣　16.□其他

J. 您對本書(系)的建議：

_____

K. 您對本出版社的建議：

_____

讀者小檔案

姓名：_____　性別：□男 □女　生日：____年____月____日

年齡：□20歲以下 □21～30歲 □31～40歲 □41～50歲 □51歲以上

職業：1.□學生 2.□軍公教 3.□大眾傳播 4.□服務業 5.□金融業 6.□製造業

　　　7.□資訊業 8.□自由業 9.□家管 10.□退休 11.□其他

學歷：□國小或以下 □國中 □高中／高職 □大學／大專 □研究所以上

通訊地址：_____

電話：（H）_____　（O）_____　傳真：_____

行動電話：_____　E-Mail：_____

◎謝謝您購買本書，也歡迎您加入我們的會員，請上大都會文化網站 www.metrobook.com.tw
登錄您的資料。您將不定期收到最新圖書優惠資訊和電子報。